戦後復興 日々の楽しみ

東京近郊庶民のレジャー

青木宏一郎

八坂書房

はじめに

二〇二五年は太平洋戦争の終戦から八〇年、節目の年を迎えようとしています。

戦時中は、食べ物だけでなく、生活用品の配給統制、勤労動員、娯楽の制限、さらには空襲の恐怖に苛まれる生活を送っていました。それに対し戦後は、食料難で苦しいことに変わりはないものの、少しずつ改善していく希望を実感していきました。特にレジャーは、真っ先に軍部の締めつけから解かれ、大衆の好みが優先され、戦後社会を楽しくし豊かに感じさせました。

敗戦後、政府（連合国最高司令官総司令部＝GHQを含む）からの様々な政策・施策に翻弄されながら、庶民は手さぐりで生き抜きました。戦中の空襲で東京は全てが焼け、本当に何もないようなところから始まりました。誰もが着の身着のままの暮らし、その日の食事すら満足にできませんでした。それでも諦めることなく、明日を期待して食べ物を求め、子供をもつ親は自分をさておき、我が子を飢えさせないように働きました。国家の戦争責任を追求するより、まずは腹を満たすことに全勢力をつぎ込んだのです。

日本の復興は、幸運に恵まれたといえるかもしれません。そして、さらなる発展が達成できたのは、リーダーシップのある有能な政治家のお蔭ではありません。大半を占める庶民は、国家の威信や企業の繁栄を目指して一生懸命働いたのではありません。自分たちの暮らしを少しでも楽にしようと頑張ったのです。庶民は希望が見えれば、どんな困難にも負けず将来に立ち向かうものです。

では、その希望とは何か。それは家族そろって元気に暮らし、子供の将来を夢見て、日々の生活に楽しみを見いだすことです。次の休日にどこに出かけようかと、子供と一緒に考えるのは、至福の時です。日々の生活が苦しくても、レジャーが充実していれば、結構満足するものです。敗戦による生活苦は、子供の責任ではありません。子供の成長に将来を託すという選択は、敗戦国の親として当然でしょう。この戦後復興期は、苦しく辛いものでしたが、それだけに楽しみも充実していたと感じられたのでしょう。

娯楽・レジャーは、社会における不満や欲望の単なる捌け口と評価されがちです。しかし、経済成長に直接寄与しないし、生産性のないものとして軽んじられがちです。

庶民が働く意欲を支える原動力に、レジャーは欠くことのできないものです。大多数を占める庶民が、どのようにレジャーを展開していたかは、歴史的には重要でないと、研究や評価はあまりされていません。しかし、戦後社会を理解するには、庶民の楽しみを客観的に捉え、明らかにしなければならないと思います。

そこで、東京（近郊を含む）の庶民の動向を新聞から把握し、それを補い、確証するため当時の日記などから探ることにしました。

具体的には、朝日新聞・読売新聞・毎日新聞・日本経済新聞の記事を中心にしています。それに加えて、個人の日記、青木正美（古書店主、日本近代文学研究者）、内田百閒（小説家）、大佛次郎（小説家）、小津安二郎（映画監督）、佐藤榮作（政治家）、中井英夫（詩人、小説家）、永井荷風（小説家）、西尾幹二（ドイツ文学者、評論家）、野上弥生子（小説家）、マーク・ゲイン（ジャーナリスト）、古川ロッパ（コメディアン）、室生犀星（詩人、小説家）、矢部貞治（政治学者、評論家）、山田風太郎（小説家）などからも引用しました。その際、できるだけ数値をともなう記述に着目し、客観的な形で示すことに努めました。

凡　例

・出典が複数ある場合は、代表的な資料。新聞の日付は発行日。略記号は次のようにする。

A	朝日新聞朝刊	a	朝日新聞夕刊
Y	読売新聞朝刊	y	読売新聞夕刊
M	毎日新聞朝刊	m	毎日新聞夕刊
N	日本経済新聞朝刊	n	日本経済新聞夕刊

・新聞以外の資料とした主な日記は、日付の記載日。略記号は次のようにする。

hi	内田百閒の日記	ro	古川ロッパの日記
os	大佛次郎敗戦日記	ms	三島由紀夫の日記
oz	小津安次郎の日記	mr	室生犀星の日記
sa	佐藤榮作日記	ys	矢部貞治日記
ta	高見順の日記	ya	山田風太郎の日記
ka	永井荷風の日記		

新聞記事や日記などの引用にあたっては、原則として原文をそのまま使用する（ただし、旧字体は新字体に置き換えた）。そのため、現在の視点からは不適当な表現が見られることもあるが、当時の感覚をそのまま表すということを考慮して、あえて原文のまま掲載した。

戦後復興 日々の楽しみ【目次】

戦後復興期レジャー編年史

★世相を反映するため、一部、娯楽以外の事象も掲載しています。

昭和20年（1945）──混乱の始まり

8月15日を境に、東京は大きく変わる。ただ8月中の変化は、極めてゆっくりとしている。17日に、東久邇宮《ひがしくにのみや》殿下組閣工作。海軍総隊司令部が戦闘停止を、燈火管制解除・信書検閲停止など発令というように、具体策はなにも始まっていない。ただ、占領軍向け特殊慰安施設を第一号開業と、手回しの良い手筈もある。連合国最高司令官総司令部（以下GHQ）が横浜に設置され、連合軍最高司令官マッカーサーが厚木に到着する。

機密事項として発表されなかった天気予報（ラジオ）が復活し、娯楽も復興するようになる。都民の日常的な楽しみはラジオ、『希望音楽会』『山から来た男』などの番組が始まり、大相撲秋場所の中継などスポーツ放送に耳を傾けた。

映画や演劇は、GHQの制限に加えて、作品も施設も古いままであったが、都民の最も身近なレジャーであった。そのような中で、戦後初の洋画として『ユーコンの叫び』『ウェヤ殺人事件』が上映される。また邦画として初めて、『そよかぜ』（松竹）が制作され、主題歌『リンゴの唄』が当時の人の心をとらえた。その他の流行歌として、『赤城の子守唄』『野崎小唄』などがある。

戦後ならではの流行語は、「玉音放送」から始まり、一億総懺悔、進駐軍、復員、戦争未亡人、闇市、たけのこ生活（筍の皮を剥ぐように身の回りの品物を売って食べ物等を得る生活）、バラック、第三国人、DDTなどがある。

◉8月　すべてが止まるような空白

15日 ta 電車の中も平日と変わらなかった……軍曹は隣りの男と、しきりに話している。「何かある、きっと何かある」と軍曹は拳を固める。「休戦のような声をして、敵を水際までひきつけておいて、そしてガンと叩くのかもしれない。きっとそうだ」……すべてだまし合いだ

16日 A 玉音を拝して感泣嗚咽、一億の道御昭示。二面に、「二重橋前に赤子の群」、十人や二十人ではない、百人や二百人ではない、もっと多くの人々の悲痛な足音である

17日 A 米軍、戦闘を停止

A 東宝『花婿太平記』、浅草松竹・富士館・本所映画館『北の三人』上映中の広告

18日 os 飛来した米軍偵察機を高射砲で迎撃

19日 A 惨禍の広島市の写真

20日 A 国民生活明朗化に大御心　燈火管制を直ちに中止　娯楽機関の復興を急ぎ……

22日 A 「けふから演芸再開」　娯楽放送も始まる　全国一斉に興業を復興（21日通達）

hi 今八時半也……電気が消えた

23日 A 市民の家侵さず、見直された米国兵　天気予報・ラジオ番組掲載

25日Ａ　帝都の人口、残留二百四十万
26日Ａ　都民各位に告ぐ、秩序の維持……服装の粛清
29日Ａ　特殊慰安施設協会・職員事務員募集広告
　　Ａ　天壌無窮を祈り、若き志士ら自刃
30日Ａ　「一億総懺悔」の社説掲載

16日の東京日日新聞には、「〝忠誠足らざるを〟詫び奉る（宮城前）」の見出しで、土下座している写真が掲載された。その写真は『「敗戦日記」を読む』（野坂昭如著　日本放送協会）によれば、「……姿は、14日午後、皇居、焼跡整理に奉仕の、福島県の人たちである。お別れに、瓶伏して挨拶してくれないかと、カメラマンが要請、奉仕隊は従った」とある。

大佛次郎の『敗戦日記』16日に「依然として真実は新聞にもラジオにも表れず」。18日「敵機来たり高射砲戦時よりさかんに鳴る」とあるのを見ると、まだ混乱していたというのが実情だろう。実際、まだ戦争が続くことを想定して、武器や資材を隠しており、戦うこともできる状況であった。

17日以来、次々と出される映画広告。『伊豆の娘たち』（19日Ａ）、大映『花婿太平記』（27日Ａ）、東京劇場『黒塚・東海道膝栗毛』三円三十銭・一円三十銭（29日Ａ）、『伊豆の娘たち』紅系『花婿太平記』白系（31日Ａ）と、数少ない娯楽を支えている。

都民の娯楽は、21日まで、ラジオ放送でクラシック音楽しか流れていなかった。そのような中でも、高見順は、28日浅草金龍館の地下でビールを、29日は銀座のビアホールへ出かけている。というように、これから展開する戦後の厳しい生活はまだ始まっていない。

国民には、自発的なレジスタンスを起こすというような動きはなく、戦中と同様上からの指示を待っていたところに「一億総懺悔」の社説が出された。これは国民を誘導するものであろう。戦中のマインドコントロールは、まだ解けていない。

◉9月　戦後が動き出す

1日　A　東京劇場再開広告
2日　A　嬉しいな、学校へ通える
4日　A　「明朗音楽会」日比谷公園で6日から（純正音楽の大衆化と軽音楽の向上を狙うもの）
　　　A　進駐軍に「映画館を開放」
　　　ms　三島由紀夫、東京劇場で『黒塚・東海道膝栗毛』観劇
6日　A　追い越すな進駐軍の車
7日　A　誤解招く娘の笑顔　粋な素足も挑発的
8日　A　けふ連合軍、帝都へ進駐
9日　A　NHKが歌謡曲・軽音楽の放送を再開
10日　A　一夜に〝天幕村〟出現、代々木に進駐軍
12日　A　街や劇場に米兵の非行
15日　os　米水兵、東京市中に目立つ

昭和 20 年 9 月 1 日、築地・東京劇場で市川猿之助一座が興行を再開
(Stanley Kaizawa Collection, UHM Library Asia Collection Department)

賑わう新宿駅前の公認マーケット
(『画報現代史』第 1 集より)

ta　鶴岡八幡（鎌倉）の例祭に人出
17日 A　闇市の氾濫　王座は日用品、放出物資の横流しか
21日 A　教科書から不適切な部分を一掃
23日 A　相撲、野球、庭球（テニス）など明朗体育を復興
　　 A　松竹映画『そよかぜ』の予告広告
26日 A　天幕興業も許す、都民の娯楽機関を豊かに
28日 A　映画は「再映物でお茶を濁す」
29日 A　天皇とマッカーサーの写真掲載

9月2日、日本はポツダム宣言を受諾し、降伏文書に調印、そして米国軍進駐が始まり、様々な対応が始まる。

庶民の生活はどのように展開しているか。6日付の朝日新聞に、東久邇宮首相、施政方針演説「万邦共栄文化日本を建設」とあるが、庶民はそれどころではない。

8日、東京のど真ん中、日比谷公園から皇居前にかけて米軍の大パレードが繰りひろげられた。確か八カ月前に同じ皇居前で日本軍の陸軍始観兵式《りくぐんはじめかんぺいしき》精鋭数万（1月9日Y）が行われたはず、都民はこの情況変化をどのような気持ちで見物したのだろう。

闇市は戦前の露店をはるかに超え、巨大なマーケットになった。政府の統制は効かず、戦後の変化は闇市からという状況である。ただ、「危いメチール」、九名死亡、三名失明（25日A）。また、姿を消す無茶な闇値　新宿に正札つきの露店商組合　黒山のような賑い（27日A）とある。

都民の娯楽は、徐々に復興しているようだ。

◉10月 戦後の混乱の縮図ができる

2日 A 銭湯が沢山できます
3日 A 復活する享楽機関 帝都に飲食店、娯楽場
5日 A 上野駅に深夜の声 「東京飢う」の予言 浮浪者群の悲劇を診る
A 東久邇宮内閣総辞職（9日A 幣原内閣成立）
8日 A 神道の特権廃止
11日 A 盛り場の復興は映画から、だんだんと終日興行へ移行
13日 A 「出廻らぬ野菜と魚、休眠した配給制」公定価は安すぎる、官品の闇で巨利
25日 A 「盛り場はどうなっている」との見出しで、銀座、浅草、上野、新宿などを紹介
盛り場、銀座は、「東宝ビヤホール、千疋屋キャバレー（ダンサー一五〇名）、松坂屋のオアシス・オブ・ギンザ（ダンサー四〇〇名）、耕一路キャバレー（ダンサー一五名）、バー・ボルドー（以上は

左：米兵専用の「オアシス・オブ・ギンザ」、右：銀座4丁目角の標識（『画報現代史』第1集より）

将校用）……さらにこの月末開業予定……がある。……映画館など興行場の夜間営業を実施し始めたのは現在丸之内と銀座だけ」。浅草は、「人出は十五万以上……六区興行街……戦時中三年間の赤字はこの二箇月で完全に取戻したという……浅草署館内には既に喫茶店、おでん屋等三百軒の飲食店が開業しているが、その大半は無糖紅茶に乾燥葡萄を売る喫茶店、生葡萄酒におでん類のおでん屋等半分は葭簀張りの仮小屋開業」。上野は、「残飯目当てに駅と公園に……浮浪者……約二千人、上野署で一日平均扱う行倒れが五乃至六件、鉄道自殺が一件」。新宿は、「公認マーケットの繁盛は毎日十数万人の客……これに立遅れた商店街も退蔵商品を一時にはき出して相当の闇値で都民の購買欲を煽る、いまの新宿にはインフレも商業道徳もない……興業街の復興は順調」

26日 A 「享楽停止」を解除

28日 A 貨物の「八割まで疎開帰り」必需品僅か

A 明日から宝籤　一等十万円、発売十日間

ya 浅草……芋を洗うように雑沓している　地下鉄……大満員で、改札を出さない　上野駅……汽車に乗る者数千人……長蛇

左：急造された仲見世商店街、右：夜遅くまでごった返す上野駅（「ジャパンアーカイブズ」より）

hi　新宿の道ばたの人出に驚いた

「配給制度のあることなど、ようやく都民から忘れかけられようとしている」（13日A）と、政府は無為無策のまま、戦争が終わって二カ月もたたないうちに、戦後の混乱の縮図はできた。都民は、自らの生活の糧を自分たちの手で確保するため、ようやく動き出した。茫然とした状況から覚醒して、とりあえず、一日を精一杯生きはじめたようだ。それと同時に、ささやかな楽しみを求める人も増えたのだろう。2日の中井英夫の『黒島館戦後日記』には、「お宮のお祭りであらう、昨日からドン・ドンと太鼓の音が絶えない」とある。また、10月中に上野動物園を訪れた人（有料）は、二万九〇〇〇人（天気のよい日は二〇〇〇人以上）もいた。

10月に入り、都民は娯楽にも関心を向ける余裕が出た。二週間以前から広告のあった戦後映画の第一号とされる『そよかぜ』が上映、映画の批評はさて置き、主題歌の『リンゴの唄』は、当時の人々の心を捉え、その後空前の大ヒット（レコードは三カ月で七万枚）となる。

『リンゴの唄』（『画報現代史』第1集より）

◉11月　食料事情の悪化は深刻だが、戦後の楽しみが始まる

1日　A　浅草花月「笠置シズ子と田中和男楽団他」の広告
2日　A　日比谷公園で餓死対策国民大会
　　A　買出し、絶対量に遙かに足らぬ配給

5日 A 走る藷列車 買出部隊の帝都帰還日
13日 A このごろの帝都の表情は急変した。ジープが停まる、進駐軍が進む、学生群がめつきり目立つ、敗戦の二字さえ忘れた華美な姿も……連日往時の日曜祭日を思わせる雑踏である
Y 露店、四十万の人波 新宿
A 銀座八丁ずらり〝闇市〟、浅草の売上げ 日に八百円、淋しかった浅草一の酉
15日 A 湯代値上、大人は二十銭
17日 A 野菜……値上げ 公定価の六、七倍
ya 地下鉄、ガラス破れ、言語に絶する超満員。体は宙に浮き上がり
18日 A 始まっている「死の行進」餓死はすでに全国の街に、帝都は多い時には六人
21日 A 野菜の統制の枠がはづされる、〝高いが、あるね〟商売も昔通りに親切
22日 A 男が十万人多い帝都、二七七万・戦前の三分の一。都内に一カ月十万人以上流入
24日 A 「遊んでいる帝都」、新橋や銀座・上野・新宿・浅草の盛り場、神宮球場で職業野球、国技館で大相撲、有楽町駅に約二十万降る。「夜も明けぬ内から人波が某劇場のでかい横腹を七巻半、五千人づつ三回入れ、客は学生服と復員姿が四割、お婆さんが二割」
25日 A 「食料の輸入を許可」マ司令部指令
26日 A 停電に打つ手無し
27日 A 〝街頭の握り飯〟など厳禁
30日 A 衣食住解決せねば交通地獄は続く、暴動に近い今の列車

銀座八丁の闇市は、着物二枚で堂々と店が張れることから、地方人の進出が多く、復員軍人の姿も散在。浅草は、公園六区から仲見世電車通りにかけて露天商が並び、最高の売上げは皮商、電気器具商、飲食店。ここに店を開くには、芝山親分の許可が必要。上野は、松坂屋から山下にかけ電車道を挟む両側と上野駅前にバラック建てで、年内にも開店を計画。

この頃になると、東京は戦中とはまったく違った様子を見せている。高見順の日記から拾ってみると、9日「新橋……浅草の食い物屋は、ちゃんと屋台を出しているが、ここはただ風呂敷、カバンなどをひろげて売っている」。10日「東京劇場へ。夜の銀座はアメリカ兵だけしかいない……新橋駅には浮浪者がごろごろ」。16日「ケバケバしい人絹の着物。毒々しい洋装……まるで田舎町の女郎のような女ばかり……『オアシス・オブ・ギンザ』へ、ぞろぞろと歩いて行く」。21日「日本劇場再開……劇場の周囲は大変な人の群れ、雨が降っているというのに」。29日「東京の映画館は夜間興行を再開」と記している。

あるところには何でもあった、都民は闇を通して様々なものを手に入れた。野菜の統制枠が外され、配給や公定価格などの統制は機能しなかった。食料事情の悪いことはわかっているのに、東京に大勢の人が入ってくる。

◉12月　歳末を控えインフレが都民を直撃

1日Ａ　都電・都バス値上げ、二十銭に
2日Ａ　「活きかへつた動物園」大人十五銭小人十銭
Ａ　6日堂々封切り、松竹映画『愛染かつら』広告

3日　A　戦後初の洋画『ユーコンの叫び』広告
　　A　町会役員の公選「私たちの消費組合」
8日　ya　日比谷劇場に『ユーコンの叫び』を観に入る。超満員……映画はつまらない
10日　A　農村が街へ直談判「遊んでゐる都会人が余りにも多い」
11日　A　農民の解放を指令　マ司令部
12日　A　〝忠臣蔵〟〝千代萩〟は御法度
　　A　新戦術無賃運転　京成、闘争に入る（料金の徴収を放棄する私鉄のストライキ）
15日　A　買出しがすべての癌　省電（国電の旧称）朝夕は発売停止
19日　A　「きのふ衆議院解散」一般の関心低調
24日　ro　有楽座迄来ると、長蛇の列だ、正月の前売りを買ふ人々。大した景気
26日　A　停電に打つ手なし
29日　A　絶賛に応え待望の『愛染かつら後編』広告
31日　A　生産沈滞の真因は何か　資本家、官僚の怠業　自己防衛に汲々
　　A　『紅白音楽試合』NHKラジオ放送番組
　　A　「飢ゑと寒さの歳末だ　盛り場一巡記」「上野駅」親切そうな女の置き引き、浮浪者と捨て子。「浅草」どっと増えた露店、映画や劇場の入りもグッと減った、「新橋」お上り闇屋も参加。都内の露天商は浅草、新宿、上野、蒲田、渋谷、大森、新橋、大井、池袋等の盛り場にザツと五万三千

有楽町・日本劇場（日劇）でアメリカ映画『ユーコンの叫び』のチケットを求める行列。『ユーコンの叫び』は戦前に輸入された旧作だったが、連日扉が閉まらないほどの超満員となった（昭和館蔵）

11日の私鉄ストライキを目撃したマーク・ゲイン（『シカゴ・サン』紙東京支局長）は、『ニッポン日記』（井本威夫訳）に「小さな男の子をつれた女に、なぜ中へ入らないのかと尋ねたら、おそるおそる低声で答えた。『運賃を払わなくてもいいというんですが、そんなわけにいくんでしょうか。警察におこられるでしょう?』」と記している。敗戦で変わった部分もあるが、変わらない、いや変えられない部分も深く残っている。その最たるものが政府。8日の国会を見た彼は、「この連中は敗戦国の支配者たちで、しかもその国は民主化を誓約した国で、現在は敗戦四カ月目なのだ」と憤慨している。また、21日の日記に「銀座からほど遠からぬところに、金属の山……国民が軍に供出した成れの果てである。東京じゅうの事務所から撤去された暖房装置の山、真鍮の火鉢の山、燭台の山、お寺の鐘や壺の山。……アメリカの将校やトラックでやってくる兵隊たちは、自由に出入りして、何か掘出し物はないかと捜し廻っている。この役に立たなかった犠牲と苦難の堆積の山を切り崩すには、何カ月かかることだろう」と記している。

古川ロッパの19日の日記に「東洗足へ出て、第一師範〔現在の東京学芸大学〕へ。電車路に沿って、出てる〱、露店何十と並ぶ。こいつを片っぱしから見て歩くのが面白い。こゝより蒲田のが凄いといふので……蒲田駅で下りる、成程、スゴいや。空地──焼あと一面の人出、何百千と露店並び、食もの店も何百とある。全部は、とても歩き切れない」とあり、都内の至るところに露店の出ていたことがわかる。

31日、高見順は「銀座……露店の賑わい、支那の難民区と同じ。心痛む悲しい雑踏。汚らしく悲しい賑わい」と日記に書いている。

昭和21年（1946）

何より、まず食べることの日々

当時の日記を読むと、「人間宣言」より、食べることについて書かれているものが多い。戦争が終わったという解放感はすぐに消え、生活の厳しさは、戦時中と何ら変わらないようだ。配給制度は続き、新円切り換え（金融緊急措置令）など上からの命令は、あいかわらず強くのしかかっている。女性が参政権を得るという画期的な選挙（4月第二十二回総選挙）にしても、では、誰に投票すれば暮らしが良くなるのかという判断がつかない。結局は、国民の自分たちの意志を投影できないまま、政府にとって都合のよい議員が誕生する。

十一年ぶりに復活したメーデー、皇居前広場での「食糧メーデー」など、デモで国民の権利を主張するが、政府の弾圧と懐柔によってなし崩しになってしまった。以後の争議活動も場当たり的で、一部の人々に主導権を握られ、自己満足にすぎないデモ行為を繰りかえしている。確かに戦時中のような強権による取締はなかったものの、政府と労働組合が互いに新たな方向を探ろうとする動きはなかった。そして何よりも、政府・労働組合の双方が、組織されていない人々からの支持や共感を得られるような努力をしなかった。

都民は食べることに汲々とし、物質的には困窮しているが、それでも文化面ではかなり自由な活動ができるようになった。もっとも、GHQがアメリカ映画の輸入を促進したので、当然、アメリカナイズされた文化ではあった。『キュリー夫人』『我が道を往く』『望郷』『拳銃の町』『カサブランカ』などの名作と呼ばれた映画により、アメリカ文化は日本人の間にじわじわと浸透していった。邦画としては、『大曾根家の朝《あした》』『わが青春に悔なし』『或る夜の接吻』『七つの顔』『はたちの青春』『或る夜の殿様』『待ちぼうけの女』などがある。

戦争で途絶えた年中行事が少しずつ復活していくが、戦前と比べれば明らかに見劣りするもので、誰もが楽しめるという環境ではない。また、都民は花見を楽しむ余裕がない。

当時の都民の主な娯楽は、ラジオ（普及率四〇％）と映画・演劇などであった。ラジオ番組としては、『のど自慢素人音楽会』『話の泉』などが始まり、都民の日常的な楽しみになる。ラジオから流れる歌、『リンゴの唄』『東京の花売娘』『かえり船』『朝はどこから』『麗人の歌』『悲しき竹笛』などが流行った。また、流行語として、赤線・青線、隠匿物資、カストリ（密造焼酎）、五百円生活、ご名答、象徴、接収、ニューフェース、ハバハバ（進駐軍の語：早く早く）、パンパン、幽霊人口などがある。

◉1月　初詣より食料

1日A　天皇、現御神にあらず
3日A　「荒涼たるお正月」明治神宮は百分の一
4日Y　浅草六区きのふのインフレ狂躁曲

7日 A ロッパ一座（有楽座）・中村吉右衛門一座（帝国劇場）満員御礼広告
9日 A 「暴利取締し初出動」原価の二倍も
12日 A 銭湯混雑〝混浴の禁〟犯す 本郷区にて
13日 A 「トラック強盗団」も出没
15日 A 公娼けふから廃止
16日 A 新橋で「春の新風景〝闇祭〟」闇屋十一万
A 『リンゴの唄』レコード広告
19日 A 『のど自慢素人音楽会』NHKラジオ六時放送
20日 A 外食券詐取
23日 A 都市膨張に 5月まで転入禁止
A 「歌舞伎は全廃せず」マ司令部言明
25日 ya 「数寄屋橋のあたり凄じい人出」日劇・エノケンのサーカスキッドは一、二階満員
27日 A 日比谷公園で野坂参三歓迎国民大会
29日 A 待合、芸妓が復活、十八箇所
31日 A 自由を履き違へ「夜の女」を大検挙

初詣、靖国神社は元旦三万人程度（2日A）、と昨年でも四〇万人、一昨年は七三万人もあったことから激減である。明治神宮も、昨年一三八万人であったのが一万三六〇〇人に減少した。

正月早々、都民の関心は「闇と買出し」（3日A）と、初詣より食料である。それでも、元旦興行が禁止された前年に比べれば正月らしさは、いくぶん戻り、三が日の人出は四五〇万人（4日Y）。映画や演劇にも大勢の人が押しかけ、久しぶりに「満員御礼広告」が出た。古川ロッパは、「有楽町下りると日劇の人だかり」と3日の日記に記している。

東京は、治安の悪化に加え、インフレに暴利、いつ暴動が起きてもおかしくない状況である。そのような状況下でも、「我等の手で食料管理」（22日A）をという堅実な動き。また、板橋の造兵廠跡で大量の隠匿物資が発見され、市民の手によって公価の半額で自由配給が行われた（23日A）。都民の多くは、必要に迫られ、必死で生活の立て直しをしていた。

都民は辛抱強いというか、あいかわらずの行列を苦痛とは思っていない、並ぶことになれてしまった。14日、新宿に出た山田風太郎は『ウェヤー殺人事件』（英国映画）、『喜劇は終わりぬ』（松竹映画）を上映している劇場で長い行列を見ている。19日は、渋谷の東横百貨店に入り「数年ぶりにエレベーターに乗った。劇場内椅子が前の方へちょっぴりあるだけ、ほとんど立ち見。照射する光が立っている人々の帽子や頭にさえぎられて映画の下半屢々見えず」。21日には、スピード籤や煙草ピース目当てに、銀座の百貨店に朝から長蛇の列。販売終了は昼過ぎに、百貨店だけに流石に行列対策は手慣れた印象を与えた（22日A）と、ある。27日「後楽園のサーカスに行く……ずらりと並んだ切符買いの行列は無論ダンゼン子供が多く、貧乏たらしい女、失業に間違いないボロ服の少年などなんだか貧乏窟の施物行列のようだ。料金は三円六十銭。……日本劇場より広いくらいの見物席が造ってあるが、腰かけるのは、勿論席。荒縄でくくった幾十本の柱が林立し、遙かの上空には雨に黄色くしみのついた天幕が風に波を打っている。見物席は幾千の顔に揺れているが日劇のように絢爛としてはいない」。

あちこちで、社会秩序を民主的に変えようとする動きがあり、新聞（22日A）には「食料の民主協議会生る」「警防団廃止へ」などが記されている。その一方で、「都職員組合結成　産業別戦線を完成」と民間労働者だけでなく、公務員の組合も組織化が進んだ。26日、中国から帰国した野坂参三の「歓迎国民大会」が日比谷公園で催され、約三万が集まった。

◉2月　新円切り換えで生活は混乱

3日　ya　七円のピース求め煙草屋に数千人行列

　　　A　「公安乱さぬ労働争議　警察の干与許さず」マ司令部見解

4日　Y　「軍国主義の鬼は外」、銀座のキャバレー〝オアシス・オブ・ギンザ〟の豆まき風景が派手に載り、赤坂豊川稲荷や芝増上寺、飯田橋大神宮、上野東照宮などでも行われた。浅草六区の映画館や劇場では館内販売が復活

5日　A　浅草六区に中売が復活　バクダン（軍用燃料アルコールを水で薄めた酒の代用品）一円五十銭〜ピーナッツ・みかん十円

13日　A　闇の汚名消さう連鎖市場（チェーン式マーケット）まず池袋に店開き

14日　A　都内の接待所四百四十八軒（接待婦一五二四人）、慰安所二百六軒（慰安婦一三六八人）、芸妓屋百八十七軒（芸者二八八人）、待合二百五十軒、料理屋二百軒

「オアシス・オブ・ギンザ」の豆まき（『読売新聞』昭和21年2月4日付より）

15日 A ぞくぞく出る隠匿物資
17日 A 新円切り換え「けふから預金封鎖」
21日 A 松竹映画『大曾根家の朝』（木下恵介監督）公開
24日 A 『キュリー夫人』上映予告
　　 A 「第一回日本美術展覧会」（日展）の記事
28日 A 省電（国電の旧称）の怠業遂に三日に及ぶ　怒る乗客暴動化、警官鎮圧に出動

高見順の3日の日記によれば、少しずつ戦前の状況がもどりつつある。「瓢箪池……の前の食い物の露店は、もう小屋掛けになっている……新仲見世通りはまだ寂しい。区役所通りが露店で賑わっている……仲見世はほとんど復活……そうしてその先は焼跡の連続だ」と観察している。

17日にスタートした「新円切り換え」、預金は封鎖され一日に五〇〇円までしか引き出せない。翌日の朝日新聞には、「発足したインフレ防止策」と題し、国民に不安を与えぬと楽観的な見通しが書かれている。同紙には「芸者衆はお札と共に消えるか、いつもは三〇人位昼遊びの野郎がある筈なのに、17日、一人も来ない、新富町、春近き日曜日の向島も都鳥の代りに閑古鳥が鳴いとる」と紹介。都民は、旧円を使えるうちに使おうとして、切り換え直前には異常に消費が増えた。なお、硬貨や小額紙幣は切り換えの対象外であったため、小銭が貯め込まれ混乱。また、鉄道などの「切符の釣銭は出さぬ」から小銭を用意しろという記事

第1回日展を見るための行列
（「ジャパンアーカイブズ」より）

もある。

内田百閒は19日の日記に、自分は「封鎖の限度迄の預金が無いから」と書いており、大半の都民もそうであろう。混乱は実施過程に起因し、25日には、新円紙幣の印刷が間に合わないため、旧円紙幣に証紙を貼り新円の代役として流通。そして、すぐにその証紙が闇市に出まわる。証紙付き紙幣は再度の混乱を引き起し、結局は廃止、無効。ちなみに、占領軍軍人は所持する旧円を無制限で新円に交換できた。

「第一回日本美術展覧会」（24日A）が開かれ、新しい動きも感じられる。その一方で、食料事情はさらに悪化、深刻さを増している。同紙には「救いなき人々の姿」との見出しで、「浮浪者はいまや上野のみではなく東京の隅々まで行きわたつてゐる……山手線全駅に……三千～五千といはれる」、また上野で「群をなす少年らの悪事」と、社会の一部ではあるが荒廃した様子が記されている。

◉3月　娯楽どころか、さらに食料難は深刻さを増す

1日A　けふから生必品統制へ、紙、燐可、繊維を禁　迷ふ〝露店〟七万人

2日A　お札に渦巻く百貨店

浅草の自由市場。軍服姿の男性が今川焼きを焼いている（左）
（Stanley Kaizawa Collection, UHM Library Asia Collection Department）

4日 A 雪に明けた〝新円の元旦〟「劇場はがら空き」あちこちに釣銭悲喜劇
7日 A これでよいのか都の配給　野菜、計画の三分の一
11日 A 〝夜の女〟三百名検挙
16日 A 闇市の魚けふから禁止。省線（国電の旧称）にDDT、発疹チフス消毒
A 都の手持米四日分
17日 A 仁左衛門一家殺さる
20日 ta 銀座は大分バラックができた
A 「花だより」とあるが、実は進駐軍将兵に向けた花見の案内（交通公社）
22日 Y また殺人甘味剤（エチレングリコールを使った甘味酒やシロップ）現る
24日 A 都の発疹チフス、千名を突破
26日 A 終戦直後の十倍に激増　待合二六百、料亭四百、普通飲食店一万余

15日、歌舞伎俳優十二代目・片岡仁左衛門一家が文字通り、食べ物の恨みで殺害された。食料難を象徴する事件である。新円に切り換わると「劇場はがら空き」（4日A）と、いうような状況になったために、名のある歌舞伎俳優といえども生活は案外厳しかったのかもしれない。

その一方で財務局監査課によると、旧円時は、銀座界隈では一人一晩の平均遊興費六〇〇〇円、ビール一本六〇円、お酒一本五〇円が通りの相場（16日A）。あるところには何でもあった。食料が偏在し、配給ルートに乗らない、都はその解消策を講じているが、解決にはほど遠い。

◉4月　選挙より食料

4日　Y　神武天皇祭の3日　新記録の人出
6日　A　行路病死、日に五人
　　　Y　廉売のいもに一万の人垣　日劇前で
8日　A　日比谷で人民大会　民主叫ぶ七万大衆
10日　A　けふだ！　さあ行かう投票所へ　第二十二回衆議院議員総選挙
11日　A　選挙より食料　千葉駅の乗降乗継客八時までに三万余、船橋駅では九時に一万余
13日　A　食料事情再び悪化　半数以上が配給遅延
21日　A　銀座復興祭り
23日　A　食料自給へ潮干狩も真剣　賑わう羽田大師浜
24日　A　半月以上は飢餓　都民は遅配に何日耐へられるか
　　　A　豊島園「4月25日開園」の広告
28日　A　職業野球リーグ始まるが、試合結果のみ

暦は戦中のまま、3日は神武天皇祭、上野駅二五万、新宿駅二二万、渋谷駅三〇万の乗降客と、この春一番の人出。多摩川園前駅は一万五〇〇〇人の乗降客、園内は賑わったと思われる。

羽田大師浜の潮干狩り（『朝日新聞』昭和21年4月23日付より）

春の人出は、上野動物園の入園者数（一七万八〇〇〇人）が示すように、数年来の新記録を更新したと推測する。

10日、戦後初の衆議院選挙が実施され、初の女性議員が三九人も生まれた歴史的な選挙で、新聞も華々しく報じた。しかし、話題として盛り上がった割に、投票率は戦中より低い。続々出る名簿漏れ（11日A）と、市川房枝氏は自分の選挙権がない。そして、投票より買い出し、切迫していた食料事情がさらに悪化。潮干狩りでさえ遊びを超えて、本気になるほど。

豊島園の開園広告、職業野球リーグも始まり、徐々に都民の楽しみが増えている。が、まだ大勢の人が関心を向けるまでには至ってない。でも子供は違うようだ。「アメリカの缶詰の空缶……ふたつ拾って……紐をつけ……下駄のようにはいて……ポカポカと音を立てて歩く子供……実にもう植民地の子供の姿だ」と高見順は12日の日記に記している。

◉5月　空腹メーデーの後に映画

2日　A　メーデー　皇居前から五十万の奔流
4日　A　「世界注視」第一級戦犯裁判開く
10日　ka　近巷に植木市の立つを知り
11日　A　『朝はどこから』楽しく唄おうホーム・ソング入選
17日　A　六大学野球あす開幕
20日　A　食糧メーデー　二十五万、街頭を行進

22日 ya 殺人電車東上線……窓、屋根に鈴のごとく人を乗せて馳る
23日 A ふとる農村・枯渇する都市 映画は月一回 文化費食はれる東京人 財務局から
24日 A 東劇「菊五郎・吉右衛門等」連日満員6月2日迄演続の広告
26日 A 都への転入抑制強化
27日 ya 殺人的混雑の山の手線

1日、メーデーの復活（第十七回）は、大規模な集会が予測された。またその日から、「買出し御法度」であったが、早朝の省電には赤旗を持つジンミンの顔まけするほどのリュック、大風呂敷の氾濫（2日A）と、いう状況。映画館や劇場はデモ騒ぎで休館かと思われたが、朝から日曜日なみの長蛇、メーデーが散会する三時頃からは超満員になった。都民は、デモを容認するも、まだよくわからないというのが当時の認識であろう。

山田風太郎は6日、三軒茶屋で「赤旗を持って、給料何倍値上げとか下手な字で書いた幟を押し立て百人余りぞろぞろと歩いている。とてもよく新聞に紹介されるように景気のよいものではない。曇空なので皆洋傘を持って、腹のへったような顔でトボトボ、フラフラ歩いている」デモ行進を見た。12日には「何千と続く大行列の一番後ろにジープが徐行してついていた。ふんぞり返ったアメリカ兵が、シガーを吹かしている。一番前にも一台ついていたという。……デモ行進は世田谷区民大会で、あの後、宮内省に……」と記している。

中井英夫は15日の日記に「先月の中頃から米は一度も貰ってゐない……今晩最後の一合足らずの米に水を二升ばかりいれ、煮立ったところへ配給の白菜だか何だかを百匁ほど放りこんで青臭い汁をつくった」

とある。食料難は相当深刻な状況に達していた。

19日、世田谷区内の配給の遅れから発したとされる「飯米獲得人民大会」が、皇居前広場で開かれた。参加者は1日のメーデーの半数、二五万人だが、新聞は「食糧メーデー」として大きく取り上げた。食料事情の改善を求めるなかで、一枚のプラカードが物議を起した。天皇に対する不敬罪で起訴（6月22日）され、名誉毀損で有罪（11月2日）となるが、翌年、不敬罪と認定した上で、新憲法公布に伴う大赦令により免訴（6月28日判決）となる。デモへの関心が高まったものの、デモには関与しない方が安全という感覚が人々に生じたようだ。

◉6月　困窮生活が定着するなか、レジャーは少しずつ増える

3日 A 買出し休暇が会社で流行　東京都庁でも休み月三回実施と発表
4日 A 子供を使って菜園荒　5月だけで四千件
6日 A 夜間興行十時まで、日本劇場・日劇地下・新宿東宝・新宿文化
8日 A 「帝劇『真夏の夜の夢』好評満員」の広告
9日 A 歩く闇市「その服買った」新橋の新商売
10日 A 物騒な東京の夜　強盗や傷害など十二件
14日 A 都の人口調査　四百十七万（4月現在）
16日 A 外野の観衆グランドに雪崩落つ　三千枚近くの偽入場券、徹夜組が三百人　早慶戦

17日Ａ　六年ぶりに赤坂日枝神社祭り復活
23日Ａ　露店には野菜の山　闇と配給がどうどうめぐり
24日Ａ　賑わう鎌倉　人出三万、進駐軍将兵も

食料遅配は当たり前、足りないものを自家菜園で作り、買出しは堂々と会社の休みを取って行くようになった。食料事情が好転したわけではないが、都民は困窮が恒常化する中でそれなりの生活スタイルを確立したような感じである。人間社会とは不思議なもので、劣悪な環境でも、その中で安定した形態を形成するものである。

山田風太郎は、18日新宿花園神社で「近傍に米軍の駐車場あり、そこより出づる残パン拾いか焚火をして虱取る浮浪者の群……男も女も老人も少女も、全身垢のボロボロ着物、髪蓬蓬の姿にて、顔頗る無感動に蹲りてこれを観る」と記している。

見るに耐えない社会でも、一見落ち着いているように目に映る。しかし、劣悪な環境は、モラルの低下や犯罪の増加につながる。子供を使った菜園荒らし、身ぐるみ剥ぐような強盗、様々な事件を生んでいる。15日の早慶戦の事故も、偽入場券によって入場者が異常に増加したために発生している。

後楽園球場での早慶戦　慶應の応援団（『画報現代史』第２集より）

◉7月　レジャーを含め、新たな動きが始まる

1日 A　大森、池袋、渋谷あたりに、夜店が復活
6日 A　湘南行は切符制限
8日 A　主食の闇買い　一人一升八合、野菜の不足一貫五百（6月の台所）
9日 A　海の家開場、東京急行電鉄　片瀬江ノ島海岸、湘南金沢八景
15日 A　日曜日はお盆と重なり、進駐軍将兵を混えて鎌倉海岸は非常に賑った
17日 A　納涼祭　昔なつかしい銀座の装い
18日 A　墨田公園、あす野球場開き
　　 A　闇市の手入れ・格闘で怪我人
20日 A　「東宝『或る夜の殿様』連日超満員堂々続映中」の広告
22日 A　岐路に立つ青空市場　新橋、渋谷は閉鎖
25日 A　銭湯また五割値上げ（七十〜八十銭）
30日 A　明治神宮の両参道の大鳥居前で盆おどり
31日 A　8月は乗り切れる、主食、都の見解

生活の潤いを求める、夜店の復活、盆踊り、海水浴など、まだ誰もが行えるわけではないが、新聞に明るい記事が目につくように。古川ロッパも、浅草松竹座に出演し、客足も良く、他の劇場も入りの良かっ

たことを7月3日の日記に記している。また、これまで野放し同然であった闇市にもメスが入れられるようになった。戦後も一年近くたつと、社会は混乱したままとはいえ、徐々に次なる展開が始まった。

山田風太郎は当時の映画について、「百軒店松竹に入り映画『浅草の灯』を見る。至るところ切れ、全篇意味をなさず四十分ばかりにて終わる」と3日の日記に。また14日の日記に、「夜三軒茶屋マーケットに急造せられたる貧しき舞台に素人演芸大会あり。マーケットの商人らの隠し芸演ぜられる。……舞台の前は浴衣着の市民らの海。雲なき夏の夜空に月円かなり」と記している。

◉8月 食料事情が好転か

1日 A 「八・一粛正」主食や野菜、魚の闇

6日 ta 日比谷映画劇場はえん〳〵たる行列、邦楽座は行列はなかったが満員

7日 A 上野禁製品取締、警察と露天商の乱闘

10日 A 上野の闇も閉鎖

21日 A 〝お江戸日本橋〟復興祭賑わう

26日 A 米の闇値下落する

27日 A 江戸川、荒川放水路および中川での水泳や魚釣りの禁止とかれる（コレラ菌騒ぎの影響）

日本橋の復興祭（「ジャパンアーカイブズ」より）

31日 A ぞろ殖えた買出し群　一日七万五千人
A おいもで更に回復できそう　遅配日数少し減る

終戦から一年経過するが、都民は食料確保に追われている。1日、闇市が取り払われ、闇の粛正が行われた。容易ではなかったが、実施できたのは、食料事情が好転し始めたからである。

山田風太郎の9日の日記には、「夕停電、仕方なく三軒茶屋映画劇場に林長二郎田中絹代『お夏生十郎』を観にゆく。江口夜詩歌劇団なるもののアトラクションあり、田中は大女優也、場末の劇場の観衆―日比谷などの壮大なる劇場とは異れる愛すべき和やかなる雰囲気」とある。

コレラ菌騒ぎは大騒動にはならなかった。27日の記事から、人々は付近の川で、水遊びや魚釣りを行っていたことがわかる。

◉9月　平静を取り戻し始めたか

4日 A 配給の小麦粉から中野で五千名中毒
ya 新宿の帝都座へ『ターザン』を見にゆく
9日 A 〝万引きに喰われ三昧堂〟 荒い世相に嘆きの閉店
11日 A 「大映『阪妻の国定忠治』記録破りの超満員」の広告
14日 A 「運動会は豊島園」の広告

15日　hi　神田が復興のお祭にて　お酒はみんなそっちへ行つて仕舞ふと云ふ話也

15日　A　共同スト一斉中止　私鉄もうごく　映画、芝居もやる

　　　A　神宮球場で六大学リーグ戦開幕

16日　ya　新宿駅青梅口の賑やかさ！

21日　hi　銀座の尾張町を横切り　大変な人出で賑わつてゐるので驚いた

22日　A　「新生喜劇『明るい泣顔』他超満員」の広告

23日　A　熱海は二千五百人、伊東は一千八百人の客が押し寄せ満員、お断りの旅館が多い

　　　A　「産地ではじゃま諸」隘路《あいろ》はいづこに

28日　A　さて出回るか？　日用品　マッチ、鍋は好転、お先暗い電球、ローソク

29日　A　高級料理店休業　更に一カ月延長

配給の小麦粉による中毒事件が新聞を賑わすが、食料事情はかなり好転しているようだ。都民の関心は日用品に向かっている。日々の生活に多少のゆとりが出てきたのだろう。永井荷風は、東京の隣の市川の様子、神社の祭礼に見世物が出て盛況であったことを16日の日記に記している。

◉10月　中止されていた祭が次々に復活

1日 A 土浦の花火大会、九年ぶり、観衆十数万

12日 A お会《え》式 五千円の万灯も五、六百 四十五万を想定（池上本門寺）

13日 A 東京で一番長い大森マーケット 四百軒

14日 A 繰り出した四十万、浅草は復興祭と浅草寺のお開帳

16日 A 日劇、有楽座も休館 銀幕スト（労働問題で）

19日 A 公認競馬 府中で約三万人、売上七百八十七万円

20日 ya 新宿一昨日より三日間復興祭にと街に紅き提灯連なり、新宿駅傍の焼跡に舞台作りて終日漫才など

22日 A 帝都の復興は遊興方面からか

A 昨今ぼろ儲け商売 風呂屋がドル箱

戦争で中止されていた池上本門寺のお会式が四年ぶりに復活。浅草寺の開帳が復興祭とともに四〇万人もの人出で賑わった。また、昭和18年秋以来中止されていた公認競馬が、観客売上げとも大盛況。あちこちで庶民の楽しみが復活している。

「帝都の復興は遊興方面からか」（22日A）は、警視庁に提出された営業許可願からも裏付けられる。普通飲食店は9月末で一万八三二一軒、小料理屋や喫茶店が雨後の筍のようにでき、9月だけで九八一軒も増え

府中競馬場でのレース（Emery D. Middleton Collection, UHM Library Asia Collection Department）

ている。麻雀も9月だけで七七軒増え三一三軒に、旅館は9月中に四四軒の増加で七一四軒となっている。

このような商売の営業が増加する裏には、それが人々の要望を満たしていることに加えて、容易に日銭である新円を入手する手段になっていることもある。その新円稼ぎの最たるものとしては、銭湯も投資先になり、当時六四五軒もの銭湯が東京にあったという。また、世相を反映した商売に、一万八一九三軒もの古物商も取り上げられる。

◉11月 野球・競馬は人気だが角力は今一つ

3日 A 早慶戦、約五万の観衆
ya ひるごろ登校。運動会を覗く
4日 A 新憲法公布、皇居前で祝賀会 十万人
6日 A 旅客を最大四割減 石炭不足のため
7日 A 大相撲秋場所初日 くじは売れ行き悪し
18日 A 沖で大漁、帰りは空船 東京へ闇の水揚げ まぐろの行方
20日 A 列車削減か 日曜休日の通勤列車は停止
A サンマ入荷続く 五尾十円
21日 A 二の酉の雑踏、死者六名出す、人出二万

両国国技館はGHQにより接収され、メモリアル・ホールとして改装後、こけら落としに大相撲秋場所が開催された（Emery D. Middleton Collection, UHM Library Asia Collection Department）

ya　本月始めより主要食糧の移動禁止により買出部隊大いに減るも……列車がほとんど半分になりたることなれば、大混雑

23日Ａ　府中競馬は連日ファンで超満員、戦前一日分を一レースで稼ぎ一千万円を下らぬ

26日Ａ　またお米の遅配　最高はすでに八日

29日Ａ　無尽寄付募集ご法度　氏子制度も廃止

3日は日本国憲法公布、皇居前広場で祝賀会、十万人が集まったようだ。『芦田均日記』には「印象の深い日」と記しているが、永井荷風はそのことについて日記に全く触れていない。

戦時中禁止されていた野球と競馬は、その反動のように人気を集めている。特に早慶戦は、いつも球場に観客が入りきれないほどである。競馬の魅力は、どちらかといえばギャンブルであり、その売上げは一レースで相撲十三日間の十倍もある。

相撲は新聞紙上を賑わすが、協会収入は一〇〇万円余。人気回復を期待して「角力くじ」を企画した。初日は中入りまでに売れたのは入場者の半分一五〇〇枚と芳しくない。その後も売れ行きは伸びず、この試みは最初で最後となる。秋場所の角力くじ、九日目迄の売上げは四〇万円余　一等の最高は三九〇円（16日Ａ）。秋場所　今場所はじめての大入満員（18日Ａ）。秋場所千秋楽　客足は昔の約三分の一　羽黒山十三戦全勝（20日Ａ）、と人気はいま一つだった。

都民の食料事情は改善に向かっているものの、まだ、一進一退。そもそも、都民の家計は成り立っていたのかという疑問が湧いてくる。「今の物価で、五百円のワク内で食ってゆかれるとはとうてい考えられない。民間の五百円以上の給料封鎖払い。しかし、官庁は、厳重に守っている、役人はどうして暮している

のだろう」という記事が、30日の朝日新聞に出ている。

◉12月　寒い歳末だがインフレ景気で賑わうところも

1日　A　歳末の売出し　景品は三百円まで
　　A　東宝スト解決　四十七日ぶり　日劇なども3日から開く
3日　A　ラジオでクイズ番組『話の泉』放送開始
5日　A　(五十日) ストはすんだけど　ゆらぐ東宝〝スターなし映画〟も　張り切る第一組合
8日　A　街にD・D・Tステイション
10日　A　お米にオサツ少し　所によりパンや生うどんも　中旬の主食配給
13日　A　盛り場は午後十二時まで、29日〜1月7日まで、大みそかは湯屋も終夜開く
17日　A　ヤミ狩り　大モノ主義へ本腰　生産方面を徹底的に
22日　A　モチ米買出　四キロまで許可　年内配給一人一合七勺、つき賃は一キロ二円
　　ta　(浅草) 六区に出た。映画館の装いは戦前と変わらぬ。むしろ綺麗になっている
31日　A　「くじ」売上げの総決算　しめて十億円　売れ子は〝三角くじ〟
　　A　寒い歳末　ホール、劇場は大した景気

31日の朝日新聞によれば、正月用品はインフレ景気と思惑買いのため全般に前月の三割値上がり、物によっては六、七割もはね上がったものもある。都内十六カ所の繁華街の小売商店、露店、いずれも売れ行きは悪い。

銀行、郵便局の窓口も、例年なら、15日過ぎから混雑するのだが今年はもう引き出す金はなく、かといって貯金するほどのボーナスもない。栄養失調の認可を受けて封鎖預金を引き出すという、四苦八苦の金策が目立つ。だから、古物商に大人のオーバーを持ち込み子供の着物を買うとか、たけのこ生活最後のものと思われる品物を、三時間もねばって泣き落として金にかえて行く勤人の奥さんがいる、などと書かれている。

しかし、こんな世相の中、キャバレー、ダンスホールや劇場だけは歳末インフレ景気で賑わっている。キャバレー、ダンスホールは24日のクリスマス・イブなどどこも超満員、一本八〇〇円から一〇〇〇円のシャンパンがポンポン抜かれる騒ぎだった。芝居興行は近ごろまれに見る盛況で、最高の東劇など新春15日までの前売切符はもう売り尽くされた。新宿第一劇場では補助椅子全部を使っているが、会費の高い忘年宴会をやめて観劇忘年会をというのか、忘年観劇会が増えたとの観測。ダンスや観劇の客種には勤労者が多いから、苦しい生活のはけ口を娯楽に求めているとみていいだろう。劇場が大入りなのに反して映画館、寄席は一流館から場末の小屋まで二、三割の減少、渋谷では四割減というひどいところもあるようだ。

古川ロッパは、24日に「有楽座迄来ると、長蛇の列だ、正月の前売りを買ふ人々。大した景気」。31日の夜中、尋問に合い、「日本は、よくなる。いゝなあ、巡査が人間のことばを言ふやうになった」と日記に書いている。

昭和22年（1947）

空腹のなか、娯楽は戦中を抜けた

ＧＨＱは、2月1日のゼネストを中止させた。労働者が政治への関心、労働者の権利を高めたことへの反動と考えられるが、都民の多くは傍観者的であった。それは4月の国政選挙に示され、都民の投票率は戦時中より低く、また全国平均よりも低かった。

国民は、片山内閣に期待したが、夏ごろの配給は最悪の情況となり、インフレも日を追って進んだ。それでも、ベビーブームが始まる。都民の食料事情は、徐々にではあるが改善していった。だが、その日その日の実感としては、生活苦は増すばかりで楽になったとは少しも感じられなかった。ギャップが生じるのは、戦争中とは異なり、これからは生活が良くなるという期待が強いためである。事実、出版や映画、スポーツなどは戦中に比べ着実に自由を得ており、精神的な豊かさは増していた。それに対し、日常の生活が改善しないことに強い不満を感じたのであろう。

確かに、ラジオ番組（普及率五〇％）は豊富になり、『向う三軒両隣』『鐘の鳴る丘』『日曜娯楽版』『のど自慢素人演芸会』『二十のとびら』などが放送された。映画も次々と興味を引く作品が公開された。なお映画は、まだ洋画の方が優勢で『断崖』『荒野の決闘』『心の旅路』など、邦画は『安城家の舞踏会』『戦争と平和』『素晴らしき日曜日』『今ひとたびの』など。流行歌は『星の流れに』『啼くな小鳩よ』『山小屋の灯』『とんがり帽子』など数多く生まれた。

食料難は続くものの、レジャーに関しては脱戦中がいち早く進んだ。そのような中での流行語として、青空教室、アプレゲール（戦後派）、裏口営業、オンリー（特定の外国人を相手とした売春婦）、額縁ショー（ストリップショーの元祖）、学校給食、ご名答、集団見合い、代用食、不逞の輩、ララ物資（アジア救済連盟からの援助物資）などがある。

◉1月　インフレで正月気分は盛り上がらず

1日　A　新聞の横書きが左からになる
4日　Y　〝明るい正月〟4日、5日も停電せず
　　　A　「観音さまも新円景気」六区をねる金らん姿の農村娘、大入りの寄席風景
5日　Y　興行街三箇日　浅草へ落ちた二百万円
8日　A　正月七日間で上野駅地下道の凍死者既に十一名
10日　A　一夜で姿消す禁制品、街の経済取締り
11日　A　一日おきの休電日でも映画館は休まぬ
　　　A　押えた魚千五百貫（五六二五キログラム）、ヤミ商人五百名検挙
12日　A　雨中、皇居前広場で全公官庁デモ四万人

15日 A 食生活は段違い 著物《きもの》も現金も、村へ〳〵 農村に食われる都会
16日 M 昔懐しはしご乗り 皇居前広場数万の観衆
A 上野地下道で浮浪者千余名を収容
21日 A 璽光《じこう》様に出頭命令（禁止の日章旗掲揚、食糧管理法違反など）
A 学校給食はじまる
ta 混雑する銀座通り「アメリカのSP……大きな身振りでGO・STOPの指図」
29日 A 「内閣即退陣へ三十万の雄叫び」皇居前広場で国民大会

インフレの進む東京では、最低限の食べ物さえ手に入らない人たちが大勢いた。上野の地下道では凍死者が何人も出ていた。その一方で、食料難とは無縁な近郊農家の人々は、浅草などに大勢訪れ正月の賑わいに色を添えた。

日劇や有楽座の入りが良かったと、古川ロッパは2日の日記に記している。とは言っても、23日の日記には、満員になっても経営は大変らしく、その上楽屋では衣装泥棒があったり、月半ばから客入りは芳しくなかった、と。

停電は相変わらずで、ロッパは、そんな状況で「座へ出る。一回目、二階に人なし。六分か……停電、はじめ十分ばかり、又点いて、又消え─わざとみたいなヘンな停電」と23日の日記に記している。

心細いぞ、また遅配、入荷不振に（10日A）、と人々の生活不安は解消されず、デモや集会で不満をぶつけようとしている。そのような動きがある一方、国技館にスケート場が設けられ、連日賑わっている。配給の遅配など都民の生活は厳しいものの、新たなレジャー施設ができるようになってきた。また、安くて

良質な映画『にんじん』は、「椅子なし、皆総立ちにて見るなり……さながら満員電車の荒行をさらに酷烈化せしめたる」情況で見ていることを山田風太郎は29日の日記に記している。

璽光尊《じこうそん》事件（璽光尊が率いる新興宗教は、天変地異の到来を吹聴して終戦直後の人々の不安をあおり、世直しをうたって信者を集めていた。その中に、大横綱・双葉山や囲碁の呉清源もいた）について、古川ロッパは、「双葉山のやうな、立派な名を成した者が、こんなこと（逃亡幇助・公務執行妨害）で終るのは哀しい」と、23日の日記に述べている。

◉2月　ゼネスト中止などで重苦しい雰囲気

1日　A　マ元帥、声明を発表　二・一ゼネスト中止
2日　A　都電、値上げ　四十銭が五十銭に
4日　A　「演劇界にも危機」シミ金一座（清水金一を座長し、戦前に一世を風靡した）が解散
5日　A　人出も平日とたいして変ったようすもない4日の浅草観音様の豆まきだ
　　　A　心配な遅配　3日現在平均七日
11日　ro　紀元節である。国旗をかゝげてゐる家も、五十軒に一軒のわり合位
19日　A　都の人口四百七十四万人
24日　Y　「電力　あと二十日のご辛抱　危機は今がどん底」「お米の遅達、赤信号消えず」「買出し部隊八百名を検挙」

26日A　八高線の列車転覆　買出し千名死傷
　マッカーサー元帥の声明は、戦中の大本営以来の強力なものと認識された。また、彼は人気を集め始めたようだ。彼の功罪はともかく、離日には二十四万人もが沿道を埋めたことは看過できない。
　来ないお米・遅配最高十一日（8日A）、と重く暗いムードが充満していた。さらに12日には、失業者が七一万六〇〇〇人（内顕在失業者四八万五〇〇〇人、潜在失業者二三万一〇〇〇人、昨年12月末推計）との暗い記事が朝日新聞にある。レジャー気分の沈滞は続く。

定員の3倍を乗せていたことが八高線の惨事を招いた（『画報現代史』第3集より）

◉3月　我慢の都民に春の萌し

2日A　調味料配給底をつく、ミソ1月分で中止
5日A　買出・売込、上野は日に一万二千、筆頭はさつまいも
12日A　湯銭が一円三十銭　15日から
15日A　東京都が三十五区制から二十二区制に移行
20日A　潮干がりのシーズン、各地海岸の適時
22日A　四年ぶり中山競馬開く　一万余のファン

A　やっと電力にも春　今日から全面解除

23日 A　東西対抗ラグビー神宮競技場にファン数千

24日 ys　泰西美術展（東京都美術館）……行って見ると大変な群衆で、切符を買ふまでの行列だけでも一時間以上を必要……入って見るとこゝも群衆の雑踏で、美術の鑑賞どころではない。殆ど見られない。それもリプロダクションが多く……

25日 A　新劇の危機

27日 A　遅配平均実に十六・六日

31日 A　あすからいよいよ町会廃止　連絡事務所を新設　配給、証明事務はそのまゝ

都民の食卓は厳しいままだが、春の雨が水力発電の水源地に降ったようで、停電からは開放されそう。少しでも食の足しにと、天気予報の欄に「潮干がり」の情報がある。

中山競馬が四年ぶりに開かれ、馬券の売上げが一三一二万円、当時の銭湯の入浴料一円三〇銭と比べると、金額の多さに驚く。スポーツは新聞紙上に数多く載っているが、大半は観客数不明で、写真を見る限り学生が多い。暇な学生が多く、「銀座街の不良狩り」（27日A）の八割までが学生からもわかる。

大人気の「泰西美術展」（国内にある西洋名画が多数集められた）、都民は芸術にも飢えていた。

「新劇の危機」と、演劇界の状況が記されている。「3月の新劇は表向きは　はなばなしいが、この公演によって危機に追いこまれてしまった。『武装と自由』の新協劇団が五〇％の入りで十万円台の損『林檎園日記』の東藝が四〇％の入りで二十万円台の損ということは、一方において東劇（歌舞伎座）と新宿第一劇場（新派）が補助席まで出すという大入り」と。また同紙（25日A）に、ラジオの人気番組『話の泉』

余話として、毎週約一万五〇〇〇通のハガキが寄せられ、そのハガキを回収業者に売って酒代にしているという話が出ている。

◉4月　選挙で慌ただしいが春の行楽が始まる

1日M　酒類大幅値上げ
4日Y　後楽園球場の日本野球、超満員四万五千
6日ro　有楽座初日、入りは昼夜とも補助出切り
9日A　きのう花祭り　プラカードで行進
11日A　10日から「お濠の釣解禁」
14日A　花を惜しむ春の人出が13日の日曜ドッと　上野をはじめ都内花の名所にあふれた
20日A　きょうは必ず投票しよう　第一回参議院議員選挙
23日A　遅配　月末には解消か

春の人出はスポーツ観戦から始まった。阪神堂々と優勝　後楽園四万八〇〇〇の観客（7日Y）。中山競馬　七日間売上一九〇〇万円（13日A）。春のリーグ戦開幕　六大学野球（24日A）。東京競馬八日間売上二四〇〇万円（28日A）などが続く。

皇居のお濠で釣りが解禁され、桜の花の咲く下で釣っている人の写真が掲載された。だが、14日には東

京都から堀の魚は都のものと横やりが入る。なお、堀の魚は、あまり釣れなかったようだ。

14日になって、やっと春の行楽の記事が出た。13日の日曜日は、花見の人出があった。読売新聞には「きのう終戦後の人出レコード」（14日Y）とある。

選挙の多い月で、5日は「知事、市区町村長選挙」（5日A）。古川ロッパも区議会議員の応援演説を嫌々ながら義理でやった。会場は大井町の小さな寄席で、満員だった。選挙は意外と身近な感覚で行われていた。

山田風太郎は「新宿、青梅口に朝日新聞社の大速報板あり群集黒山のごとし」と、26日の日記に書いている。しかし、初めての参議院議員選挙投票率は、全国平均より一〇％も低い。四つも選挙があったにしては、都民は政治にどのくらい関心を持っていたか疑問である。

都民の生活にも少しゆとりが出てきたようだ。月末には、配給の遅配も解消されそうで、一息つけそうである。

◉5月　治安の悪化は劇場にまで

2日　A　明るいメーデー

4日　A　皇居前の新憲法施行式典（日本国憲法施行）、約一万

　　　ya　道玄坂をはじめ駅一帯恐ろしい人の波（渋谷）

5日　A　祝う日曜あふれる人波　女優を乗せた花電車も出る

8日　ro　有楽座初日……客の入り、初日だのに悪く、補助椅子にはゴロつきが並んで……

歌や踊りで「労働者の祭典」気分のメーデー（『画報現代史』第3集より）

11日　A　隅田川「ポン〳〵蒸気復活」夏の海水浴行きと涼み客を狙って、浦安まで五円
12日　A　ヤミ値も下落の傾向
15日　A　夜の東京非常線　百二十六人検挙
20日　A　吉田内閣総辞職　首班、片山氏に決定
21日　Y　新国会記念「宮城前の花火大会　二十万人の歓声」

ゼネスト中止後のメーデー、GHQを刺激しないように前年と一変した華やかな「明るいメーデー」。参加者は三〇万、混乱もなく、お祭り気分のメーデーとなった。３日は憲法発布日で休み、雨ということで銀座裏は寂しかったが、全線座『ノートルダムのせむし男』は満員であったと、高見順は日記に書いている。

都内の治安は悪化して、歳末並みの警備で取締をしているが、強盗などの犯罪記事が連日新聞に載っている。ロッパは、先月あたりから舞台や楽屋にゴロツキがうろうろするようになったと。さらに23日の日記に「裏方が、争議以来ゴロツキの如き状態になり……道義の地に陥ちたるは……芝居のみではない、近頃往来のキャッチボールの盛なること……電車を下りれば、キャッチボールになやまされ、満員電車の中では、ピイ〳〵と口笛を吹きつづける若者多し」と、ぼやいている。

◉6月　食料事情の悪化は料理店や喫茶店の休業へ

1日　A　東京の料理店一斉休業

A　「大相撲はきょうから」外苑相撲場
2日　A　鮎解禁
7日　A　都電都バス一円、19日から値上げ
9日　Y　久しぶりの〝夏空〟に人々の波み
M　日本ダービー　四万の群集　売上新記録
11日　A　切符問題よそに超満員　後楽園の早慶戦
A　カフェー　きょうから再開……新興喫茶にお化粧して（女給のサービス付で酒とお茶を提供）
19日　A　小平に死刑判決（連続強姦殺人事件）
23日　Y　浜離宮で蛍狩り　十万匹放つ
29日　A　来月から家庭は週二回停電
A　都営プール開く　大人二円子供一円　7月から

政権が変わったくらいで食料事情が改善するわけがなく、配給の遅配はさらに深刻になった。都内の飲食店は、食料を正常ルートではなく闇から仕入れていた。そのため、食料品の闇値は高くなり、一般市民への配給を大きく阻害した。その解決策として、東京の料理店は6月一杯、一斉休業とした。山田風太郎は2日の日記に「兎に角、街は何となく物寂しい」と書いている。なお、カフェーについては、配給に大きな影響がないことから11日に再開が許された。

6月のレジャーは活気がない。あるのはスポーツ観戦。大相撲は1日から青天井の外苑相撲場で始まった。外苑相撲場の収容数は八七〇〇人、桟敷が七〇円・六〇円、一等四〇円、二等二〇円である。初日は

九分の入り、8日の日曜日に大入り御礼が出た。千秋楽　個人優勝決定戦の制度は果然ファンの人気を呼び大入満員の盛況（14日Y）と面目を保った。競馬は、日本ダービーを始め、「東京競馬　八日間売上二億二九〇〇万円」（16日A）と活況。

スポーツの人気は相撲より野球で、なかでも早慶戦は、入場券の分配問題で揉めたが、試合は超満員であった。風太郎は17日の日記に「群集あつまりてラジオを聞くはきょうの後楽園に於ける早慶戦の実況放送を聞かんが為なり、有楽町駅前広場もまさに雲のごとき人の波、少年、壮漢多し……後楽園のスタディアムに見物人まるでゴミ取りに砂を盛りしごとく見え、近傍の焼け残りビルの屋根にもこぼれんばかりの人乗れる」を見たと記している。都内には、まだあちこちに空襲の残骸が放置されたままで、戦災の傷跡は修復されていない。

◉7月　値上げが続く中でも夏のレジャー復活の萌し

2日　A　入浴料も値上げ　大人二円小人一円
　　　A　外食券食堂、旅館、喫茶店を除く料理飲食店、待合等、5日より年内休業
3日　A　巡査の注意を聞かずキャッチボール起訴
5日　A　米国独立記念日を祝う米軍閲兵式、一万五千皇居前広場から「都大路を分列行進」
　　　A　物価に追いつけぬ賃金、七割占める食費
6日　A　続く暴力団狩り
7日　A　国鉄値上（三・五倍）、安切符に押はせた人波

A　皇居前広場で社会党激励大会、大衆二万
13日　A　お盆の入り、都内の盛り場では中元大売出し、相変らずの人出
A　プール、豊島園の広告
14日　A　お盆の盛り場　客足は案外すくない
15日　A　都民のための海と山の夏季施設を開設
18日　A　買出し取締強化
20日　A　配給じり貧　千住の遅配二十五〜八日
28日　A　鎌倉十二・三万、片瀬海岸は二十万、十年ぶりのにぎわい
Y　海よりも買出し　暑熱の日曜・穀倉の賑い

4日の米国建国記念日には、旧日本軍を圧倒した威力を見せつけている。皇居前広場を起点として、大手町から日比谷帝国ホテル前までのパレードで軍事力を誇示しているようだ。

都民の暮らしは明るくなっているようで、お盆にお中元、海水浴などの楽しみは徐々に復活している。特に海水浴は、暑かったこともあって鎌倉などでは一〇年ぶりの賑わいを見せた。

◉8月　値上げと暑い夏、水泳古橋の活躍が清涼か

1日　A　青果物通帳配給実施　ヤミ野菜追放で

3日A　パン　好きな店で買える　9月から
4日A　海のにぎわい　鎌倉カーニバル十七、八万の人出
稲毛海岸に六万
7日A　制限給水で多摩川、荒川等に学童用水泳場
10日A　全日本選手権水上競技大会　古橋さらに世界記録
更新　スタンドがぎっしり一万五千
19日A　たび重なる警察官の犯罪
21日A　繊維品、配給までに半分は横流れ
24日A　東京湾内での水泳禁止
27日A　酒類値上げ、十五〜十七％
30日A　都電は二円、三度目の値上げ、風呂銭も四円・子供二円値上げ　1日から

値上げのニュースは酒類やラジオ、風呂に都電など連日のようである。せめて水だけと願っても、東京の水道はぬるく、給水制限がなくても出が悪かった。7日からは子供たちの楽しみである学校のプールは水止め、近くに川のあるところに学童用水泳場が設置された。また、28日からも時間給水（26日A）となる。海水浴は、湘南海岸だけでなく、稲毛海岸や東京湾内でも大勢の人が泳いでいた。24日、東京湾内での水泳が有毒物流出のため禁止されたが、三日後には解除された。

復活した鎌倉カーニバル
（『画報現代史』第4集より）

◉9月　値上げに台風が加わり、都民のレジャー気運沈滞

2日 ro 日比谷映画劇場の客、蜒蜒長蛇の列
3日 A 都内に凶悪犯が横行
7日 A 第二十三回日本学生水上競技大会　神宮プール「観客はぞくぞくスタンドを埋めた」
9日 A 映画館入場料値上げ、A級二十～十八円　B級十五円　C級十円
13日 A マッチ、化粧品など値上げ
16日 ro 有楽座も、うちのレコードを破る不入り
17日 A 利根川決壊　都内浸水一万余戸、入荷激減
17日 Y 秋の六大学リーグ戦開幕　後楽園球場
23日 A 配給十万食強奪の悪漢も出現、盗みや暴利徹底取締り
29日 A 秋晴れに美術館の人影まばら、入場者四十人の展覧会も

都電・風呂銭の値上げから始まった9月。映画館入場料、マッチなど続々と続く中、16日未明にカスリーン台風が来襲、城東の被害は甚大なもので、金町、柴又、小岩付近は水没した。被害は水害にとどまらず、食糧の入荷激減、都民の不安の種が増した。そのため、都民の行楽気分は湿りきって、彼岸ごろの浅草六区（23日A）も、上野の展覧会も人出が少なかった。

◉10月　台風の傷跡が残るなか都民の食料事情は改善へ

1日 A　衣料切符制度復活、臨時国勢調査（人口七八一〇万人）
2日 A　五年ぶりでお砂糖の一般配給　一人一斤（六〇〇グラム）
8日 A　電球、一世帯に一個ずつ配給
13日 A　本門寺のお会式　一時間に一万人の流れ
21日 A　日比谷で〝幽霊音楽会〟入場券サギ
22日 A　連日停電につのる不満
26日 Y　百三十種の㊝（公定価格）廃止　果物、時計、玩具など
27日 A　東京競馬　十一日間で二億五千五百万円

都民の生活情況は投書に表れており、17日の朝日新聞に〝まともでは暮らせぬ〟と、サラリーマンもタバコ拾いを行い、配給代金の支払代金にもこと欠くとある。それでも、食料事情が改善しはじめたことは確かで、21日には「遅配解消か」と期待を持たせている。そして、26日には雑品（果実、わさび粉、トマトソース、こんにゃく、マヨネーズ、時計、写真機、家庭用品等）の公定価格が廃止されると。

なお、改善とはいっても、山田風太郎の日記（11月3日）に記された10月の食生活は、主食に米の配給は一回もなく、代用食として配給パン（コッペパン）三回、小麦粉一回、配給粉一回、配給甘藷一回。副食に至っては、大半を闇で入手しなければならないという状況。いかにひどいものであったかがわかる。

10月の都民レジャーは低調らしく、活気があるのは競馬くらいである。

◉11月　ヤミ無しでは栄養失調死の都民

3日A　行楽か買出しか、休日続きどっとでた人出　上野午前中八万以上、新宿四十万など
4日A　大相撲秋場所初日、中入前に満員御礼
5日A　判事がヤミを拒み、栄養失調で死亡
6日A　総生活費の七割五分がヤミ買い
7日A　賑わう職業安定所、求人よりふえた求職
9日A　野球場でのタバコ拾い、月収三千円ベースの内職
13日Y　日本野球リーグ戦　阪神堂々と優勝
24日Y　日本野球東西対抗　後楽園入場者五万の新記録
29日Y　12月の主食配給計画　お米二十日分、お芋三日分、小麦粉類三日分

前月より停電が続いている。『矢部貞治日記』によれば、11月4日「夕刻から又全然電灯つかず」、8日「今日も亦完全停電日だ」、10日「帰宅すればそのまゝ秋の長夜の完全停電で」、12日「今日も全面停電の日だ」、16日「頻繁な停電で仕事にならない」、19日「今日も全面的停電で」、21日「夕方から全然暗闇で寝てしまう」、23日「全停電」、27日「今日も完全停電」という状況であった。

台風の痛手に停電、そのような中でも、都民に行楽の動きが出てきた。月初めの連休には、行楽を兼ねた買い出しが「どっとでた」ようだ。

山田風太郎は3日、西洋美術名作展を見に上野公園へ行き「子供づれの行楽の父母の群、波のごとくゆきかう。芝生には蟻をまいたごとく弁当をくう人々、皆メシを食う。米饑饉など何処の話やら」と日記にある。日展は意外にも景気がいい（3日A）、展覧会は人気があり、連日六〇〇〇名以上、最終日には二三万人に達した。また、西洋美術名作展も日延べ（11日A）。

神宮相撲場の大相撲秋場所は、総当たりの取組で観客を増した。9日は早朝から大入満員であったが、青天井ということで中入後に雨に降られ順延するハプニング。それ以後も、「千秋楽満員御礼　羽黒山十勝一敗で優勝、人気を増した総当たり」（15日Y）と、入りが良かった。

野球観戦は盛んで、多数の観客を集めている。野球場観客席に落ちるタバコの吸殻数も多くあり、吸殻拾いで、月収三〇〇〇円の内職となるという。

昭和22年11月23日に復興再開した国際劇場・松竹歌劇団のラインダンス。生徒たちは食糧難にもめげず懸命に踊って観客を喜ばせた（『写真にみる昭和浅草伝』より）

◉12月　インフレで盛りあがりの乏しい歳末

1日A　電力一寸一息　恵みの雨に指令を緩和

2日A　買手すこぶる慎重〝百万円宝くじ〟売出す

5日A　露店に幅をきかす角帽〝安いが強み〟楽々月収五千円（学生の露店が活況）

8日 Y 関東大学ラグビー明治に凱歌　二万の観衆
14日 A スキー便り、志賀高原に新滑降路
16日 A 魚野菜の取締りスタート、入荷ガタ落
17日 A 都民税の引上げ
19日 A 皇居前で「生活擁護人民大会」二十万、警視庁では五万人
24日 A 無届パーティー等禁止　儲かるダンス業
A 地下鉄二円に、27日から値上げ
Y 進駐軍〝Xマス大行進〟サンタクロースやガリバー等の山車
三十六、五組の音楽隊
26日 Y 人出はすごいが　歩くだけ・眺めるだけ
31日 A 東京の歳末　興行・昨年程でない前売景気銀座　品より値段・さびしい露店
A 元日より新郵便法

日銀から流れ出したお札は、二二〇〇億円を超した。前年の暮れは九〇〇億円だったから、いかにインフレが進んでいるかがわかる。活況は株式市場だけのようで、銀座の露店は少なくなり、売れるのは食料品と文具に子供用品など。デパートでは、万引きの被害が前年の二倍とか。年末年始の一〇〇万円宝籤も、映画興味なくし　人足まばら（31日A）と。ただ興行の前売りは、東劇、帝劇、有楽座などは七草まで、映画も三が日は全部売り切れだ。しかし、前年のように人が殺到してガラスが割れるほどの賑わいはなかった。

「百万円行進曲」が奏でられる中、華々しく行われた宝くじの抽選会（『画報現代史』第4集より）

昭和23年（1948）
食料事情の改善でレジャーが復活

この年、1月の帝銀事件に始まり、6月福井地震、11月東京裁判結審、12月昭和電工疑獄などがあった。国民生活は、政権が変わって半年や一年くらいでは簡単に変わらない。国民は、暮らしに不満を持ってはいたが、食料事情が改善していることは実感できた。そのような中で国民が政府に求めたのは、真剣に取り組んでいるという姿勢であった。だが、日本社会党・民主党・国民協同党の連立政権（芦田内閣3月成立）は、鉄道、炭鉱などの問題の表面的な解決策をめぐって争い、国会を混乱させた。内閣は総辞職し、さらに芦田元首相逮捕などで失墜した。

政権は10月、芦田連立内閣から民主自由党の第二次吉田内閣へと変わった。再登場する吉田内閣は、米国の意向を汲み官僚が政策の実質を担う、官僚主導内閣。内務省は解体されたというものの、組織を構成していた官僚は戦中と変わらない。その上、国家公務員法改正によって、官僚主導は揺るがないものになっていた。つまり、昭和23年は、以後の政治体制を決定した日本の進路の分岐点であった。

都民の生活は、インフレに悩まされるものの食料統制が弱まり、飢餓情況の食料難は脱した。衣・住はまだまだ戦前レベルには戻っていないが、スキーや花火などのレジャーは徐々にではあるが復興し始めた。ラジオは普及率が五八％に増え、5月からサマータイム（夏時間）期間中は一時間延長で午後十一時三〇分まで延びて、手軽な娯楽としてさらに聞かれた。主な番組は、『向う三軒両隣』『鐘の鳴る丘』『日曜娯楽版』『二十のとびら』などに、新番組『声くらべ腕くらべ子供音楽会』『メロディーにのせて』などが加わった。

また、映画は邦画が『酔いどれ天使』『鐘の鳴る丘』『手をつなぐ子等』『夜の女たち』『わが生涯の輝ける日』『破戒』『風の中の牝鶏』『王将』など前年より二五本多い一三四本が公開された。洋画は『逢びき』『旅路の果』『ターザンの黄金』『ヘンリー五世』『シベリヤ物語』などが公開された。流行歌は『東京ブギウギ』『湯の町エレジー』『異国の丘』『君待てども』『フランチェスカの鐘』などがある。

流行語として、赤い羽根、アルバイト、老いらくの恋、サンマータイム（サマータイム）、斜陽族、鉄のカーテン、ニュールック、ノルマ、ロマンスシートなどがある。

◉1月　正月らしさ戻る

3日A　皇居の参賀記帳に元日ドッと押し寄せる
4日Y　「買出しに明けた春」取締りの手薄に
6日A　浅草六区は水害不振をけとばしどこも大入
8日Y　箱根駅伝　中大真黒に埋まる人垣をかき分けるようにゴールイン
9日A　にぎわう湯沢　スキー場

戦後最初の一般参賀（「ジャパンアーカイブズ」より）

12日 A 上野動物園に七千六百名、平日の約三倍
14日 A 高級魚は何処へ行く
18日 A もらい子殺し（壽産院事件）
23日 A 魚・野菜の取締好調、二万二百三十六件
25日 A 電力満杯 2月も大丈夫か
27日 A 帝銀事件（帝国銀行で行員ら十二名毒殺し現金強盗）
28日 A さらに十五日分主食を前渡し

戦後三回目の正月、二三年ぶりの国民一般参賀、やっと正月らしさが街に満ちた。日本髪に着物の正月スタイルは、生活にゆとりが出てきた。盛り場の賑わいはレジャー気運を高め、三が日の人出はざっと三〇〇万（4日A）。ただ、「元日から強盗ひんぴん」（3日A）と治安は良くない。人出は以後も続き、11日の日曜には、上野動物園に家族連れが平日の三倍も訪れた。都民の生活は、停電や主食の配給など着実に改善している。

犯罪は「帝銀事件」のように複雑にそして凶悪化しているようだ。もしかすると、それまで闇に隠されていた事件が表面化するようになったのかもしれない。「もらい子殺し」は、養育費配給品の着服から発覚し、乳児一〇三人の殺害が話題となった。

◉2月 政治もレジャーも沈滞ぎみ

1日　A　旅客運賃すべて二倍に
5日　A　「豆より人が多い？　浅草の豆マキ」何はともあり「鬼は外」
10日　A　片山内閣遂に総辞職　「芦田内閣漸く成立」3月
20日　A　六区の〝エロス劇〟手入れ　入場料十円、十五万円かせぐ
21日　A　配給の大豆粉中毒また六百名
　A　米の配給、十日分を前渡し
26日　A　大学卒業生と就職　思ったより良好
28日　A　〝消火用水は大丈夫〟だが節水には一段の注意を
　A　プロ野球の入場料　指定席百円、内野六十円、外野四十円

社会党片山内閣は、国民の期待に応えることができず総辞職。耐久生活の不満は年々大きくなっているが、食料事情が好転していることは確かである。内田百間の日記、2日「海鼠が運良く手に入つた……去年の冬は到頭一度も口に入らず」、15日「戦争中から食べなかつたカリフラワーを」、18日「ウルカをくれた、戦争中から手に入らなかつた珍味なり」との記載から、量だけでなく質も改善していることがわかる。

◉3月　多発するスト中でもレジャーに興じる

1日　ro　国際劇場初日……二階は、まばらの由

5日 A お湯銭きょうから六円
7日 A 魚の㊋(公定価格) 値上げあすから四割五分
16日 A 暴力団狩り再開
18日 A 国風盆栽展、上野都美術館 入場料十円
24日 A 後楽園球場、選抜都市対抗決勝
25日 A 時間給水を解く、明後日から
28日 A 省線(国電)大混雑、都電都バスきょうも動かぬ(ストライキ)
29日 A 上野動物園に約一万押しかけ、開園させる
Y 読売旗争奪日本野球 第二日四万を数える 別当、金田、藤村がホームラン
31日 A 都電都バス三日ぶりに動く
A プロ野球読売大会最終日 阪神優勝

3月に入り、暖かくなるにつれて都民は動き始めた。彼岸に入ると、あちこちで人出を誘うイベントや桜の便り、都民の行楽活動は盛上り始めた。

月末のストライキは、三日間にわたって都内の交通機関をマヒさせた。都民の生活は大混乱と思われたが、プロ野球はストの影響を受けることなく盛況に行われた。また、上野動物園にいたっては、スト休園であるにもかかわらず、朝早くから約一万人もの家族連れが押しかけた。押し問答の末、鉄門は一万人の力に押し開けられて「なだれ込む群集」によって埋められた。その後、正午に一旦園外に出され、再度、

三時半から無料で入場させた。デモのような群集ではない一般の家族連れが、要望を実現させたことは、戦後ならではの現象であろう。

◉4月　生活にゆとりか、春の行楽が本格化

2日 A　衣料配給やゝ好転か
2日 A　値上げした動物園は　ビクともせず今年最高二万人以上の入場者
5日 A　連休「人波ザッと百万」に動物園も新記録、温泉も満員、熱海、伊豆一万四千の泊まり
Y　「二日続きの休日はそうやたらにあるものではない……△上野　全山三分咲きの上野の山は茶店の爺さんが〝生れてはじめての人出だ〟とおどろくほどで無慮数十万……△浅草六区の映画館と劇場は朝から大入満員……△新宿　電車通りの両側露店はトウトウたる人の流れで並んでいる品物を見物するわけにもいかず……映画館の前は長蛇の列」「熱海は旅館もお断り……銀座海岸通りは身動きもできぬ卒倒で無慮十五万人」
6日 A　都内、十一万二千の子供たち小学校入学
7日 A　二重橋前で第十二回アメリカ陸軍記念日の閲兵式行われる
10日 A　上野国立博物館『日本美術史総合展』『北斎百年祭記念浮世絵展』連日数千で賑わう
12日 Y　東急スト決行　近郊〝行楽の足〟停まる

17日　A　上野　地下道の住人　一掃
19日　Y　浮かれ出た日曜　銀座三十万、渋谷・新宿で五十万
　　A　六大学リーグ戦開幕外苑満員の観衆　中山競馬八日間売上三億四千八百万円
30日　A　天長節（天皇誕生日）　二重橋に三十五万　記帳者約一割

都民の生活にもゆとりが出たのだろう、春の行楽活動は前年より盛んになっている。家族連れが出かける上野動物園の年間入場数は、前年より五割も増加している。4日の日曜日には、新記録の七万五〇〇〇人となった。

16日には、敗戦後の暗いイメージを象徴する、上野駅「地下道の住人」が一掃された。

◉5月　生活のリズムを試すサマータイム

1日　Y　夏時間・今夜の十二時には、時計を一時間すすめましょう（夏時間始まる）
2日　A　第十九回メーデー、花飾り足どりも軽く、約二十万　デモ七万八千四十名
5日　A　配給　栄養菓子（ビオスホール十五粒入十円）とジャム
12日　A　映画の「一本建禁止」　さらに強化エロ本取締り
15日　A　大相撲夏場所初日　神宮相撲場
　　Y　夏祭の走り、神田明神〝夏祭り〟始まる

17日Ａ 雨中におどる大ミコシ　浅草三社祭は日曜のことゝてえらい人出
18日Ａ 私鉄きょう値上げ
19日Ａ 私鉄スト突入　足を奪われた七十五万
24日Ａ 東京競馬　八日間売上三億七千万円
26日Ａ 浴場へ水たっぷり、来月はプールも満水
27日Ａ 神田共立講堂で全国ファッションショウ　三十円の入場料で四千余
29日Ａ 千秋楽、東富士・初の優勝大入の満場

メーデーから始まり、大相撲、祭り、競馬……と戦後の5月のイベントパターンが形成されつつある。この年「サンマータイム」が、GHQの指令で実施されたが、残業増加などの不満、生活時間の変動を嫌うことから不人気であった。

戦争のため昭和13年から中断されていた浅草三社祭が復活。16日は雨、大相撲は中止となったが、三社祭は決行。「雨中におどる大ミコシ」に大勢の人が出た。永井荷風も18日の日記に、踊り屋台や芸者の手古舞が出て「群集雑踏す」と記している。祭りは本格的に復興したと言えそう。

ファッションショーがあちこちで開かれるようになる。

三社祭の提灯が並ぶ浅草仲見世通り。店の裏の一画は戦禍が生々しい（『写真にみる昭和浅草伝』より）

◉6月　生活の安定化を反映するレジャーの活性化

1日 Y 魚と野菜入荷好調　お米で二十三日分　6月満杯
ka 浅草公園大都座楽屋。裸体舞踊一時禁止の噂ありしがその後ますます盛にて常磐座ロック座大都座の三座競ひて之を演じつゝあり。……午前十時開場と共に各座満員の由
6日 A 早慶戦　正午近くには超満員　神宮外苑
5日 ro 有楽座初日……補助椅子の出る満員
7日 A 都民の栄養調査〝やゝ可〟
A 好天・スポーツの日曜日
A ダービー　東京競馬空前の人気、五万七千の人出、一億円近くの売上げ
9日 A 上野地下道きのう〝最後の網〟に約千名
16日 A ミコシ坂下門に〝参入〟山王祭
18日 A 学童ら九十万を検便
A 都民オーケストラ誕生
19日 A 東急と京帝止る、私鉄スト、交渉は続行
23日 A 警視庁採用警官、質の悪い千名を解職
25日 A イモ畑に野荒し横行

26日Y　銀座直通〝夢の島〟九十円で海水浴（戦時中、飛行機基地だった〝夢の島〟を都民に開放）

食への安堵感が浸透しつつある。山田風太郎は、5日「銀座にゆきすし食う、一個十円なれど、米持参すれば一個四円にて造りくれるなり。三合余持参して三十四個、百六十円余」と日記に記している。

6月はレジャー活動の湿る月であるが、この年は違うようだ。7日の朝日新聞には、スポーツ記事が満載。早慶戦は早大の連勝、神宮球場に入場できなかったファンが三万以上とある。「殺人的熱狂振り」と書かれる通り、十時五十分頃、押し合うファン十四名が重軽傷を負うというアクシデントも発生した。プロ野球は、後楽園フラナガンデー（フラナガン神父を偲ぶ日、子供は無料）、小中学生ら満員（11日Y）。中大練馬競技場の棒高跳びなど、バスケットボールの早慶戦、さらに水上競技の早慶戦。神宮プール、古橋世界新記録観衆一万二千（14日A）と、どこも賑わっていたものと思われる。

◉7月　インフレと値上げが重なってもレジャーは継続

1日A　夏山開く　富士へ年間二十五、六万を予想

3日A　高級魚は自由販売　マダイ・フグ・エビ

10日A　新興商店街ようやく落ち目

5日A　昨日のにぎわい　人出五万の鎌倉、横浜は米国独立記念日に人出十一万

6日A　皇居前広場でマックアーサ元帥の閲兵、広場から米軍の祝賀行進、数千名の将兵

10日 M 四万六千日《しまんろくせんにち》（一生分の功徳が得られるという縁日） ホオズキ市で浅草は賑わい
11日 A 自活する学生スポーツ　選手もキャンデー売り　汗で部費かせぎ
A 主食値上、配給だけで月千円・四人家族
12日 A 買出しに、海・山に〝いまのうち〟と繰り出した都民、低運賃最後の日曜
16日 Y お盆ラッシュの国鉄
18日 A 私鉄もきょう値上、一倍半〜二倍
20日 A バスも値上げ、きょうから
26日 Y 快晴の日曜日　鎌倉人出二十五万
27日 M 運賃値上げで宿屋はひっそり遠出さっぱり
29日 ya 松竹少女歌劇『希望の星』
31日 A 都電・都バス　あすから値上げ六円に

値上げは、都電・都バスと水道電気ガス、風呂や理容髪などの値上げラッシュに戸惑い気味。国鉄、私鉄などの、値上げ前を狙って、都民は、買い出しを兼ねた行楽を強行、しぶとく遊んでいる。

山田風太郎は、29日の日記に「松竹少女歌劇『希望の星』なるものあり、始めて少女歌劇を見、始めて女学生達のイヤラしき熱狂ぶりを見」と書いている。

◉8月　食糧事情の改善で復活する昔の行事や祭り

2日 M 都市対抗野球　マ少将言明に後楽園沸く
A 鎌倉のカーニバル二十万の人出
A 両国の川開き　水上十万、両岸五十万
4日 A 生産地の悲鳴、夏野菜、運賃さえも割る
ro 日比谷映画のフランス物『奥様は唄に首ったけ』を見る。客二十人位
7日 A 神宮プール　古橋、橋爪世界新記録
11日 A 受け手の少ない配給炭、滞貨の山
16日 Y 復活の深川まつり
17日 M 15日夜　言問橋辺りから無数の灯ろう
20日 Y 千八百の警官が包囲　東宝争議　組合側無事要件明渡し
21日 A 都内の日本脳炎患者、千五百五十名
25日 A 肉きょう値上げ
Y 神宮球場で進駐軍主催の北陸ギエン試合（6月福井地震）
27日 A 本所町、暴力一掃に立つ
30日 A 盛り場は秋葉落ち、商店街も午後は閉店

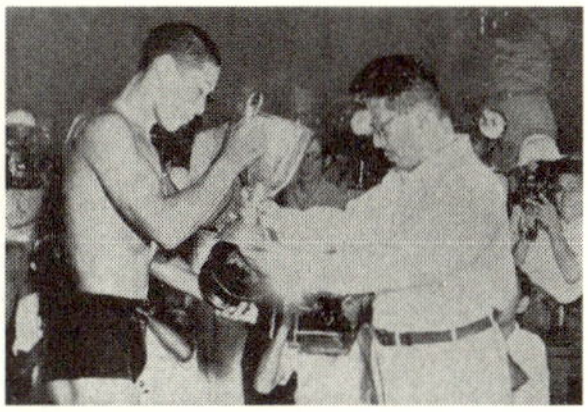

右：世界最高記録により総理大臣賞を受ける古橋広之進（『画報現代史』第 5 集より）
左：昭和 23 年 8 月に 2 代目ハチ公像が再建された渋谷駅前（「ジャパンアーカイブズ」より）

都民のレジャー気運は高く、両国の川開きが復活すると、昭和12年以来の人出を記録した。

第二次世界大戦後、初のオリンピックがロンドンで開かれたが、日本は参加できない。そこで、同じ日程で、神宮プールで古橋廣之進らが熱戦を繰りひろげた。「古橋また世界新記録、スタンドは開始前から超満員」（9日A）と、新聞は大会の様子を連日掲載した。世界新記録を期待してスタンドは超満員であった。

インフレが進むなかで、日本脳炎の流行と、都民の不安は尽きない。それでも夏野菜の値段が値崩れするなど、食料や生活用品の不足はかなり解消されたようだ。

この年の夏は、秋風の訪れがひとしお早く、海や山の人出は尻つぼみであった。鎌倉の海岸に出店した業者の八、九割が費用倒れ。北アルプスには、戦後最高の八万人ほどが登山したが、上高地では一泊七〇円の貸しテントに客を奪われ、七軒の宿が満員になったのは三日間とか。21日の読売新聞には、「一攫万金」をあてこんだ業者は、淋しい大衆の懐具合にすっかり期待を奪われたと、記している。

◉9月　インフレが進むも秋のレジャーは多様化

2日A　サンマータイム成績表
6日A　インフレ貧乏の秋
　　Y　皇居前でヘレン・ケラーへ三万人の合唱（ヘレン・ケラー来日で、国民歓迎大会）
7日A　上野動物園　オサルの運転手
9日A　街の真ん中で〝踊る〟新宗教（北村サヨを教祖とする天照皇大神宮教）

10日　Y　小学生外野席無料〝ルース週間〟後楽園少年ファンすし詰

11日　A　スリ狩り競演　五日間に百七十名検挙

17日　A　豪雨、関東一帯を襲う

19日　A　銀座を彩る　ゆうべの花火大会　陸上四十万水上五万ぐらい

A　ホクホク・美術の秋　院展、二科、行動、新制作派、創造美術、一水会など

21日　A　きょうから　コーヒーにも税二割　都税改正

30日　A　オイモ辞退は受配棄権

上野動物園のお猿電車と初代運転手チーちゃん。当時の物不足は深刻で、調教係は足を墨で塗り地下足袋に見せかけていた（『上野公園とその周辺　目でみる百年の歩み』より）

朝日新聞には、サンマータイム（夏時間）は「結果良好」と総理府審議室の評価を載せている。「大きな電力の節約」など政府の狙いには効果があったようで、「明るい中帰れて」というのはお役人や銀行員。来年も実施するという結論だが、主婦は「一日追われ通し」、飲食店は「商売上ったり」、教員は「労働過重だ」など不満気味。慣れないこともあって不満もあるが、ＮＨＫが放送終了を一時間繰り下げたような愚は二度と繰りかえさず、以後四年続く。

9月は、アイオン台風が来襲したことを除けば天候に恵まれていた。永井荷風は、20日に浅草仲見世が復旧している様子、22日には小岩の夜店の様子、23日には深川の妓街の繁栄などを書き、その日記から人出が感じられる。都民は、浜町公園の花火や展覧会、六大学リーグきのう開幕（26日Ａ）などのスポーツ観戦、秋の行楽を楽しんだものと思われる。

質はともかくとして、食べ物は何とかなるようになったのだろう。配給のオイモを辞退する人が出てきた。

◉10月　都民はお腹が満たされ、レジャーに執心

3日Ａ　自由購入券、パンどこの店でも買えます
6日Ａ　教育委員選挙　都は最悪、三割足らず
7日Ｙ　内閣（芦田）きよう総辞職（19日、第二次吉田内閣成立）
8日Ａ　公定価格百十一種廃止、スケートも含む
13日Ａ　お会式にぎわう　人出四十万、迷子九人、スリ一件（池上本門寺）

池上本門寺のお会式　昭和 23 年 10 月 20 日（昭和館蔵）

戦前、定期的に運行していた「ハイキング列車」（休日に東京と行楽先を往復する臨時列車）が復活した。昭和 23 年 11 月 3 日（昭和館蔵）

14日　Ａ　おイモ秋季攻勢　十八日分も舞い込む「食い切れぬ」と一部で悲鳴
19日　Ａ　売れ出した婦人雑誌
　　　Ａ　娘バカ・レビュー狂態
20日　Ａ　東宝争議ついに解決
24日　Ａ　㊕（公定価格）割れと過剰物資　だぶつく消費財
25日　Ａ　きのうの人出　二百万

やっと飢えからは開放され、主食の「おイモ」が余りはじめた。また、日用品も行きわたったと見え、公定価格でも売れなくなった。都民の生活は、量から質へと向かいはじめた。

婦人雑誌が売れ、若い女性がレビューに憧れるなど、戦後ならではの様相が展開しはじめた。

この頃の行楽の様子を25日の朝日新聞は、「ハイキング、運動会、野球、展覧会等々に繰り出した都民の足は、十年ぶりで復活した『ハイク列車』を送り出した新宿四十万を筆頭に……二百万（交通公社推定）多摩川園の松竹歌劇運動会をピカ一に都内各校の体育大会は枚挙にいとまない有様、〝巨人・太陽〟〝南海・阪神〟の熱戦に後楽園球場には四万のファン、上野のお山では、日展にに一万、オサルの電気機関車も三万を下らない坊ちゃん嬢ちゃんを動物園に吸い込んだ、そして夜は新宿野外ダンス場での『魔術祭典』など」と記している。

また、「帰りにはクタ〳〵」と「土、日曜をかけて三ツ峠、河口湖方面に……若い人ばかりで女の姿が約

東宝の映画争議は７カ月でついに解決した（「ジャパンアーカイブズ」より）

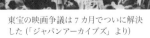

半分真夜中ともなれば……高峰秀子を語り、川上選手を評しハイキングはまず食べる、しゃべるからはじまった……日の出を拝し……帰りは……長野発あたりの超満員列車にもぐり込むのがやっとのこと」との同乗記が続いた。

◉11月　都民の行楽熱は覚めずに続く

2日Ａ　米価格改訂　十キログラム三百五十七円
4日Ａ　きのう初の「文化の日」都の人出二百万、久しぶりの祝日気分
5日Ａ　少年つぶす人雪崩　神宮球場で二十八名死傷　巨人対三球団選抜野球
7日Ａ　秋野菜も㊋（公定価格）割れ、統制撤廃の好機会か
8日Ａ　中山競馬最終日　売上三億七千九百万円
9日Ａ　一のトリ　浅草大鷲神社、人出二十八万
17日Ａ　いよ〳〵〝銀メシ時代〟
20日Ａ　雨もり美術館　不入り続きにたたり目　昨年の半分（台風の影響で都美術館の「日展」会場に雨漏り）
21日Ａ　電産（都電・地下鉄）スト　足の混乱少し
ka　両国に出で浅草に……群集織るが如し
24日Ｍ　天皇賞　東京競馬三万五千の大人気

11月も都民のレジャー熱は持続、初の「文化の日」も大勢の都民が街に繰り出した。翌日も、神宮球場の巨人戦にファンが詰めかけ、二名が圧死する事故が発生。それでも、「東西対抗　後楽園五万の観衆を沸かす」（26日Y）と、人出は続いた。

◉12月　人出はあるものの、さえない年の瀬

1日A　年賀状が復活
2日A　派手一方のインフレ歳末
5日A　オモチャ類五割高　店頭に品だけはある
7日Y　氷上カーニバル　両国メモリアル・ホール一万余の観衆
12日A　演劇界今年の回顧　映画に押され苦境
13日A　日本野球収支決算　分配金一位は巨人
15日A　銀座のホール　一せい取締り
17日A　野菜など値下がり、都内ヤミ物価調べ
25日A　クリスマス・イブ　街々は、人であふれた
27日A　東京競馬　八日間売上四億九百万円
　Y　物騒なXマスの夜　強盗・恐喝八件
29日A　年賀郵便復活するがあてはずれ

31日　A　正月は明るい主食の見通し

Y　「百万人の雑踏　家族連れで賑う」「浅草　映画館、それも洋画上映館がぐんと多くこの日の人出三十五万」「正月は田舎へと　定員の三倍　乗り残しも出る上野駅」「新宿　五十万人……三越前から駅まで三十分かゝるという人出」

朝日新聞にプロ野球一年間の収支決算、七六五七万円の入場料収入（税引）が掲載された。入場料の最も多いのは後楽園球場で、三八六六万円。経費を差し引いた四四六四万円が各球団に分配され、巨人軍が最も多く、最下位の一・五倍の七四八万円であった。なお、『プロ野球二十五年』（報知新聞社刊）によれば、後楽園球場の入場者が約一五〇万人、一一四日で二二一試合を消化しているらしい。プロ野球の人気を反映する記事である。

ストライキ予告はたびたび発表されるが、大半が中止となる。交通機関が止まるのは困るが、ストが潰されるのも何か虚しさを感じる。大売出しは師走に入るとすぐに始まったが、必需品以外はインフレで売れないようだ。永井荷風は17日、浅草「年の市を見る」、平日より賑やかであったが「羽子板市」は「買手少なきやう」と日記に記している。そのような気運を反映してか、東京には歳末の慌ただしさだけが漂っていたようだ。

昭和24年（1949）——怪事件発生も、都民の生活も娯楽も充実

1月の総選挙で共産党の躍進があっても、吉田内閣（第三次）は磐石で、税制改革や公務員整理などを問題なく遂行した。また、治安対策も合わせて進められた。そのような中で、7月に国鉄下山総裁の轢死、中央線三鷹駅車庫内で無人電車の突然暴走、8月に東北本線の列車往来妨害の松川事件など謎の事件が相次いだ。

都民の生活は、食料生産の向上を反映して野菜類の統制撤廃、酒類が自由販売、飲食店の営業が再開した。そして、一ドル三六〇円の単一為替レート実施、インフレを象徴した株価が下落、都民生活は食料や衣料など安定供給もあって、年末になっても暗さはなかった。

この年のレジャーの特徴は、夏の花火大会が多かったことと、上野動物園に二頭の象が入園したこと、サンフランシスコ・シールズの来日による野球人気であろう。また、運動会や祭りなど地域内の行楽行事が復活していることもあげられる。都民のレジャーは、日常的にはラジオ（普及率六一％）で、『私は誰でしょう』『とんち教室』『ラジオ寄席』『陽気な喫茶店』『なつかしのメロディー』『歌のおばさん』などの新番組によって充実していった。

映画は、邦画の公開本数が増加し、『青い山脈』『晩春』『野良犬』『痴人の愛』『破れ太鼓』『忘れら

れた子等』など。洋画は『拳銃街道』『ロンドン・オリンピック』『哀愁』『ジキル博士とハイド氏』『ハムレット』『ターザンの怒り』『平和に生きる』などが公開された。

流行歌は、『青い山脈』『悲しき口笛』『銀座カンカン娘』『月よりの使者』など映画の主題歌がヒット、他に『トンコ節』『三味線ブギウギ』『薔薇を召しませ』『夏の思い出』『長崎の鐘』などが流行った。また、流行語は、アジャパー、駅弁大学、ギョッ、三バン（選挙で必要とされる、地盤・看板・鞄）、サカサくらげ（連れ込み宿）、自転車操業、てんやわんや、トイチ（高金利）、ドッジ・ライン（財政金融引き締め政策）、ニコヨン（日雇労働者）、ワンマンなどがある。

◉1月　盛りあがりを欠く正月

1日　Y　マ元帥・年頭メッセージ　国旗の自由使用ゆるす
2日　A　〝二百万円の正夢〟きのう日劇でくじ引
3日　Y　どっと盛り場へ「五百万人の人波」
6日　ka　京成電車・押上線既に甚しく雑沓せず
7日　Y　大学高専駅伝競争　明治　七回目の制覇
11日　A　今月の配給は　二十日分をお米で
　　　A　スキー停車場　上越線大穴

浜町仮設国技館で開催された大相撲春場所（「ジャパンアーカイブズ」より）

12日A　きょうから春場所　桟敷三百円一等百五十円二等百円大衆席五十円
14日Y　あすは「成人の日」(初めての)
19日A　都への自由転入予想通り十日間で六万人
25日A　衆議院選挙（第二十四回）「民自党絶対多数」「共産党、全区で当選」

正月三が日あたりまではそこそこの賑わいがあったが、それも長くは続かなかったようだ。永井荷風は、銀座と比べて6日の浅草公園及び六区の人出が少なくなっていると、日記に書いている。皇居へ三万名（3日A）と、前年の1日2日の十三万人に比べはるかに少ない。ただ、1月の映画観客は九八三万人と非常に多かった。

復活した大相撲春場所は、珍しさも加わって盛況だった。来るか相撲の黄金時代　鰻上りの入場者（17日Y）。復活春場所　大盛況　どうやら人気回復　東富士優勝（26日A）とある。

共産党の躍進は、生活への不満反映か。民自圧勝は大衆の支持か。大衆の遊びには無縁のように見える。

◉2月　街に停滞感が漂う

3日Y　ロイヤル長官閲兵　一時間の大パレード
4日A　豆まき式　例年よりは人出少なかった
9日Y　露店一六、四四九店、前年十二月現在

11日Ａ　差押え物品のデパート公売
18日Ａ　配給、掛売りしてほしい
19日Ａ　上野駅で主食取締り　三千六百人網に
22日Ｙ　アイスページェント　両国メモリアル・ホール　一万余の観衆
24日Ａ　〝浅草のボス〟を検挙

2月恒例の追儺《つい な》式は、あちこちで催されてはいるものの人出が少なかったようだ。良いものを求め、差押え物品のデパート公売には大勢の人が殺到した。10日の伊勢丹では、四〇〇〇人がなだれ込み、血眼の奪い合いでケガ人も、「公売ついに中止声明」にまで発展した。

この頃の都民の要求は、食料の量だけではなくなった。主婦が徹夜で米搗きをする配給米に文句を言う。牛乳は産婦証明など役に立たず、ヤミ以外で買えないか。調味料も良いものは、ヤミでしか買えない。また、都民は店の選択ができず、購入店がわかっているのだから「掛売り」（後払い）を認めろ。配達料を取りながら配達しない、配給制度自体にも注文を突きつけ始めた。

◉3月　生活に不満を感じながら、月後半から春の行楽が始まる

2日Ａ　十五才以下約三千名就業　都労働基準局
5日Ｙ　四ホームラン飛ぶ豪華球戦　後楽園　万を数えるファン

差押え物品の公売が行われるデパートになだれ込む群衆。
徹夜で並んだ人もいた。昭和 24 年 2 月 17 日（昭和館蔵）

皇居のお濠で釣りが解禁されて以来、日曜日には大勢の釣り人が夕飯のおかずを求めてやって来る。昭和 24 年 8 月 8 日（昭和館蔵）

13日　A　副食は軒並み㊋（公定価格）割れ　紙は去年秋の半値
14日　A　東武鉄道二十四時間スト〝無期限〟へ
　　　A　料飲店の実態　半分以上はモグリ
21日　A　二日続きの休日　東京駅に四十万、上野駅三十五万、新宿駅三十万　どこも人の波
23日　Y　読売旗争奪大会　阪神輝く二連覇　後楽園球場三万余のファン
25日　ka　大都劇場　停電の夜初日……大入り満員
28日　A　東京競馬最終日　売上三億九千万円

東京には約三万三〇〇〇の料飲店があり、その三分の一が無許可。無許可の半分が普通料飲店。喫茶店の許可された約二万のうち、カンバン通りの店は約八〇〇〇で、実際は料理屋やカフェー、待合等となっている。三万を超える食べ物屋の営業があることは、都民は飢餓を脱し、多い〝大衆向け〟再開の希望（14日A）があり、飲食を楽しむ生活の豊かさを求め始めている。

20日の朝日新聞の調査結果では、食料事情が良くなっていると答えた人は六一％、暮し向きは悪くなっているが四三％、衣服は間に合っていない

昭和49年3月、浅草六区の雑踏（『画報現代史』第6集より）

が六九％という数字が出た。

都民が生活に不満を抱いているものの、春分の日を含む連休には、盛り場に大勢の人が出かけ、映画館、劇場とも取り巻く人の列を飲み込めず、飲食店街も大繁盛であった。また、郊外に出かける人も多く、熱海や伊東の宿が超満員であった。

◉4月　統制や制限の緩和からか、春の人出は戦後の最高を記録

1日A　野菜の統制解除　野菜のセリ売りを再開
2日A　新宿に屋上遊園　三越1日に開場
3日A　上野はもう二分咲き　動物園入場者ざっと三万人　迷子十五人
4日A　こたつで迎えた〝夏時刻〟東京四度
7日Y　米陸軍記念日　きのう街頭行進
8日A　のし上るデパート　昨年の売上げ二倍半
9日A　列車内の取締り〝全員下車〟当分は休止
11日A　人出新記録　動物園戦後の最高記録八万
14日A　後楽園球場　巨人九連勝ならず
16日A　金づまりと税金にいじめられ廃刊、休刊が続出　出版界パニック
18日A　上野へ人出五十万　公園全体で迷子二百人　鎌倉へ花見客十万

24日Ａ　六大学リーグ開幕
25日Ａ　近郊各私鉄が大変なにぎわい方　多摩川べりのピクニック家族連れが盛況
Ａ　単一為替ルート決まる　一ドル＝三百六十円　総司令部司令明日から実施
30日Ａ　天皇誕生日　参観者十四万

4月から、野菜が自由販売になる。当初、大根一本四〇円とヤミより高く、値上がりが心配された。しかし、「野菜早くも値下り」（3日Ａ）と、全くの杞憂となった。

新宿三越の屋上に遊園が設置される（2日Ａ）。都民レジャーは子供中心、家族連れが主流になった。10日に上野動物園の入場者数が戦後の最高を記録し、次の日曜日もそれを凌ぐ人が出て、上野公園全体で二〇〇人近い迷子が出た。この迷子数はこれまでの最高、家族連れの多さを示している。4月の上野動物園の入場者は五九万人、以後四年間更新されていない。

野球は、日本野球公式リーグ開幕　後楽園・満員（3日Ｙ）で始まる。子供から大人まで圧倒的な人気があり、小中学生に野球割引券（内外野とも一人五円）出された。人気は巨人軍で、14日には、三原（巨人軍監督）に出場停止　球場で筒井（南海）を殴る（15日Ａ）で、今シーズン出場停止も、巨人人気に揺るぎはない。

春の行楽は花見から始まり、17日は六〇〇万人繰り出す　サクラの日曜人の波（18日Ｙ）。日曜日の花所各駅の売上げ戦後最高（19日Ａ）と、都民は戦後生活に春を感じ始めたようだ。

◉5月　平穏なムードのなかで子供中心の行楽が続く

1日　A　鉄道着席券5日から
2日　A　竹馬も歩きだすメーデー参加二十五万
4日　A　憲法記念式典　約五万が参列
　　　Y　伝統の好試合　後楽園札止め　四万五千（巨人・阪神戦）
6日　A　あゝ楽しかった子供の日
7日　A　お酒安くなる　新価格
　　　Y　きのう飲料店再開　だが当分は裏口時代
10日　A　主食取締り〝下車〟は中止
12日　A　ダンス業者「十八才未満お断り」申合せ
16日　Y　夏祭のはしり　神田明神参詣者約四万人
17日　A　大相撲夏場所初日九分、二日目八分と好調。優勝は増位山（31日A）
　　　Y　野菜まだまだ下る
　　　ka　三社祭礼。社鼓鼕鼕。群集織るが如し
21日　ro　（舞台から）客席を見る……六分位か。でも客席活気
　　　A　新宿御苑開放　入場料二十円

25日Y　バナナ入港　一本五十円
28日A　売れる〝戦記物〟エログロものは転落（出版界の動向）
30日A　川崎市営競輪、大穴でもめる
　　Y　出場停止がとけ〝別所デー〟後楽園沸く

都民生活に影響をあたえる鉄道運賃値上げは、着席券（三等車五〇円、一等車一〇〇円）の新設とサンマータイム通勤ダイヤ編成を伴った。

お祭り化したメーデー、主催者側の発表では五二万人。恒例化した憲法記念式典には約五万が参列。5月初めは、庶民のレジャー週間となり、デモも行楽イベントの一つとなる。

子供の日は、後楽園球場の無料公開、上野公園でレクリエーション大会、多摩川園の無料など、あちこちでイベントが催された。朝日新聞社などの主催する日本橋三越の児童文化展には、四万人もの賑わいがあった。その後も祭など、都民のレジャー気運は引き続き高かった。

昭和22年7月以来の全国料飲店閉鎖が解除されたが、細則が決まっていないことから、営業まだ許さぬ（8日A）とある。再開にあたって、副食（料理）券の使用は一回に一枚、ただし露店やツマミモノには不用。まだかなり窮屈と見えるが、副食券は月四〇枚あることから、毎日使っても余る勘定。この再開は、食料不足が解消に向かっているためで、お米屋さん復活？（22日A）というように、米屋の民間経営の試験も始まる。

三社祭の御神輿（「ジャパンアーカイブズ」より）

変化しているのは食料事情だけではない。青木正美の『青春さまよい日記』の10日に、「かつてはあんなに栄えた闇市も、今はくたびれた様に淋しく横たわっている。どんなものでもあれば、売れたあの頃」と。この頃になると、戦後の東京は、街の様相も大きく変わった。

◉6月　ストは続くが慣れてか、レジャーはそれなりに

1日　A　ビヤホール復活　半リットル百五十六円
2日　Y　金融公庫の借手殺到　長蛇の列一万人
6日　A　日本ダービー五万大観衆　五万円の大穴
8日　A　都電のスト中止、五日間の損害一千万円
11日　Y　入浴は半数が二、三日おき
13日　A　東京競馬　八日間売上五億五千八百万円
　　　Y　神宮の絵巻　掉尾《とうび》の盛儀ミサ　ザビエル祭終る　神宮競技場に三万余
15日　A　古橋　八百に好記録　神宮プール　一万二千を収容する場内一杯
　　　y　エログロを追放　映画倫理規　経宣誓式
17日　A　都内のヤミ物価　ちょっぴり下る　20年11月を百として六百八十四
18日　A　六大学野球終わる　慶、早に快勝
　　　A　都営プール　プール開きます　一回十円

19日Y　後楽園　まんまる音頭発表会
25日A　児童遊園を二年間に六百二十八ヶ所に
26日A　金の表情　庶民生活から探る　ふえた郵貯や簡保、強まりゆく「物より金」

都民はスト慣れをしているのであろうか、梅雨空の下でもレジャーはそこそこ続いている。2日、都電九線が止まり、翌日もストで、歩く十八万（4日A）とあり、五日間も続いた。9日には、東神奈川車掌区の組合幹部の懲戒免職に対しストライキ、10日はスト中に京浜東北線などで労働組合管理の「人民電車」が運転された。そして、国電スト重大化す（11日A）。ストはGHQの命令で翌日中止されるが、東京駅の煙突上で学生が国電のスト中止演説を続けていた。

19日、読売新聞社主催によって後楽園球場で「まんまる音頭賑かに発表会」、一般参加者一万数千。この年の盆踊りブームを仕掛けているようだ。

◉7月　奇妙な事件多い中、都民の生活は堅実

2日A　俳優座「フィガロの結婚、五次続演で五十日で終演」
4日A　中山競馬　八日間売上三億五千四百万円
5日A　米軍部隊の行進一万六千余　五百台の車両部隊　皇居前広場から日比谷へ
9日A　犬、放し飼い厳禁

ka 浅草。四万六千日。参詣者織るが如し
11日 A 人出十万の鎌倉（海水浴）
12日 A 盆踊りはじまる　自由ヶ丘駅前商店街
16日 A さびしかったお盆　中元売出しがどこも不振
ka 此夜上野公園に花火あり
17日 A 今年の臨時列車は、電車はどれもガラ〱
A 都の主食二ヶ月分保有　緊急時も大丈夫
18日 A とても泳げぬ日比谷公園プールのにぎわい
19日 A 『青い山脈』本日封切
22日 A 官庁の半ドンあすから10月1日まで
24日 A 両国川開き、水陸合わせて六十万　舟は千五百隻
25日 A 神宮プール古橋世界新記録、渡米決まる
Y 鎌倉の人出十万（海水浴）
31日 A 8月1日より映画料金の公定価格廃止
A 鎌倉由比ヶ浜海水浴場で二百万円クジ抽選

都民のレジャーは7月に入っても続き、海水浴場の人出、盆踊りやプールの賑わい、そして両国の花火大会など、けっこう盛り上がっていた。

銀座で踊る「まんまる音頭」（『画報現代史』第7集より）

盆踊りは、都内のあちこちで催されたらしく、青木正美は、13日の日記に「堀切駅を降りた時、あまりの人出に驚かざるを得なかった……盆踊り」。また19日にも「小菅でも盆踊りをやっていて、星野は毎晩踊るらしい」と記している。

一方で、下山国鉄総裁が失踪し常磐線の線路上で死体となった事件。中央本線三鷹駅構内の無人列車暴走事件。どの新聞も連日掲載するが、事件解明への手がかりはなく、社会の不安を煽るようなムードも漂っていた。

食糧事情は改善するものの、「公定価格品の約二割廃止へ　今日から家具など一千品目」（30日A）が自由価格に、8月1日より映画料金の公定価格を廃止（入場税はそのまま）など暮らし向きの改善が感じられる。しかしその一方で、景気は必ずしも良くはなく、「都民税、六割あがる」（21日A）など、都民の生活は複雑な様相を呈している。

◉8月　夏を楽しむ都民に感じる至福の生活

1日A　きらわれたジャガ芋、配給辞退続出

A　上野動物園ライオンで入場者一万五千人

3日 ya　宝塚少女歌劇……錦糸町の江東劇場にゆく、午前十時、開園は十二時半。劇場前は少女の大群凄じきこと限りなし……炎天下のもと、黙々として待つ娘の群れ……ときどき少女歌劇の出演娘が楽屋に出入すれば歓声があがる。三十分ばかり待ち、ひる入って、果

して座れるやと前の娘にたずねたるに、これは夜の部の行列なりといわれ呆れかえりて退散す

7日 A 鎌倉カーニバル　ミスコンテストに数千

8日 A 都市対抗野球　後楽園で開幕

12日 Y 後楽園　まんまる音頭大会二万余

13日 A 東京みなと祭、花火や集いなど

14日 ka 浅草言問橋花火。江戸川にも亦花火あり。昨夜は千住放水路にも花火

15日 Y 第二回海の祭典、「片瀬海岸　最高の十数万」

16日 A 隅田川で燈籠流し、数万の観衆

17日 ka 立石夜店の賑を見る。地蔵尊の賽日なり（葛飾区）

18日 A 九年ぶり　深川名物　イカダの曲乗り

19日 A 新橋駅前広場「水泳の実況にどよめく街」（古橋の活躍）

30日 ro 国際劇場へ、大満員

ミス・鎌倉カーニバル（『画報現代史』第7集より）

7月にライオンが上野動物園に展示された。休日には大勢の子供たちが訪れている。8月の都民は、海水浴など涼を求めて都内から出る人もいたが、大半は都内で過ごしていたようだ。

新橋駅前広場で、古橋の活躍する米国の水泳大会が実況放送されると、黒山の人だかりができた。夜に

なれば、盆踊りの曲が流れ、永井荷風が日記に記しているように、東京のあちこちで花火が打ち上げられていた。まだ都内の建物は低く、どこからでも花火がよく見えたに違いない。また、夜店や縁日も復活して、都民の憩いの場となっていた。九年ぶりに深川の「筏の曲乗り」や隅田川の燈籠流しなど、昔懐かしい行事も増え、在京の人を楽しませた。

そして、宝塚歌劇団の再開という新たな動向を、山田風太郎は3日の日記に記している。湘南海岸の海水浴はイベントを催すことで定着したようだ（15日Y）。

◉9月　象の相次ぐ来日など都民のレジャーは豊かに

2日A　キティ台風襲来、都の浸水十万戸
5日A　上野動物園、タイ象に朝から二万人入場
11日A　六大学野球リーグ開幕
12日A　神宮プール日本学生水上選手権　古橋好記録
13日A　急行券、あすから自由に買える　列車の指定も廃止
16日A　横浜市野毛山プールで国体水上開く
22日A　秋のハイキング電車　時刻表
26日A　都の人出は二百万を突破、東京駅四十万、新宿駅五十万、上野駅十五万、浅草十八万
上野動物園八万五千を突破

Y　二万人の大コーラス　東京スポーツ・センターのこけら落し（収容人員約一万五千人の大型室内競技場が芝公園に開業＝芝スポーツセンター）

28日Y　十年ぶりに焼イモ屋さん　10月より

上野動物園にタイ象のガチャ子（日本で「はな子」と命名）が到着、4日公開され、朝から五万人もの人が入場した（はな子は昭和29年3月5日に井の頭自然文化園に転園）。また、25日にはインドからの象、インディラ嬢が公開され、入場者は八万五〇〇〇人を突破した。当日の式典では、美空ひばりが花束を送った。なお、美空ひばりは、コロムビア・レコードと専属契約をしたばかり、デビュー曲は『河童ブギウギ』である。

青木正美は19日の日記に、浅草「松竹座の横を映画街へと入って行った。日曜祭日の外に、こんなに遊んでいる人がいるかと思った程、人が出ている」と記す。キティ台風によって大きな被害を受けたが、レジャー気運は落ち込まず、「秋のハイキング電車」が運行され、月末の日曜日には二〇〇万人を超える人出があった。

右：上野動物園にやって来たガチャ子とインディラ、左：象まつりではアドバルーンの象を散歩させようとしている（『上野公園とその周辺　目でみる百年の歩み』より）

◉10月　サンフランシスコ・シールズ球団来日でスポーツの秋は沸く

3日Ａ　人出も多かった　運動会シーズン幕あけ
5日Ａ　純毛純綿も潤沢　明るくなった衣料事情
11日Ａ　競輪　地方財政に一役　多摩川京王閣は第一回大会、売上一日平均一千万円
ka　銀座通には灯火既にきらめき行人雑遝す
12日Ａ　池上本門寺お会式には三十万の人出
16日Ａ　シールズ戦の後楽園球場　五万の人と自動車三千　押収した〝ニセ切符〟百二十枚
17日Ａ　戦後派宗教、不況知らず　ニョキ〳〵と三百余派
20日Ａ　中山競馬八日間売上三億九千五百万円
25日Ａ　車は一切通行止め　道路に子供の遊び場
31日Ａ　国民体育大会　神宮外苑東京ラクビー場

10月に入り運動会シーズン、行楽活動もたけなわ。不景気とはいうものの人出は多く、上野動物園を訪れる家族連れも急増、都民のレジャー気運は高い。

12日に米国のプロ野球チーム、サンフランシスコ・シールズ華や

羽田空港に到着したシールズ軍はオープンカーで銀座通りを行進し、群衆を熱狂させた（『画報現代史』第7集より）

かに入京　銀座は戦後初の人出（13日A）。シールズは3A球団だが、銀座での歓迎ぶりは大リーグ級であった。最初の試合は後楽園球場で、前例のない熱狂ぶりだが、巨人投手陣全滅で勝負にならない。17日の神宮球場での夜間試合も超満員、東軍は善戦するも敗る。また、神宮球場　臨時外野席を作り七万の観衆シールズ対全日本（30日A）、シールズに何度対戦しても勝てないが人気は増すばかり。

なお翌日は、監督の好意で「後楽園球場　豆ファン最高の日　学童約二万七千無料」（31日A）と、球場に招待された。それに加えて、一本五〇円で限定販売されたコカコーラが、子供には半額となった。また、同時に販売されたポップコーンも人気を集めた。人気の余波として、試合が見たかったのであろう、本場所休場中の横綱前田山も野球観戦に出かけ、相撲協会は出場停止の措置、結局、前田山は引退することになった。

「第四回国体閉幕　東京　天皇皇后杯獲得」（12月4日A）するも、観客が少なく盛り上がらなかった。

◉11月　都内に賑わいが続く

1日A　今日から対面交通
4日A　〝無料〟の盛観　上野動物園に四万　「文化の日」にぎわう
6日A　六大学野球決勝戦　慶、早を降す
11日A　ふえてきたチンピラ集団　都内に百
21日A　作り過ぎ電球輸出不振で〝売出し競争〟

A　15日のお酉さまは七五三と重なったが浅草の人出は約六十八万、去年より三割減
A　東京競馬　総売上三億七千二百万円
22日　A　恐るべきヒロポン禍、薬欲しさスリ窃盗
27日　A　プロ野球　二リーグに分裂

シールズとの野球試合の興奮が醒めやらぬなか、日本初のノーベル物理学賞を湯川秀樹が受賞の吉報。夏の米国での古橋の活躍に次いで、国民は祝福に盛り上がった。なお、湯川秀樹の業績を評価できない人も多かったはずだが、新聞の取り扱いが大きいことで気分が良かったのであろう。経済情況は決して良くないが、都民の多くは行楽や野球観戦などを楽しんでいた。

六大学野球は、「3日早、慶に打ち勝つ　神宮球場　六万の観衆」（3日A）と人気。5日、慶應の優勝が決まり、繰り出した銀座では、「慶應義塾学生乱酔酔放歌隊をなして横行す。その醜態毫も戦前に異らず」と、永井荷風は5日の日記に記している。

プロ野球が分裂した。九州地方、中国地方に新球団が創設され、地方のプロ野球ファン急増に応えたものでもあった。野球は年々人気が高まり、その後のセントラル・リーグ、パシフィック・リーグの動員観客数はあまり差がなかった。また二リーグ制は、日本シリーズの開催など以後の野球全盛を導くものとなった。この年のプロ野球の総入場者数は四五九万人、税引き後の収入は一億二〇〇〇万円となっている（12月11日A）。

◉12月　戦後初の一息できそうな師走

3日　Y　日本野球東西対抗第一戦　後楽園超満員
4日　A　配給　満杯でゆっくり越年　主食の輸入・供出とも快調
5日　A　久しぶり〝暖い日曜〟盛り場にどっと家族連れ　人出平日の三倍
9日　A　モチ米三日分特配　久しぶり豊かな正月
11日　A　皇居前広場〝内閣退陣〟決議約三万人
14日　A　九年ぶりスキー列車復活　来年週末に
15日　A　東京証券市場急落　時価四割方の下落
18日　Y　コップ酒復活　九年ぶり
　　　A　都の人口六百一万　世界で四番目
19日　A　中山競馬八日間売上三億九千九百万円
24日　Y　Xマス・パレード　皇居から桜田門まであふれた観衆五万　GHQ祝賀行事
25日　A　Xマス・イヴの深夜に人出
30日　A　正月は超満配　主食・お酒値下げ
31日　A　年の瀬・夜の人出　日本髪チラホラ　銀座の雑踏

4日は師走に入り最初の日曜、家族連れが盛り場を賑わした。金づまりで株式の急落。「株式下落をこう見る　たゝる〝投機〟インフレ収束の一現象」（18日A）と経済界は騒いでいる。大衆は、食料に不安のない、戦後最も過ごしやすい歳末を迎えている。歳末の人出も足どりが軽いように感じる。特に、夜の人出に日本髪の女性は、銀座でもこれまでなかった年の瀬の風景である。

昭和25年（1950）

——朝鮮戦争勃発も、娯楽は景気より先に回復

この年は、朝日新聞が12月13日付けで「日本経済この一年」と題して総括している通り、6月の朝鮮「戦乱を境に一変　不況から特需景気へ」となる。変化は経済だけでない。7月にレッド・パージ（共産主義者の追放）が開始、再軍備はしないはずが8月に警察予備隊が発足、さらに10月には軍国主義者の追放解除までも進められた。出来事は、金閣寺が青年僧侶によって放火され全焼、ジェーン台風が関西を襲い三三六人死亡などがあった。

日本経済はその前年から行き詰まっており、株価は下落の一途をたどっていた。状況を打開するには、「中小企業の倒産やそのために自殺者がでても仕方ない」との趣の発言が物議をかもしたのもこの時期。ただ、国民の多くは生活に差し迫った緊迫を感じていたようではない。それは、食料事情が好転し、生活物資も少しずつではあるが回復していたからである。都民のレジャー気運の高まりは、前年暮れから引き続いて正月も高く、そのまま春の行楽シーズンへと進み、空前の人出を記録する。

都民の娯楽は、この年もラジオ（普及率六四％）。それに映画（入場者七六六七万人）、スポーツ観戦は野球に水泳、そして展覧会にも足を運んだ。なかでもプロ野球は、二リーグ制になって観客は増加、巨人の藤本英雄投手がプロ野球初の完全試合、7月に後楽園で初のナイター試合が行われ、さらに人

気を高めた。関東では台風の被害が少なく、レジャー気運は落ちなかった。

人気のラジオ番組では、『愉快な仲間』『今週の明星』『三太物語』『世界の危機』『ラジオ喫茶店』などが始まり、ラジオ放送は夕食後の人々を釘付けにした。

映画館数は、戦前の水準をほぼ回復し、公開本数は四〇〇本を超え、特に邦画は二〇〇本を超えた。本年度の興行成績から見ると、『細雪』八〇〇〇万円強、『宗方姉妹』八〇〇〇万円弱、『雪婦人絵図』七五〇〇万円、『きけわだつみの声』七〇〇〇万円、『暁の脱走』六〇〇〇万円、『また逢う日まで』『執行猶予』『羅生門』『乙女の性典』などが続く。外国映画では『赤い靴』が一億円を超え、『情婦マノン』は八〇〇〇万円近く、他に『腰抜け二丁拳銃』『サラトガ本線』『ターザンニューヨークへ行く』『アラビアン・ナイト』『自転車泥棒』『密告』『白雪姫』などがある。

流行歌は、『夜来香《イエライシャン》』『熊祭《イヨマンテ》の夜』『星影の小径』『買物ブギ』『ベサメ・ムーチョ』『東京キッド』『桑港《サンフランシスコ》のチャイナタウン』『越後獅子の唄』『あざみの歌』『トロイカ』などがある。またこの頃の流行語として、アルサロ（ホステスがアルバイトの素人女性ばかりのサロン）、いかれポンチ、エケチット、三十八度線、チラリズム、つまみ食い、特需景気、とんでもハップン、貧乏人は麦を食え、レッド・パージ、BG（ビジネスガール）などがある。

◉1月　デフレが進むも都民生活は豊かになり、レジャーも活性

1日　A　マ元帥・自衛権を拒否せず

3日 A 人出はザッと平年の半分　映画館だけは超満員　浅草七、八回の入替　浅草十万

5日 A ドッと五百万人、トソきげんや高島田の群がドッと街にあふれ出た（仕事始め）

Y 第一回東西対抗ボクシング　芝スポーツ・センター満員の盛況

9日 A 芋ぬき配給実現か

Y 日曜和やか公園盛り場にあふれた家族連れ

15日 A 雪にたたられた初日　大相撲春場所、「八日目　満員御礼」（22日A）

16日 A 東京競馬八日間売上二億七千八百万円

A スキー場はいずこも終戦後はじめての盛観

21日 Y なくなる夜の停電　二、三ヶ月は大丈夫

23日 Y 多摩川スピードウェイ　スリルに五万の人波　日米親善モーターサイクル・レース

29日 M 後楽園に鳥人舞う　スキー祭展　観衆約三万

31日 A 下がる一方の物価　衣料は痛手の筆頭

後楽園球場の人工シャンツェで開かれた学生選抜スキー・ジャンプ大会（『毎日新聞』昭和25年1月29日付より）

元日は小雨で都内の人出はまばらであったが、2日、3日と尻上がりに増える。上天気に浮かれ出た4日は「ドッと五百万人」（5日A）。金詰まりの正月で、飲食店や売店の売行きは思わしくないが、映画館や劇場などは満員が続いた。

御用始めに女性の和服での登庁があり、生活の改善が進む中、23日から毛とスフ（化学繊維のステープルファイバー）の統制はずす（24日A）など国民の生活は着実に向上している。しかし、29日の朝日新聞、世論調査には、暮らし向きが好転していると感じている人は二七％、それに対し、低下していると感じる人は四九％に上っている。これは、更なる希望を反映したものであろう。

デフレが進む中で先行きの生活に不安はあるが、スキー場の混雑や大相撲人気、ボクシングにモーターサイクル・レース、また『サザエさん』漫画本のニセ本が二万五〇〇〇部も売れる（8日A）など、レジャーを見る限り大衆の生活は改善している。

◉2月　デフレ生活に順応してか、都民のレジャーは健在

3日A　米三軍首脳　皇居前広場で閲兵
4日A　ヤミ米下る一方
　A　豆まき　雨の悪天候、少しもち直した夕方から例年の六割
6日Y　〝八百長〟に憤慨、放火　川崎競輪二万余　満場立すいの余地もない
7日A　芋、今年も配給　全国平均で十八日分
18日A　楽になった入学仕度　小学生で六千五百円

19日 A 総決起労働者大会 皇居前広場に約五万
20日 Y 春光に浮かれる人出、上野動物園は三万を突破 後楽園競輪最終日ザッと三万
23日 A 売行不振に 銀座歩道デパート 一番人気は三足百円のくつ下
M 配当同率に引上、競輪に蹴落された競馬
26日 ro 日曜の人出、押し合ふやうだ。渋谷駅の前、行列で切符買ふ
28日 Y 銀盤に春の舞 両国メモリアル・ホール 日米親善氷上カーニバル一万余名

苦肉の策で歩道に商品を並べた銀座の某店(『朝日新聞』昭和25年2月23日付より)

米国の三軍首脳が来日、皇居前広場で閲兵式が催された(3日A)。地上軍だけでなく戦闘機が一〇〇機も参加、頭上に壮観な飛行パレードが繰り広げられた。見物の進駐軍家族や一般日本人を喜ばしたとある。もう、戦時中の日本軍の戦力など忘れられことを示すものであろうか。

デフレが進み、米の闇値が下落、ついには配給米を辞退する例が出てくるようになる。それでも、政府は芋を配給することを決定(7日A)、国民の不満をまたつくりだすことになる。

2月のレジャーで注目するのは、競輪の盛況である。氷上カーニバルはアイススケートショーで、観衆は一万余名と昨年に引き続き恒例化した。また、ロッパの日記からも、休日には大勢が出ていることがわかる。

◉3月　不景気が浸透するも、春を待ちこがれて街に繰り出す

1日T　きょうから入場税引下げ、音楽会、遊園地など四割に
3日T　馬鈴薯を希望配給、持て余す一千三百万貫
10日A　国会へ　デモ隊一万　国鉄、日教組、全逓従組、都労連など
12日Y　後楽園競輪（初日）　観客約二万一千名
A　衣料品の自由販売　4月から暫定案
20日A　〝家族デー〟の銀座
A　映画配給自由契約の波紋　大作で客足をねらう3月1日から
22日Y　セ・リーグ東京第一戦　超満員四万五千　後楽園球場
26日A　向ヶ丘への豆電車復活　大人二十円小人十円　25日開園式は大人だけ
26日A　都の復興を国家的に、衆院を通過
30日A　第一回から八百長　川崎市営競輪
30日Y　大学出ても就職難半分が売れ残る

ストや就労要求、政界の混迷など、紙面を割いている記事だけを見ていると、3月は暗い月のようだ。不景気ということでギャンブルが加熱、競輪の八百長

右：入場料値下げの大看板＝日劇（『朝日新聞』昭和25年3月1日付より）
左：8球団体制でスタートしたプロ野球セントラル・リーグ（「ジャパンアーカイブズ」より）

が発覚している。

彼岸に入ると、春を待ちこがれる都民は徐々に動き始めた。プロ野球は開幕し、向ヶ丘遊園では豆電車を復活させるなど、行楽地も来訪者の増加を見越し装いを新たにした。

1日より映画配給が自由契約となり、1日『赤い靴』、19日『乙女の性典』、21日『また逢う日まで』など、話題の映画が次々に公開された。

◉4月　株価は下落を続けるが都民の花見は盛り上がる

1日 Y　十年ぶりでイワシ、マグロ、ニシンなど十七種類の統制が廃止

3日 A　花に浮かれて　三分咲きの上野動物園　正午で約四万人

9日 A　証券市場の安値記録

A　六大学野球リーグ開幕

10日 A　人波に埋った夜の上野　迷い子約三百件

15日 Y　熱海の大火　見舞いの人出六万（4月13日に発生し、市街地中心部が焼失）

17日 A　プロ柔道初興行　東京スポーツセンター（芝スポーツセンター）　見物人約四千

20日 A　弁当は要りません　来月から学童・先生に給食

度々の騒ぎを受けて武装警官警戒のもとに行われる後楽園競輪（『画報現代史』第8集より）

24日A　中山競馬　最終日八日間で三億四百万円
25日A　メーデー前夜祭　芝スポーツセンター　男女約一万人集合
28日A　後楽園競輪　八百長騒ぎ　約一万二千の観衆
29日A　あすから自由販売　パン・ウドン　料理店も
30日A　都内各所とも近ごろ記録的な人出

この月、株価はなんと前年の三分の一以下の五〇円割れを更新。株価が底無しのような下落をしても、都民は三分咲きのサクラに浮かれて繰り出した。

9日の上野公園の人出はものすごく、動物園に九万五〇〇〇人、史上最高の約三〇〇件の迷子が出た。花見の行楽は都民に広く浸透し、戦前に優る年中行事となった。遊園地も、多摩川園、午前中だけで四万人（10日A）と盛況で、あまりに多くの人が殺到し、豆電車の陸橋が壊れて二六名もの負傷者が出た。

月末は好天気、天皇誕生日と日曜の連休ということもあって、都内の盛り場は人で溢れ、記録的な人出となった。

多摩川での花見酒（「ジャパンアーカイブズ」より）

◉5月　戦後の平和を享受して、レジャー気運はストでも落ちず

2日A　平和をめざす行進　皇居前に六十万人（メーデー）

4日 A 憲法三周年記念式典 皇居前広場一般観衆約一万五千参列
6日 A 「こどもの日」を祝う
7日 A 都内に禁煙区域二十四ヶ所
15日 Y 夏祭「わァ夏だ」神田明神浜町氏子連、浜町公園で花火
Y 大井競馬騒ぐ 約一万八千の観衆、中山競馬最終日 八日間で三億円
17日 A 配給辞退四万トンを突破
26日 A 東急スト百万の足止る
29日 A 京浜（京浜急行電鉄）の日曜スト
A 日米体操大会 満員の芝スポーツ・センター
31日 A 共産党主催の人民決起大会が皇居前広場で催される
A 調味料、自由販売へ十年ぶり7月1日から

1日、米を除くパンなどの主食が自由販売になる。都民は、生活に不満を言うも、着実に向上していることを実感している。「こどもの日」には、様々な企画やイベントが催され、家族連れの楽しそうな様子が紹介されている。都民のレジャーは、交通機関のストなどに影響されず、スポーツ観戦、映画鑑賞など盛んである。ただ、ギャンブルには不穏な空気が漂った（15日A）。

第二一回メーデーは、前月に高まった行楽気分を引きずるように、六〇万人という規模であった。タイトルに「平和をめざす行進」とあるように、戦後の平和を享受するもので、新聞にはスト関連の記事は多

いものの、このメーデーには殺気だった気配や混乱はなかった。

30日、共産党主催の人民決起大会は、皇居前広場に一万五〇〇〇名を集めた。この会場で米将校らが乱暴を受ける事件発生。これから起きる変化を暗示するような気配があった。

◉6月　迫り来る朝鮮戦争も、梅雨も、関係なく続く都民の遊び

2日　A　デモ取締り強化
　　　A　地下鉄スト混乱見られず
6日　A　早慶戦早大先勝す約七万の大観衆、「六大学野球　早大優勝す　六万余の観衆」（17日M）
　　　A　デモ、集会なお当分禁止
7日　A　マッカーサー元帥「共産党全中央委員公職追放」指令
16日　Y　フラナガン・デイ　後楽園コドモ二万超満員（子供は無料）
20日　A　皇居前で米軍閲兵式ジョンソン国防長官
24日　A　「プール豊島園」の広告
26日　Y　湘南早くも夏の饗宴　鎌倉一万　逗子四千
　　　A　北鮮、韓国に宣戦布告　朝鮮戦争勃発

1日、デモの取締りが強化されるなか、地下鉄ストが決行されるが混乱は見られなかった。共産主義の

脅威を、都民がどのくらい感じていたか、戦前のような恐怖感はないようだ。都民は、自分たちの生活には関心があるものの、政治にはどんどん無関心になっているようだ。4日の参議院議員選挙は、投票率は五四・七％である。それも早慶戦が中止で、「神宮球場の数万票は活きましたね」と都選挙管理委員会の観測（5日A）が付け加えられるような情況である。

月末に朝鮮戦争が勃発するが、都民に危機感は全く感じられない。映画『きけわだつみの声』や『春の潮　後編』の満員御礼の広告があり、湘南海岸は日曜になれば、もう海水浴の人出、庶民の生活は決して楽ではないはずだが、その割にはよく遊んでいる。

◉7月　朝鮮戦争と無縁に遊ぶ都民

2日Y　1日に新宿御苑が夜間開放され、「涼風追って一万」

3日Y　豊島園のウォーター・シュートを乗りに、「ざっと四万人」（2日は日曜日）

3日A　湘南方面行き電車も超満員　海水浴場もまるでイモを洗うようなにぎわい

5日A　アメリカ独立記念祭　神宮外苑　夏の夜空に描く

6日A　後楽園球場で初の夜間試合

初のナイター、毎日対大映戦（『朝日新聞』昭和25年7月6日付より）

9日A　水に涼を求めて　鎌倉はざっと五万　逗子正午すぎざっと十万　プールや川も

12日Y　11日、後楽園球場は停電となるも、巨人・松竹の試合は再開され十一時過ぎまで、「涼風追い四万五千」人もが観戦

15日A　ふんだんに出回った浴衣がけで盆踊り（14日の夕べから都内の公園、境内、空地などで賑やかに始まった）

Y　お米　戦後最大のストック　拙い配給

17日A　うだるお盆　海へ山へ人出の新記録

19日A　〝夏の夜二題〟　隅田川の川開きと松屋（浅草）屋上のダンス・パーティー

22日A　納涼ホタル狩り　浜離宮公園十万匹放つ

23日A　前年を上回る川開きの混雑　両国駅で三十余名が負傷　両岸埋めて約七十万　水上は二万　マス席四千円のサジキが満員　屋形舟は一万でも安い（隅田川の花火大会）

26日A　水上選手権最終日　古橋四百に好記録　神宮プール

27日A　お砂糖、衣料で安心　秋に生活品大量輸入

28日A　デパートは三割増　商店街の売行きも好調「夏枯れ」もどこ吹く風

前年に完成した新しい江ノ島弁天橋と夏の花火大会（「ジャパンアーカイブズ」より）

東京は平和である。

17日は「うだるお盆　海へ山へ人出の新記録」との見出しで、鎌倉、逗子海岸はともに十万の浴客がもみあい、富士山は六〇〇〇余の登山客で終戦以来の賑わい。その他にも、江ノ島が約五万、箱根が四万と続き、都内では上野不忍池にトウロウ流しが復活して約一万人の見物人、都民の遊ぶ様子が記されている（17日A）。

また、同じ紙面に十年ぶりの「三原山噴火」、アカハタの発行停止処分に続く「違反紙、更に追求」、徳田球一について「工場地帯に潜伏？」、「労組に条件提示　日立、工場閉鎖後初の団交」などが載っている。さらに一面には朝鮮戦争に関連して、「大田を包囲の構え　北鮮軍西南より急進撃」「台湾海峡を警戒」と、危機を感じさせるようなタイトルが並んでいた。

しかし、都民は朝鮮半島の緊迫感など微塵も感じていないように思える。新聞にも、レジャー自粛というような気配は見られない。

◉8月　朝鮮戦争で敗走している米国との「水の祭典」に熱を上げる都民

1日A　衣料再統制せず
3日A　お米が二十一日分　8月の配給
7日A　第三回日米対抗水上終わる　一万五千総立ちの神宮プール
15日A　終戦記念日の集会デモ都内は全面禁止
16日A　隅田川のトウロウ流し約千個のトウロウ

Y　多摩川燈籠流し　ざっと三万
19日A　ボーイスカウト大会　新宿御苑八千名夜営合宿
23日Y　後楽園球場で「ハッピー・ビア・ナイター」
28日A　海も川も、都内のプールも家族連れのカッパの群で大にぎわい
31日A　8月、東京のヤミ物価値上がり鮮魚・野菜は二倍以上

第三回日米対抗「水の祭典」が行われ、神宮プールは連日一万五〇〇〇ほどの観客によって埋められていた。西尾幹二の日記によれば、13日の都市対抗野球も、後楽園球場の内野席はぎっしりと座っていた。

終戦記念日は、集会やデモは全面禁止であったが、隅田川や多摩川の燈籠流しは前年同様に催された。

後楽園球場では、22日から「ハッピー・ビア・ナイター」（23日Y）と銘打って「（グランドから投げ入れるボールをキャッチしたら）大人に麦酒、子供にサイダー」とのビール会社とタイアップ企画、大当たりで満員が続いた。以後も、都民のレジャーは、子供たちの夏休みが終わるまで、次から次へと続いたようだ。

◉9月　戦乱と無縁な都民、秋の行楽に列車鈴なり

3日A　秋の味覚松たけ　百匁（三七五グラム）が千八百円　当分は見るだけ
4日A　配給辞退四十万トン　この一年の主食
10日A　花やかに銀座行進　ノンプロ世界野球米チーム着く

13日　A　秋の六大学リーグ開く
15日　ya　新宿花園神社縁日……踊る男女あり
　　　A　向島牛島神社〝秋祭〟
20日　A　衣料キップ全面廃止十年ぶりで自由販売
24日　A　列車鈴なり秋の行楽、どっと人波
29日　Y　日本橋デパートで「十年ぶり五百万円」ファッション・ショウ
30日　A　運動会シーズン

朝鮮情勢に不安を感じる人もいたに違いない。だが、日本人が心配してもどうにもならないことも明らかだった。都民は、新聞やラジオで戦果を知る程度で、そんなことより、今は自分の生活を守ることが何よりであるということを身に沁みてわかっていた。そのためであろうか、「秋の味覚の松茸」などを話題にし、手の届く楽しみをひたすら求めているようだ。

北朝鮮軍が釜山へ侵攻。日本からは目と鼻の先までに迫っているが、都民は、全くといっていいほど朝鮮戦争の戦況に関心がないように見える。それを如実に表すのは、米国のノンプロ野球チーム・ケープハーツ来日に対する銀座の歓迎ぶりである。ノンプロ野球　アメリカ堂々連勝　超満員（12日Y）と、ノンプ

ノンプロ世界選手権：米日代表の華やかなパレード＝銀座街頭にて（『毎日新聞』昭和25年9月10日付より）

ロ世界野球は予想通りケープハーツの優勝に終わる。その後、毎日、ケ軍破る（17日A）、巨人・ケープハーツに勝つ　後楽園四万余（18日Y）など、日本のプロチームが対戦、当然の結果に歓喜しているのが異様に見える。

◉10月　国連軍の戦勝にもレッド・パージにも関心なく、遊び歩く都民

1日　A　きょうから滑れます日活アイス・スケート場　一時間百円貸グツ五十円観覧料三十円
2日　Y　秋の人出さらう菊人形　浅草松屋一万二千人
3日　A　露天商が発足した秋葉原駅前の二階建てマーケット　半年で三倍近い売上げ
9日　A　三十八度線　米軍、探察に初突破
13日　A　人出三十万夜のお会式（池上本門寺）
14日　A　一万九十名が追放解除（レッド・パージ）
15日　ya　三軒茶屋の祭礼。街にミコシいくつも
20日　A　平壌ほとんど占領
30日　A　日展初日の入場者はおよそ七千名
31日　A　早大の優勝決る　四万近い観衆神宮球場

10月早々に、日活アイス・スケート場（芝スポーツセンター）がオープン。また、デパートの菊人形も人気で、都民の遊びが減る様子はない。

池上本門寺のお会式は、〝まんどう〟によるデモが取締られたが、人出は三〇万。その後も、秋の展覧会、行楽などが続く。

レッド・パージ（日本共産党員と支持者の公職追放）によって一万人ほどが失職した。それに対し公職追放を解除される人も同数程度発表された。レッド・パージは大学にも及び、乱闘の早大学生大会法大でも乱闘（18日A）、平穏に終る全学連スト（21日A）と、学生が騒ぐことで、都民は、何かが起こっていると感じる程度だった。

◉11月 戦争特需を反映するような街中の人出

2日Y 全教室にストーブ 小中学へ都で暖い冬

3日A 当込む〝特需〟景気強気の〝年末売出し〟

ys 芸術祭だとか、野球だとか、競馬だとか喧しい。堯男だの美智子だのまで何か音楽会のようなものをやって、静子まで出かけたが……

4日A 運動会等でにぎわう

A 続けざま観覧席へ ディマジオ歓迎シリーズ後楽園満員の盛況

7日Y 月百五十円の給食費免除三万余、都対策

12日 A 〝サザエさん〟登場 〝どっと正月おもちゃ〟

15日 A 講和と日本の再武装 朝日新聞社の世論調査

18日 A 展覧会は満員だったが、絵では食えぬ画家 日展など戦後最高記録

A こども遊園地荒川区尾久に

20日 A 都の人口調査 常住者六百二十七万人 毎月三万三千人ずつ増加

A 再開競輪の表情 後楽園の売店、酒も売行き半減二万の観衆

23日 A 日本シリーズ 神宮球場外野は約半分の入、毎日まず勝つ

A 〝二の酉〟大にぎわいの人出

24日 A 〝勤労感謝の日〟映画、遊園地は大にぎわい

A 大学ラグビー 東京ラグビー場三万を数える超満員 早、慶を破る

27日 A 東京競馬 第八日総売上二億六千二百円

29日 A 12月の主食配給1月10日分まで前渡し

行楽の盛んなことは、『矢部貞治日記』からもわかる（3日 ys）。ヤンキースのナンバーワン・プレイヤーであるジョー・ディマジオが1日来日、早速3日に、

バルコニーから挨拶するディマジオ（『毎日新聞』昭和 25 年 11 月 30 日付より）

ディマジオ歓迎シリーズを催し、後楽園は満員の盛況となった。また、六大学野球リーグの優勝はすでに早稲田に決まっているのに、早慶戦は大人気。5日の初戦が約七万、6日の二回戦は六万の観衆が神宮球場を埋めた（7日A）。

朝日新聞社の世論調査によると、講和は単独講和の方が多数。基地の提供は三〇％が賛成、三七％が反対、三三％が分からない。軍隊創設は五四％が賛成、反対が二八％となっている（15日A）。

レジャー気運は高く、展覧会にまで及んでいる。30日の朝日新聞は、展覧会入場者ベスト・テンを記し、一位は日展で、一日平均で四四八九人が入場している。二位が洋画団体で二五一七人、三位が読売アンデパンダンで一三三九人、次いで二科は五八四人、五位が院展で四五七人となっている。

プロ野球の日本シリーズ（第一回プロ野球日本選手権試合）、セ・リーグの松竹ロビンスとパ・リーグの毎日オリオンズとで始まった。初戦の神宮球場は、外野が約半分の入りで二万三〇〇〇程度の観客を集めた。第二戦は後楽園で翌日行い、三万五〇〇〇余に増加した。

二の酉は、三八万七〇〇〇名と戦後最高の人出。〝勤労感謝の日〟は、都内はどこも大勢の人が出たらしい。

◉12月 好景気を反映して街は大賑わい

1日A 原爆の使用も考慮 ト大統領重大声明（朝鮮戦争で原爆使用の危機）

A 明治座五年ぶりに再開

2日A ふるえる浮浪者収容を準備

A　砧にできる広益質屋世田谷生協

4日　A　さい末大売出ににぎわう師走の街に迷子がふえてきた

4日　A　関東ラグビー早大優勝す　東京ラグビー場超満員の観衆

5日　A　来年からソバも出前できる

A　後楽園競輪場にゴルフ練習場がオープン

8日　A　衣料来年はもっとよくなる

10日　Y　東西対抗オール・スター戦　後楽園三万

13日　A　日本経済この一年　戦乱を境に一変不況から特需景気へ

A　むかし懐しバナナ売り　一本二十円

15日　A　映画本年度の営業成績から、細雪八千万強、宗方姉妹八千万弱、雪婦人絵図七千五百万、きけわだつみのこえ七千万、暁の脱走六千万

16日　A　暴力化した「年末闘争」

A　世田谷〝ボロ市〟に人だかり、千余の屋台

22日　A　お正月用品を特配

23日　A　メリー・Xマス　子供らへ多彩な催し

24日　A　繰上げたXマス土曜日の銀座にぎわう

後楽園にオープンしたゴルフ練習場
（『毎日新聞』昭和 25 年 12 月 5 日付より）

26日Ａ　〝夜の女〟都内に五千　街でソデを引いても三千円の罰金
30日Ａ　総売上四十五億円　有卦《うけい》に入るデパート
31日Ａ　泣き?笑い?　歳末狂騒曲　安物あさる眼眼　上野駅はごった返し

都民の楽しみは、1日に明治座が五年ぶりに再開し、4日に後楽園競輪場にゴルフ練習場がオープンと、増えている。なお、ゴルフ練習場は、二〇〇ヤード打ち放し二〇打席とアイアンのフィールドも設備され、夜間も練習できる本格的なものである。利用料金は、二ダースで五〇円、貸しクラブは五〇円であった。

歳末の東京は、朝鮮戦争の戦果とは全く無縁のような活気を見せている。月初めの時点で「さい末大売出ににぎわう」（4日Ａ）と、混雑のためからか、「師走の街に迷子がふえてきた」（4日Ａ）ようである。「お正月用品　青果物下がり気味、〝数の子〟はやゝ高目」（13日Ａ）、「お正月用品を特配、味の良い黒豆など　砂糖放出でぐんとお安く」（22日Ａ）。「日本経済この一年、食料初の芋なし配給主食のヤミ値下回る」（23日Ａ）。「もて余し気味のみかん」（28日Ａ）と、これまでにない師走の風景となる。

歳末の盛り上がりの頂点はクリスマス。どうやらクリスマスは乱痴気騒ぎしても良い日との勘違いは進む一方。クリスマス・イブを祭りのピークとして、さらにその前日の23日も前夜祭のように楽しむことを始めた。「クリスマスさまざま　盛り場はごった返し　ＹＭＣＡ主催のクリスマス・パレードが警視庁音楽隊を先頭にする花自動車を練るころは、人出も最高潮で身動きもできないありさま……キャバレーやホールでは例によって仮装舞踏会など夜ふけまで乱チキ騒ぎ」（25日Ａ）。戦前もクリスマスの大騒ぎはあったが、それを上回るようになった。

『矢部貞治日記』13日に「新宿の暗い所には至るところ女が立っている。陰鬱な風景だ。」と〝夜の女〟

のことを記している。

デパートの売上げも伸びている、「一流店12月中のお客さん三百万人」（30日A）と景気が良い。

メリー・Xマス

夜の盛り場人の波

「キャバレーは当て外れ」

クリスマス・イブに賑わう新橋のキャバレー。この記事では「新宿、池袋、渋谷一帯の店にはさっぱりお客の姿がない」と報じている（『毎日新聞』昭和25年12月25日付より）

昭和26年（1951）

──都民の生活は安定し、レジャーへの関心高まる

日本は、9月、サンフランシスコ平和条約締結によって、ソ連などを除く連合国諸国との戦争状態を終結させた。とはいうものの、日本は自国を守る自衛権を行使する手段がないので、日米安全保障条約を締結した。また、世界保健機関（ＷＨＯ）や国際労働機関（ＩＬＯ）などの国際機関への復帰や加盟が承認された。

国内の景気は、朝鮮動乱の特需に支えられ、庶民も生活の向上が実感できるようになった。そして、国民の食料難は、質を問わなければ量の面ではほぼ解消された。ただ、停戦交渉が進むにつれ、特需は減少、繊維関連をはじめ不況色に彩られた。それでも、日本経済はどうやら自立の方向へ向かいはじめた。

主な出来事としては、4月、国民が絶対的な権限を握っていると思っていたマッカーサー連合国最高司令官が解任された。また同月、京浜東北線桜木町駅で国電が炎上し、一〇六人が死亡した。10月、日本航空が設立され、戦後初の民間航空機「もく星号」が就航した。

都民の生活は、終戦直後からすれば格段に良くなっているが、楽になったという実感はあまりないようだ。レジャーも同様で、楽しみが増えたというゆとりは見られない。相変わらずギャンブルは盛

況で、競輪競馬の人気はさらに高まり、新たにパチンコが大流行。行楽活動は、上野動物園をはじめ都内の行楽地の来訪者は増加し、近郊から郊外へと行動圏が広がった。スポーツ観戦は、野球に加えて相撲はもちろん、ボクシング、プロレスとさらに盛んになった。

都民の日常的な楽しみとしてはラジオ、『第一回NHK紅白歌合戦』『さくらんぼ大将』『夢声百夜』『三つの歌』『鞍馬天狗』『歌のない歌謡曲』『バイバイゲーム』『チャッカリ夫人とウッカリ夫人』『明るい茶の間』などの放送が始まった。また、民間のラジオ局、ラジオ東京が開設され、さらにラジオの人気は高まっていった。

映画の封切り本数は、洋画が邦画より多かったが、興行成績では、邦画初の一億円を超える『源氏物語』（一億四一〇五万円）、『大江戸五人男』（一億二五六九万円）が出た。その他の邦画として、『馬喰一代』『銭形平次・恋文道中』『麦秋』『続 佐々木小次郎』『完結 佐々木小次郎』などがある。洋画は、『白昼の決闘』（八二三二万円）がトップで、他に『わが谷は緑なりき』『バンビ』『邪魔物は殺せ』『アニーよ銃をとれ』『サンセット大通り』『黄色いリボン』などがある。

流行歌としては、『アルプスの牧場』『越後獅子の歌』『えり子の唄』『銀座のリル』『高原の駅よさようなら』『トンコ節』『上海帰りのリル』『僕は特急の機関士で』『街の子』『ミネソタの卵売り』などがある。流行語には、アジャパー、エントツ、親指族、逆コース、三等重役、社用族、スチューワデス、老兵は死なず、ワンマンカー、GI刈りなどがある。

◉1月　正月の盛り場は戦後最高の人出

1日 A マ元帥年頭の辞　自衛の法則が優先
A 除夜の鐘　早や初参り
4日 A 街は春・好天に人波
A スキー場は大にぎわい
6日 A 動物園も大入り〝快晴正月〟で空前の人出　五日までに十三万人、新記録
7日 A もうけの新記録　後楽園競輪・大井競馬
10日 A 〝あがり〟にホクホク、浅草は戦後最大の人出七日間に四百万、六区映画街の二十三館は連日満員で8日ついに入場者百万を突破　六十八万円のオサイ銭
12日 Y お米のヤミ値下る　東京でも百二十円
24日 A 〝民営米屋〟の登録選挙終る「旧公団系」が圧倒的　都二十三区平均九割を上回る
A 二日間で千個以上寒さで水道管破裂
31日 A 〝タナざらえの売行き上々〟都内各デパートで総額二十億円から売上げ

前年にも増して素晴らしい正月を迎える。初詣の出足も上々。都内の人出はもちろん、鎌倉に二〇万人以上、成田山にも「ザット十数万」が訪れ、寺社はホクホク（3日A）と報じている。3日は、好天に恵

まれ、新宿駅の三が日の乗降客は一五〇万以上、上野・池袋が約一三〇万、明治神宮では三日間に約七〇万。都心の人波は銀座、新宿、浅草、上野、池袋など盛場へ〳〵と移動、飲食店や甘味店などはどこも満員（4日A）であった。

人出はどこも新記録、スキー場は7日まで旅館は満員、上野動物園は明治15年開設以来の記録、後楽園競輪は平均二万五〇〇〇の入り、芝スポーツセンターのアイススケート場には三が日に平均五〇〇〇人入場、なかでも浅草は、お賽銭、映画館など興行街が大盛況であった。人出の勢いは以後も続き、中山競馬五日間売上二億一二〇〇万円（15日Y）、大相撲春場所は初日から大入り（15日A）、連日盛況で、照國の全勝優勝で終わった。

◉2月　大雪にレジャー気運落ちる

1日　A　講和景気にわく兜町
4日　A　野菜あふれるこの分では3月危機
5日　A　豆まきににぎわう
　　　Y　深川不動　人波に倒され　豆拾い負傷
6日　A　米買いだめ無用
　　　A　街はケイ光灯ばやり　お値段は相当なもの
8日　A　飲食店衛生調査　十五万軒の五万軒調査　落第が二千軒

9日 A 民営米屋千四百軒ふえる
11日 ro 帝劇（越路吹雪出演初のミュージカル）、返り初日で、今日は景気よく客一杯
12日 Y ラジオ放送　広沢虎三　十八番浪花節『石松卅石道中』
13日 A 試験勉強で図書館は満員
15日 A 猛吹雪東京に荒れ狂う　積雪三十センチ
16日 A 荒れた大雪のあとダイヤもやっと平常へ

街は好景気の余韻を残したままで、それを反映するかのように派手な豆まきが催された。護国寺や増上寺、本門寺では力士や野球選手を、浅草ではストリップの踊り子まで登場する騒ぎであった。朝鮮戦争の特需で、経営者は羽振りが良くなったが、労働者にはまだその恩恵が十分に浸透していない。

中旬には大雪で東京の交通網が寸断され、国会は流会、証券取引所立会も停止という首都機能麻痺。都民は後片付けに労力を取られ、遊んでおれないこともあって行楽気運は後退したようだ。

右：『モルガンお雪』を演じる越路吹雪と古川ロッパ（『画報現代史』第10集より）
左：猛吹雪の翌日、スキーヤーで溢れる上野公園（『画報現代史』第10集より）

◉3月　彼岸とともにレジャー気運再び盛り上がる

4日A　きょう開くアジア大会
5日Y　日本アンデパンダン展賑う　入場者六千名を超す
7日A　外米検査規定改正不合格品は返送　菓子や飼料にも回す
10日A　三原山が大噴火
13日A　シメて八百万円　豪華な「春の装い」ファッション・ショウ
14日Y　「春光を切って」隅田川のボート賑う
19日A　春に浮かれて日曜・彼岸入りの人出　上野動物園　正月以来の人出で五万
21日A　物価上昇弱まる　戦乱直前の六割値上げ
22日A　「春分の日」百万の人出
26日A　ニセ札事件、一挙に解決　元将校ら十名　一千万円偽造
　　Y　新宿、上野など　きのうの人出百万　江ノ島空前の賑わい二万五千余
30日Y　セ・リーグ公式戦開く　平日だったにもかかわらず満員

新聞は、インドのネール首相が提唱した「アジア競技大会」での日本選手の活躍を逐次掲載。成績は、陸上種目二〇種、自転車四種目で優勝し、戦後日本の存在を示した。

特需景気を反映するような豪華なファッション・ショーが日本橋のデパートで開催され、都内にはニセ千円札が多数出回るなど、好景気を示すような記事が続いた。急に羽振りの良くなった人もいるが、大半の都民は物価の急激な高騰について行けず、好景気を肌身に感じていない。

春の兆しが感じられると、行楽活動が再開。春分の日には、もう一〇〇万人もの都民が戸外に出歩き始めた。あとは、サクラの開花を待つだけというムードが満ちわたった。

◉4月　地方選挙と花見が相まって都内は大騒ぎ

2日　A　〝夜桜〟にも人出　三分咲きの上野は約十万人の人出
　　　Y　マチス展へ六千人（上野・国立博物館）
4日　A　問屋街はしょんぼり　〝糸へん景気〟ガタ落ち
6日　A　米食はどこの店でも　来月から外食券引換えに
9日　A　〝人の花〟迷子も六百　きのう今年最高の人出
12日　A　マックアーサ元帥を解任
15日　A　六大学野球リーグ開く　早慶まず勝つ
16日　A　日曜の十国峠、重なる惨事　花見客二十五名負傷（熱海と箱根を結ぶ峠で自動車事故）
24日　A　区会議員選挙の投票率、戦後新記録七十七％
30日　A　一般参加者約五万人（天皇誕生日）

1日、サクラはまだ三分咲きなのに、花に誘われ大勢の人が出かけ、上野では動物園の迷子三五人（2日A）とある。また、ハイキング客が多い新宿駅は五五万、上野駅は三五万の乗車客、浅草三〇万のほか各興行街も（2日A）、春第一弾の大変な人出である。

クライマックスは8日、動物園十万の入り　浅草は三五万六区の映画街、劇場は全部満員御礼　三越本店の一〇万　新宿御苑も一〇万（9日A）。「どこも賑わっていたことは、花祭り。東京じゅう芋をあらうごとし」（8日ya）、「何よりも人の多いのに驚く。皆酒を飲んで浮かれている。河原で弁当。ほんの少し酒。それから土手を歩いて多摩河原橋を渡り、又京王閣のところに出て、アイスクリームを喫し、駅前で子供がボートに乗る」（8日ys）と、山田風太郎と矢部貞治が日記に記している。なお、これまで公表されなかった三越本店の来店数が示され、デパートが大衆のレジャー・スポットとなったことを認めるもので、戦後ならではの現象である。

解任されたマッカーサー元帥の評価はともかく、離日を惜しむ人々「沿道に無慮二十四万人」（17日Y）と、人気を示した。

身近な選挙ということで、区会議員選挙の投票率は七七％と非常に高かった。山田風太郎は20日の日記に「選挙宣伝の狂気沙汰最高潮」と記している。都内は選挙運動一色に沸きたつ中、都民のレジャー気運にもその余韻が残っていた。

天皇誕生日の参詣者は多いものの、28日の新聞に「皇居前メーデー禁止」が載る。3月の輸出認証額は戦後最高（9日A）がある一方、朝鮮戦争の特需も「〝糸へん景気〟ガタ落ち」と、一部

昭和 26 年 4 月、花見客で賑わう上野公園。中央の竹の台広場に噴水ができる前の様子（『上野公園とその周辺　目でみる百年の歩み』より）

では景気に陰りが出てきた。また、「桜木町駅・国電火を噴く　乗客九十九名焼死」（25日A）と、都民のレジャー気運に不安を感じさせる記事が報じられている。

◉5月　メーデー盛りあがりを欠く、都民のレジャー気運は徐々に低下

1日A　四万の大観衆　神宮球場　慶、立が先勝（六大学野球）
A　都知事、都議会議員選挙投票率六十五％
2日A　日本占領の方策を緩和
A　メーデー都内各地で約十万、総評系「知らぬ顔」
ys　マチス展を見る
4日A　憲法きのう四周年　皇居前で記念式典　約二万参集
6日A　楽しかった一日　どこも笑顔で埋まる
13日A　早くもプール開き　水　今のところタップリ
Y　江戸っ子の夏　下谷神社の祭礼賑う
17日A　女も氏子だ　ワッショイ　神田祭女群の〝みこし〟も
A　来月から〝天引き〟勤労所得者の区民税
22日A　白井、判定で負る　対マリノ十回戦　後楽園特設リン

日本橋・椙森神社の女みこし
（『画報現代史』第10集より）

グに二万五千のファン（ボクシング）

26日A　底なしの〝糸へん暴落〟

第二二回メーデーは、皇居前広場が使用できないため、総評系の団体は不参加。気勢を削がれたメーデーは、芝公園など都内各所で分散して催され、約一〇万の参加。これまでのような家族連れが目につくメーデーではなく、共産党系の催しとなり、お祭り気分は一掃された。

都民の行楽活動は前年同様盛んで、こどもの日まで家族連れによって盛り場や行楽地は賑わった。それ以後も、「全日本柔道選手権　メモリアル・ホールで一万三〇〇〇余の観衆」（6日A）、「東京競馬　六日間売上六億五五〇〇万円」（7日Y）、「早慶対抗ボート・レース　慶大三連勝す　両岸と橋上を埋めた十数万の観衆」（13日A）と続く。「後楽園相変わらずのファン」（7日A）、「後楽園　巨人阪神戦　四万五〇〇〇の超満員」（14日Y）。「相撲夏場所、中日の日曜は立すいの余地のない満員」（21日A）とあり、スポーツやギャンブルなどはそこそこの人出はあるが、都民のレジャー気運はやや下降ぎみ。

◉6月　スポーツを除き、都民のレジャーは不振

2日Y　毎夜五千匹の蛍で赤坂弁慶畔の賑い

3日Y　浅草象潟《きさかた》一帯（現・浅草三～五丁目）のお富士さま植木市

4日A　日本ダービー五万以上の大観衆

5日 A 第二十三回早慶対抗水上競技大会、神宮プール七千の観衆
10日 A 東電、一割の節約を各戸別に懇請
11日 A 八王子織物不況 千余工場が操業停止
12日 A 第十六回日立明（日本・立教・明治）三大学対抗水上競技大会、神宮プール約一万の観衆
16日 A ボーナス 万円台の百貨店、銀行 激しくなった高低の差
19日 A 大学野球優勝決定第一戦 早大、立大を破る 神宮球場五万に近い観衆
20日 Y 隅田川で夕涼みの客溺れる
22日 A 早、延長戦で勝つ 神宮球場観衆は約七万を数え 対慶応
25日 A 砂浜で海水浴気分 鎌倉海岸（海水浴場開きは一週間後）
26日 A マリノ、堀口を技倒 ボクシングフライ級 後楽園で熱心な二万のファン
29日 A 山小屋一泊が百円、1日からキャンプ場など店開き
30日 A 二千人の盆踊り 駒澤大学校庭で 東京で一番早いと、ご自慢のもの

15日の朝日新聞に「3月始め以来頭打ちとなった物価は5月に入ってます〳〵中ダルミ傾向が強くなり……下落、朝鮮動乱以来始めてのこと」とある。銀行など一部には景気の良いところもあるが、多くの庶民は不景気と感じているようだ。

世界王者のダド・マリノが堀口をTKO（『画報現代史』第10集より）

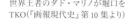

そのため、街の活気は衰え、都民のレジャー気運はあまり高くない。それでも、学生が中心となるスポーツは盛んで、新聞を賑わせている。

◉7月　花火、海水浴などに活気

1日 Y 東西対抗陸上　ナイルキニックスタジアム（明治神宮外苑競技場）に観衆三万
4日 Y 米国独立前夜祭に十万人　賑った神宮外苑
7日 ya 街に青竹色丹柵つけてゆれている。お中元大売出の旗のぼり、チンドン屋
8日 A 納涼カーニバル　水上動物園不忍池で「う飼い」8月5日まで　入場料二十円
　A プロ野球オールスター戦、二回戦セ軍再び勝つ
9日 Y 浅草ホオズキ市　店二百五十軒
　A 東京競馬最終日　総売上三億三千八百四十六万九千九百円
10日 A 第二回早慶サッカー・ナイター　神宮競技場で五千のファン
11日 A ついに五千名突破赤痢

昭和26年7月、上野水上動物園カーニバル（『上野公園とその周辺　目でみる百年の歩み』より）

13日　A　衰えぬユカタの売行き
　　　A　「ヒョウタン池」身売り、浅草観音の本堂再建資金に埋立てられるヒョウタン池
17日　A　日米陸上青空の神宮で開幕　神宮競技場八分の入り
19日　A　主食まず来月から　五人世帯で五百五十一円増し　秋待たず「値上げ」始まる
22日　A　夜空彩〝二百万円〟人出ザッと七十万　四寸玉六千発仕掛け六十五台（隅田川花火大会）
23日　A　ゴム・ボート大はやり　鎌倉海岸十万人以上の人波逗子十二万人迷子六十八人
24日　A　〝夕涼み〟芝浦の竹芝さん橋　水辺の涼を慕う人
29日　A　日米対抗レスリング　両国メモリアル・ホール
31日　A　後楽園競輪場でボクシング　マリノ判定で勝つ　対後藤戦　一万数千の観衆
　　　A　パンなど値上げ1日より

都内のイベントは、疫痢が流行する中でも続いた。月末までスポーツ観戦は盛ん。

海の家が設営された藤沢・片瀬海岸（「ジャパンアーカイブズ」より）

「きのう暑さ・人出とも最高」（30日A）と、暑さは日に日に増すなか、夏休みの恒例行事となった海水浴は、29日の日曜、逗子が二〇万突破し迷子が一四〇人、葉山が一〇万、片瀬海岸も一〇万で迷子が六〇人、鎌倉は一五万で迷子一〇〇人、そして房総海岸にもザッと一〇万人の人出、家族連れでどこも賑わった。

◉8月　残暑続き、夏のレジャーも続く

1日A　きょうから主食を値上げ
5日A　鎌倉カーニバル開く
10日A　干天すでに二十三日
11日A　ふくれる人口六六八万一六八一人　1月から二十二万人ふえる
12日A　娯楽街に〝ダニ〟　ダフ屋
13日A　水死、二百名を突破
15日A　〝水も歓迎・木場のミコシだ〟　深川祭
19日A　のさばる〝社用族〟　接待名義で散々飲み食い
25日A　〝浅草公園〟ゆかりの名消える（都が借りていた土地を浅草寺に返還するため）
26日A　大川端で虫の会　向島百花園毎夜十時まで

山田風太郎は、一月間の生活費を日記に記した。主なものの値段をあげると、タバコ光三〇円、ザルソ

バ二〇円、サイダー三〇円、玉井七〇円、卵一三円、醤油一升一三〇円、豆腐五円、風呂一〇円、映画七〇円、ラムネ一五円、週刊朝日三〇円、カレーライス一〇〇円、ビール一二五円。1日から主食が値上げとなったのを契機に書いたのではないかと思われる。

この月、雨らしい雨が降ったのは、旧盆過ぎの23日の一日だけ。連日の暑さで、水の事故が多発している。水死者の半分が子供である。都内には、いたるところに危険な水遊び場があった。夏バテの人も多かったが、都内のレジャーは、盆踊りや花火はもちろんのこと、野球観戦、映画などはそこそこの盛況を見せた。

◉9月　秋のレジャー始まる

11日 A　四百万円宝くじ売り出す

15日 A　まだ残る〝悪の芽〟再開競輪8月の売上げ五十億

A　米式フット神宮競技場初ナイター　五千のファン

17日 Y　六大学野球開幕　四万五千　明、早に先勝

19日 A　メニューヒン演奏会　日比谷で　初日二千七百の聴衆

22日 A　秋晴れの彼岸の入りに運動会

24日 A　箱根に人出五万

25日 A　二日つゞきの連休に温泉、観光地は大にぎわい、どこも超満員

日比谷公会堂でのメニューヒン第1回演奏会（『画報現代史』第11集より）

28日 Y 後楽園競輪場で日米対抗ボクシング 万余のファン歓声
28日 A 大井競馬に警告 度重なる八百長さわぎ
29日 ya 東京のパチンコ屋の繁昌
30日 Y 浅草松屋で菊人形展きょう開幕

景気はあまり良くないが、都民のレジャー気運は意外に高い。一部の人は豪華な温泉旅行に出かけているが、大半の庶民はお金をかけずに、家族連れで身近のところで遊んでいた。また、ギャンブルは依然と盛んで、過熱気味でたびたび騒ぎを起した。

山田風太郎は29日の日記に「このごろ、東京のパチンコ屋の繁昌恐怖に値す。三軒茶屋にも幾十軒あるか見当つかず、渋谷新宿またしかり」と。続いて「碁将棋麻雀よりも亡国的遊びなり。低能でもつとまる遊戯なればなり、衰退もまた早かるべし」とある。そのころ、筆者も銭湯の帰りに親父に連れられてパチンコ店に入った記憶がある。小学校でも、同級生の大半がパチンコをやったと話しており、子供たちから見ても魅力ある遊びに映ったのだろう。

◉10月 プロ・レスリングが始まる

1日 A 初のプロ・レスリング 両国メモリアル・ホール満員
Y 東京競馬 八日間売上 四億四千四百万円

4日　Y　新宿まつり　賑やかに幕開く
5日　A　NHKテレビ正式に放映　5日から金・土曜の二日
6日　Y　ハゼ釣りに賑わう第三お台場
7日　a　秋晴れ、各所で運動会
8日　A　中山競馬騒ぐ　人気馬が出遅れて
11日　A　皇居前の〝行商〟一掃
　　a　サンマ大はんらん　値も下り
13日　A　五十万の人出にぎわう夜のお会式（池上本門寺）
　　a　日本シリーズ　後楽園　試合開始前約四万を数え満員　巨人・南海
14日　a　行楽はオジャン　平日以下の閑散ぶり
17日　a　日米庭球大会始まる　満場酔う
18日　a　靖国神社秋季例大会始まる　お参りは約十万人と推定
20日　A　日米野球第一戦開く　午前中に早くも約三万の観衆
21日　a　一夜で交通事故三十二件
22日　A　第二戦雨天決行の叫び声に試合開場前には満員
29日　A　プロ・レスリング初出場の力道山引分　メモリアル・ホール　観衆四千

新しいスポーツ観戦、プロ・レスリングが始まった。ボクシングより激しい戦いに興奮するプロレスに、人気が集まるのは時間の問題だった。月末には、プロレス全盛を築く力道山が相撲を引退してリングに立つということで話題となった。

池上本門寺のお会式は、五〇万人の人出。筆者も身動きできぬくらいの大城通りから池上通りへと、万灯を追ったことを記憶している。一週間後に、鬼子母神のお会式　人出約一二万（19日A）もある。

巨人と南海で争われたプロ野球日本シリーズは、毎試合満員、巨人の優勝で終わる。そのすぐ後に、日米野球が始まる。全米チームは、来日した日にパレード、銀座で大歓迎を受け黒山の人だかり、一〇万人が渦巻いた（18日Y）とある。試合は、全米チームが圧倒的な強さを見せつけ、日本チームは足元にも及ばない。それでも大勢の人が押し寄せ、野球人気の高さを改めて示した。

昭和26年10月25日、羽田から伊丹へ向かう民間航空再開の第1便、日本航空の「もく星号」（「ジャパンアーカイブズ」より）

◉11月　秋の行楽、人出は戦後最高か

1日A　国鉄貨物運賃の三割をはじめ、電話、電報、郵便などが一せい値上げ
2日A　『源氏物語』公開
3日A　各地にドッと人出

a　早慶野球戦　七万の観衆
4日 A　温泉　大にぎわい熱海、伊豆、箱根・湯河原、塩原、那須、鬼怒川・川治、伊香保、水上、
久方ぶり秋晴れ　連休中に目立つ四万台の車
a　秋晴れ　写生一万人の日米豆画家大会
5日 a　〝一のトリ〟にぎわう　だが売れるのは小型のクマ手　三、四十万になるとみられる
6日 A　銀座で大うかれ　優勝祝う慶大生
8日 a　今年の展覧会　一日平均日展三四五五名　マチス展三四五〇名
11日 A　日米親善野球全セ軍惜敗　神宮球場で満員の観衆
12日 A　全日本完封さる　神宮球場満員の観衆
16日 a　都内のパチンコの増加率は　日に三十台平均　子供月二千名も補導
18日 A　お米のヤミ値下る　薪、練炭などは上る
A　全日本軍四敗す　後楽園
19日 A　巨人軍引分け　神宮球場
24日 A　関東大学ラクビー早大、慶大に辛勝　東京ラグビー場満員
26日 Y　東京競馬　八日間売上五億九千百万円
30日 A　新宿露店　今夜をかぎりに四十余年の歴史閉づ

映画鑑賞は多かったとみられ、2日『源氏物語』、6日『風雪二十年』、22日『大江戸五人男』、23日『めし』など公開が続き、邦画では『源氏物語』（17日a）、洋画では『サンセット大通り』（10日a）が人気で三週ロングランとなっている。

賑わう温泉は、近郊温泉地へと行動半径が広がった。

展覧会は一二展もあり、合わせて一日平均で一万一八一八人もが訪れているらしい（8日a）。

スポーツ観戦も盛んで、野球は、早慶戦を初め、日米親善野球で沸き、米選抜軍にちっとも勝てないのに満員が続いた。他にも、ラクビーや競馬などの観戦も大勢の人が詰めかけた。なお、「小学生の競輪狂い　後楽園で少年六十一名を補導」（6日a）することも発生していた。

GHQ司令で立ち退きとなった露店（闇市）に代わり、新宿駅東口に開設された特設マーケット（「ジャパンアーカイブズ」より）

◉12月　歳末の景気は堅実、都内の人出も堅実

3日A　関東大学ラクビー　明大、早大を破る　東京ラグビー場超満員

　　A　スウェーデン再勝、対全日本サッカー　神宮競技場観衆約二万

5日A　「歳末売出し」早くも白熱戦

6日a　少年雑誌あふれる　戦後最大の部数七百八十万に（『少年クラブ』『少年』『少年画報』他）

13日A　あわて騒ぐカツギ屋　三百六十五表押収（闇屋の摘発）

16日A　賞品が高すぎる　パチンコ屋に警告（百円以上　チョコレートなど禁制品）
17日Y　中山競馬　六日間入場者　三万二千四百人
18日a　三越ストに入る　四十八時間　新宿支店・予備隊で強制解散
23日Y　土曜日夜の銀座　Xマス気分　人波五十万
25日A　ラジオ東京　けさから本格放送

12月に入り、前年のような盛り上がった歳末気分はないものの、「盛り返した婦人の和服　売行き昨年の二倍に」（4日a）、「歳末売出し　実用、品質本位へ、お客の買いっ振り　オモチャも売れる　売行き最高は衣料品」（26日A）、「売上七十億を突破か　百貨店の年末景気　都民一人千円の買い物」（28日a）と、都民生活は着実に向上していることがわかる。

クリスマスの騒ぎは、「Xマスイブ人波に　交通事故三十九件」（25日A）と、前年と変わらず盛り上がっていた。都民のレジャー気運は、映画の観客が少ないものの（前月より一二〇万人減）、スポーツ観戦、演劇はそこそこの入りがあった。古川ロッパの31日の日記には、「日劇『笑う宝船』……客は、ぎっしり入ってゐる……露店は今日限り銀座を追はれるさうで、商人たちはまるで元気がない」とある。これで、二十三区内の露店はすべて常設することを禁止された。これでまた一つ戦後の風景が消えることになった。

昭和 26 年 12 月 24 日に放送を開始した民間放送・ラジオ東京の街頭録音風景（『画報現代史』第 11 集より）

昭和27年（1952）——不景気も、オリンピックを機にレジャー盛んに

昭和27年は、2月に日米行政協定調印、4月にサンフランシスコ平和条約・日米安全保障条約発効と、日本が独立国として歩きだし、新たな局面に向かう年である。しかし、現実には占領時の米国依存から抜け出せず、さらに深めるようになる年でもある。国内の景気は、朝鮮戦争の特需が減少し、不景気感が浸透した。正月からあちこちでデモが行われ、また、頻繁にストが計画された。「青梅事件」「東大ポポロ劇団事件」など不穏な世相を背景に、5月には「血のメーデー事件」が発生する。その他にも、3月に十勝沖地震発生、4月には「もく星号」三原山遭難事件などが起きる。

7月、ヘルシンキでオリンピックが開催されると、お祭騒ぎに浮かれるように、夏のレジャーも活発になった。8月の衆院の抜き打ち解散で、都内は選挙運動で騒然となったものの、秋の天候に恵まれ、都民のレジャー気運は盛り上がった。11月に入ると電産・炭鉱ストなどのニュースが続き、12月には停電まで起きて、何かと気落ちしそうなものなのに、どういうわけか都民は明るい。秋の行楽が盛んなまま師走に入り、歳末の買い物気分も高まり、盛り場はデパートを中心に戦後最高の好景気となった。

庶民の日常レジャーはラジオ、新番組として1月に『演芸独演会』『アチャコ青春手帖』が始まる。

4月に入ると、ラジオ東京が『素人うた合戦』をＮＨＫの『のど自慢素人演芸会』と同じ時間帯で放送。また、『リンゴ園の少女』『新諸国物語』『君の名は』『黄金のいす』などの放送が始まる。『半七捕物帳』『人生劇場』『西遊記』『向こう三軒両隣』『三銃士』『三つの歌』『ユーモア劇場』などに加え、7月に入ると、ヘルシンキ・オリンピック大会に関連する放送が連日のように流れた。

これらの人気ラジオ番組『リンゴ園の少女』は、11月に映画化され、主題歌『リンゴ追分』が流行する。『君の名は』も翌年映画化した。その他の主な邦画は、『ひめゆりの塔』『お茶漬の味』『ひばり姫初夢道』『夏子の冒険』『波』『学生社長』『銭形平次捕物控』『からくり屋敷』『ハワイの夜』『現代人』『千羽鶴』などがある。洋画では、『風と共に去りぬ』『誰がために鐘は鳴る』『にがい米』『天国と地獄』『第三の男』『チャップリンの殺人狂時代』『セールスマンの死』『巴里の空の下セーヌは流れる』『地球最後の日』『コルト45』などがある。

流行歌としては、『テネシー・ワルツ』『リンゴ追分』『ゲイシャ・ワルツ』『お祭マンボ』『ああモンテンルパの夜は更けて』『びっこの七面鳥』『赤いランプの終列車』『憧れの郵便馬車』『灯』『山のけむり』などがある。流行語は、エッチ、黄変米、恐妻、パンマ、風太郎（プータロー）、見てみて・聞いてみてみ、ヤンキー・ゴー・ホーム、李ラインなどがある。

◉1月　都民は正月気分を満喫

1日 ro 『笑う宝船』開く。客。大満員

3日 A 初参りにドッと人出
A 東西大学ラグビー 東京ラグビー場約一万
6日 ro 日劇へ着く、流石此の天気では、客足も薄し
8日 A 関東大学駅伝、早、十八年ぶりに優勝
a 『新宿夜話』正月らしさ満足 正月の歌舞伎座
11日 Y 新装の金刀比羅様（虎ノ門）に善男善女五十万人
13日 A 春場所初日さじきは満員、大衆席も八分の入り
sa 初めてパチンコに興ず
15日 a 消防出初式 観衆約三万 皇居前広場
17日 a 今やメータク、ハイヤー時代 都内を走る六千台
19日 a 都内三カ所のリンクはこのごろ大入り（アイススケート人気）
31日 Y 1月1日現在、五九〇万七五〇〇人（東京都人口）

元日の皇居一般参賀は、天皇の喪中のため取りやめだが、「七十年ぶり暖かい元日 初詣でも新記録」（3日Y）。明治神宮は、1日は七〇〜八〇万人で2日も二〇万人は出たという記録的な人出。その他の人出も、成田山は2日までに約一三万、川崎大

右：戦災で甚だしい損害を受けたが、復興し活気を取り戻した歌舞伎座
左上：華やかな正月の観劇風景、左下：勧進帳の花道（『大東京写真帖』より）

師も二五万を超え、三日間で四〇万の予想という。鎌倉の鶴ケ丘八幡宮は元日約三〇万、1日は約一五万とある。浅草は前年より三割減と言いながらも、二日間で六〇～七〇万に達すると予想され、正月の人出は、大半が前年以上であった。映画館も九一一万人もの入場者があり、大盛況であった。

大相撲春場所は、色とりどりの「相撲のぼり」が復活した新装の蔵前国技館で開幕、初日から満員。都民のレジャー気運は落ち込んでいないと見え、「ヒイキ筋も復活　好景気にわく国技館」（15日A）、大相撲春場所四日目　ギッシリ満員（16日A）、大相撲十二日目も相変らずの満員（20日A）と千秋楽　満員の場内　羽黒山全勝優勝（27日A）まで続いた。

佐藤榮作もパチンコをする（13日sa）。「パチンコ屋都内ではすでに五千軒をこえたという」（14日A）。

若者にアイススケートが流行、三カ所ある都内のアイススケート場はどこも人で溢れていた。

◉2月　天候不順でレジャー気運沈む

4日Y　両国メモリアル・ホール　日比交歓バスケット第二戦　超

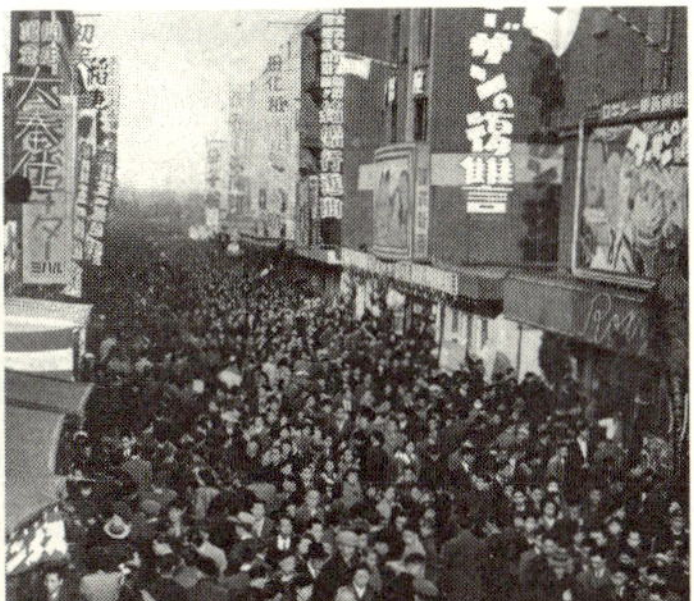

右：浅草六区　正月の雑踏、左：浅草・松竹国際劇場の名物東京踊り（『大東京写真帖』より）

満員の大観衆

9日 a 増上寺で年男三百名の豆まき
Y 『ヤットン節』1月発売六万五千（三十万枚の大ヒットとなる）

10日 a シリ上がりの大入り 新国劇『宮本武蔵』明治座
A 白井タイトル守る 浅草蔵前の国技館で約一万三千の超満員の観衆（ボクシング）

22日 Y 都内各所で日共さわぐ

24日 A 浅草公園 奥山の老木全部を伐採

26日 a 学生に人気 自動車関連アルバイト

27日 a 都営住宅申込みに新記録 田端は七百倍

この月は、なんと九日も雪が降った。都民は雪の片づけに追われ、道はぬかるみ、レジャーで外出どころではなかった。映画館の入場者は、前月より二六三万人も減少。また、19日の青梅線の貨車暴走事故、20日の東大ポポロ劇団事件、都内各所で反植民地闘争デモなどの不穏なニュースが紙面を占め、レジャー気分は沈滞した。

2月21日より日本橋三越で「奈良春日興福寺国宝展」が開かれる。

右：芝・増上寺の豆まき（『大東京写真帖』より）
左：デパートでの「奈良春日興福寺国宝展」（『画報現代史』第12集より）

この頃より、大新聞社の主導で奈良、京都の社寺の宝物を都市のデパートで公開することが流行し、人を集めた。

◉3月　春の到来に合わせてレジャー気運がやや上向く

8日Y　有楽町に日劇ミュージックホール開場　カジノの妖星　レスリー登場
11日a　団之助大当たり　歌舞伎座の吉・猿・三一座
12日A　砂糖、大幅に値下がる
16日a　春日和のにぎわい　都内は親子連れで　近郊にアベック組
18日Y　読売旗争奪　巨人優勝　後楽園四万余
21日a　春分の日陽気に浮かれ出る　墓まいりや気の早い潮干狩
24日A　紙芝居　街頭に立つ業者は約二千名
31日A　案外寂しい温泉場　上野駅乗降客六十五万人　東京駅九万五千人　新宿駅六十万人

雪は3月に入ってからも10日に降り、春らしさが感じられなかった。それでも彼岸に入ると春日和に誘われ、都民も行楽に出かけ始めた。春分の日は、上野駅九〇万人の乗降客、豊島園・多摩川園・向ヶ丘遊園地に、それぞれ三万人が入園した。都内だけでなく、潮干狩りなどで近郊も賑わったようだ。なかでも21日の上野動物園（22日A）は、ライオン・サーカスが催され入場者約五万人、迷子が一〇〇人も出た。

東京競馬八日間の総売上五三〇〇万円（31日A）。

月末の日曜は、そこそこの人出はあったものの、温泉地は客が少なく、「3月危機を反映してか金はちっとも落さず」（31日A）と解説している。

◉4月　天候に左右されながらも都民のレジャーは盛ん

1日　A　車内清潔化へ「南京豆」の駅売り中止
2日　Y　サマータイム制廃止　参院労働委も決定
　　a　帝国ホテルのファッションショウ　補助席の出るような盛況
6日　a　二分咲きで〝花見酒〟どっと繰出す人波　お花見やハイキングの人出　千葉方面潮干狩りなどに二万人
8日　a　小石川護国寺　花祭りの大名行列
10日　a　遭難機、三原山で発見　全員の死亡を確認（日本航空機「もく星号」墜落）
11日　ys　オールアメリカンサーカスを見に行く。……国技館。とにかく面白かった
12日　a　六大学野球花やかに開幕　慶応は全員安打
13日　a　スト乱調　参加は三十万人
　　a　花は名残の人出
28日　ro　ターキーと僕が司会者で出る。客は大満員だが一回目は全部招待　二回目大満員

28日A　独立の日を迎う「平和条約」発効
29日a　天皇誕生日　二重橋は人の波
30日Y　洗足池畔の火渡り祭

6日、サクラの開花を待てない都民は、二分咲きでも花を求めて大勢が出掛けた。13日の日曜は、暖かい日が続き名残りの花見となる。強風という悪条件にも負けず、三〇〇万人もの都民が出かけた。上野動物園に六万人、豊島園には午前中五万人と行楽の中心は家族連れ。迷子の数も、動物園が七〇件、豊島園が六〇件、多摩川園が一五〇件となり（14日A）、園内の混雑ぶりが伝わってくる。その次の日曜日も、「つれなし〝春の強風〟折角の行楽もオジャン」（20日A）と。またも強風、さすがの行楽好きな都民も、行楽気分を飛ばされてしまった。

天皇誕生日を祝い、前年と同じように二重橋には人の波が続いた。その前日の28日、日本は戦争状態が終わり、独立国としての主権を回復した（対日講和条約・日米安全保障条約発効）。この日から本当の日本の戦後がスタートする、といっても都民が実感できたのは、GHQ本部・第一生命ビルの屋上に日の丸の国旗が揚がったくらいだろう。神宮外苑各競技場や両国のメモリアル・ホール（旧国技館）などは、接収が解除されても、利用はそれ以前と変わらない。

右：豊島園自慢のウォーター・シュート（『大東京写真帖』より）
左：昭和24年から続く日比谷公園小音楽堂での警視庁音楽隊・水曜コンサート（昭和27年4月7日、「ジャパンアーカイブズ」より）

◉5月　不穏な世相の中で都民のレジャーは案外盛ん

1日　a　独立後初のメーデー　神宮外苑に四十万
3日　a　温泉場は超満員　三日連休にどっと行楽客
5日　a　きょうこどもの日　表彰など各種の催し
6日　A　遊び疲れた〝連休三日〟遠出客もみくちゃ　当外れは映画街
9日　Y　大神輿・夏をもむ　神田
11日　a　大相撲夏場所開く
19日　A　全日本柔道選手権、両国メモリアル・ホールで超満員の観衆
　　　y　新しい都民の足　トロリーバスお目見え
20日　A　白井、世界選手権を握る　後楽園四万五千人（ボクシングフライ級）
26日　A　東京競馬　八日間総売上六億七千九百万円
31日　a　出足は悪かったが、十一時には球場の大半を埋めた早慶一回戦　早大先ず勝つ

右：メモリアル・ホール（旧国技館）での柔道の試合（『大東京写真帖』より）
左：フィリピンの王者ダド・マリノを倒し、白井義男が日本初の世界チャンピオンに。興奮のるつぼと化した後楽園特設リンク（『画報現代史』第12集より）

1日のメーデーで、皇居前広場でデモ隊の二人が死亡、二〇〇〇人余の負傷者を出し、都民は大きな衝撃を受けた（血のメーデー事件）。だが、都民のレジャー気運にはさほど影響はなかったようで、天候に恵まれた三連休ということで、近郊はもちろん、さらに遠方へと大勢の人が足を延ばした。ただ、都内の映画館には、期待した程の入りがなかった。

11日から大相撲夏場所が始まったが、中日はじめて「満員御礼」が出た（19日A）と、盛り上がりは弱かった。柔道（19日A）やボクシング（20日A）の方に関心が向かっていたせいかもしれない。とりわけ、白井義男がフライ級世界チャンピオンの座についた試合は、定刻前から、四万人もの観衆が後楽園を超満員にするという熱気であった。

◉6月　身近なレジャーを楽しむ

2日A　神宮球場七万近い大観衆を集め　早、慶に連勝

8日A　東京の映画館二百四十四

A　夏祭今たけなわ　烏森、神田明神、三社、浅草蔵前鳥越神社

a　荏原《えばら》神社〃カッパ天王〃シブキ散らしミコシかつぐ（品川・荏原神社の天王祭は御神面を付けた神輿が海中を渡る）

15日A　人気もり返す浪花節

17日 a ミコシ銀座を練る 赤坂日枝神社山王祭
18日 a 日暮里駅、通勤時の惨事 陸橋から線路へ転落 死者六、負傷七名（跨線橋の羽目板が破れて乗客が落下）
20日 a まだ少し冷いきょう プール開き豊島園
22日 A 豊島園で盆踊り
23日 A 神宮プール一万の観客は新記録の続出に沸き返った オリンピック最終予選
26日 a デモ隊、警官の四千 新宿駅前で衝突事件（国際平和記念大会散会後）
29日 a 〝少し冷たいネ〟プールにぎわう浜町公園

新聞には、毎日のようにストやデモのニュースが掲載され、不穏なムードと景気の不透明感が漂っていた。都民のレジャーでは、前月から続く六大学野球の早慶戦は大盛況、後楽園のナイターは二日続けて満員（11日 Y）であった。ただ、映画は先月より夏枯れで落ち込んでいる様子。

地域の祭りもあちこちで催され、プール開きや盆踊りなど、都民のレジャーは、6月にしては活発であった。

◉7月 都民はオリンピックに浮かれ、レジャーも活発

2日 A 多摩川・六郷の川開き七万の人出 打ち上げ五百発、仕掛十四発

4日 a 鳥越神社の形代流し 神田川から月島沖イカダ堀へ
6日 A オール・スター第二戦 後楽園で満員の観衆 パ軍大勝す
7日 A 衣料・ぐっと好転昨年より三割も安い
a 朝顔市入谷鬼子母神 約四一一四鉢
8日 Y 読売杯ボクシング 蔵前国技館ほゞ満員
11日 A 浅草観音四万六千日
14日 A 靖国神社の〝みたま祭り〟花火、相撲大会でにぎわう
16日 a 梅雨あけた「やぶ入り」（お盆）プールは大にぎわい、映画館は平日並み
17日 A 平和島海水浴（大田区営）開く、入場無料、衣類預り大人二十円子供十円
19日 A 不忍池に人出数万 トウロウ流し
20日 A ヘルシンキ・オリンピック大会開幕
A 日英卓球 後楽園アイス・パレス超満員の観衆 約五千名
A 両国の花火に人出四十万舟五千 夜空に描く七色模様打上げ二千五百 仕掛け四十台

昭和 27 年 7 月 27 日、混み合う江ノ島・片瀬海岸の海水浴場（「ジャパンアーカイブズ」より）

a　鎌倉、逗子の海岸まるでアリの群れ
27日 a　〝すし詰め〟で海へ　都内各駅お客でハンラン
31日 A　夏枯れなしの料理屋　遊興飲食税の納入好調

プロ野球のオール・スター戦は、当然満員。花火も天候に恵まれ、多摩川も両国も盛大に催された。あちこちで地域の祭りや盆踊りの催物も盛んらしく、数多くの行事が新聞に掲載されている。

都民の関心はヘルシンキ・オリンピック。戦後初めて（一六年ぶり）の参加ということで、新聞は、メダルに期待をかける報道で盛り上げていた。競技が始まると、三日目の21日に体操で日の丸が三本上がり活気づいた。23日、待望の金メダルをレスリングで獲得。都民は日本選手のさらなる活躍を期待したが、その後は続かなかった。

総じて明るいニュースがある時は、都民のレジャー気運も高いようだ。海水浴は都民の恒例行事になったもようで、20日から大変な賑わい。27日は出発駅から満員で、窓から割り込んだり、戦後間もない買い出しのような情景も見られた。午前中の人出は、鎌倉一〇万、江ノ島・片瀬に七万、逗子に一三万、千葉にも一〇万とある。また、箱根はキャンプ場、林間学校、農家も貸別荘も満員で一万人の人出とある（27日a）。

◉8月　夏のレジャーは活発

3日 a　猛暑　海は超満員　湘南に三十万千葉へ二十五万

10日　A　日米野球　神宮球場二万五千の観衆
13日　A　上野駅ごった返し　月遅れのお客殺到
15日　Y　夜泣ソバも出る賑い　竹芝桟橋の夜釣り
16日　Y　本願寺で盆踊り（築地）
　　　A　隅田川に描く大卍　六万の霊へタイマツ供養
17日　Y　都内の疫痢患者　一万人を突破
　　　Y　十七年ぶり鮫洲八幡　祭礼海を渡る
　　　A　大森海岸の区営平和島海水浴で水着美人コンクール
18日　a　東武電車が正面衝突　二十七名重軽傷
21日　a　お台場のハゼ　芝浦岸壁で、ボクらも太公望
22日　a　小田急線で電車追突　重軽傷百二十余名
23日　a　ジュニア・レクリエーション都大会　武蔵野市市営グラ
　　　ンドに一万人の選手
24日　a　日共平和祭　江戸川水郷自然公園に二万五千人　赤旗に
　　　埋まる会場

海水浴は年々増えている。9日は、鎌倉カーニバル（10日A）。17日は、「厳戒の鎌倉　今夏最大の人出　仮装行列と赤旗」（17日y）。「鎌

鎌倉・「海の平和祭」の水中騎馬戦（『画報現代史』第 13 集より）

倉の人出19日まで約三百万人、房総の海水浴場はザッと百五十万人、房総海岸はホクホク」(20日A)。都民が出かける海水浴場は、そのほかにも数多くあり、東京湾内の海水浴場の人出を加えると、この年海水浴をした人は東京都の人口を超えることは間違いない。

◉9月　都内は選挙一色、レジャーを圧倒

1日y　〝美術の秋〟開く　二科・行動・院展
3日Y　後楽園夜間試合　巨人阪神戦観衆四万超え
7日A　日活スポーツ・センター(芝スポーツセンター)アイススケート場開く、転ぶ余地もない満員
8日A　日曜の盛り場〝舌戦〟場所争いの演説会場
16日A　十六年ぶりに御羽車　芝明神のダラダラ祭り
21日Y　オリンピック優勝選手招待陸上　三万余の観衆を酔わす　横浜三ツ沢競技場
a　大相撲秋場所始まる　四本柱のない土俵
23日a　お彼岸日和に人出
28日A　白井、判定で勝つ対ロイ・比嘉十回戦　後楽園スタジアム
29日A　神宮球場満員の観衆　六大学野球　慶応明治に連勝　早、立引分け

衆議院の抜き打ち解散で、都内いたるところで選挙戦が盛り上がった。衆議院選挙を踏まえたものか、朝日新聞21日の夕刊に世論調査が掲載された。「予備隊の再軍備」賛成が三八％、反対が三三％、日本は「独立したか」三九％が否、肯定は一八％という。都民のレジャー気運は落ちていないが、選挙運動の激しさに圧倒されている。お彼岸には、人の集まりそうな場所で賑やかな選挙戦が繰りひろげられた。

この月の大相撲秋場所から、土俵の四本柱がなくなった。話題になったが、観客の入りにはあまり関係なかった。アイススケート場が秋口にオープン、見るスポーツから行うスポーツへの関心が芽ばえた。でも都民の大半は、まだ見るスポーツ主流、全日本学生水上競技神宮プール（12日Ａ）、日英ラクビー戦（15日Ａ）、「日英ラクビー第三戦　観衆約二万　東京ラグビー場」（21日Ａ）、六大学野球（13日Ａ）、オリンピック優勝選手招待陸上競技、白井のボクシングなどに大勢の人が訪れている。

◉10月　天候に恵まれ都民のレジャーは盛ん

1日Ａ　コルトー氏初演奏　聴衆三千　たゞうっとり日比谷公会堂
（仏のピアニスト、アルフレッド・コルトー来日）

2日Ａ　都の投票六割二分二厘の好成績　衆議院選挙

4日ro　帝劇初日……一回目の入りは、ムザン。五六分と迄行かぬ感じ

5日ａ　行楽へ繰り出す都民　前の日曜より二割増

羽田に降り立ったコルトー
（『画報現代史』第 13 集より）

10日Ａ　丸の内で駐車制限　一時間以上は禁止
12日Ａ　プロ野球日本選手権　巨人、南海を破る　後楽園で三万余の観衆
　　ａ　池上本門寺のお会式早朝からにぎわう
17日Ａ　ハデになった親バカ七五三
18日ａ　秋晴れの靖国社頭　にぎわう境内はサーカスや見世物小屋　十万を越すでしょう
19日Ａ　プロ野球日本選手権六戦　巨人再び優勝す　後楽園球場で四万の観衆
26日ａ　郊外電車は朝から満員　豊島園は数万の入園者
27日Ａ　上野動物園人出三万余
29日Ａ　日展きょう開幕
30日Ｙ　プロ・ゴルフ選手権　程ヶ谷カントリー（横浜市）

衆議院議員総選挙は、自由党が過半数を獲得、両社会党（右派・左派）で一〇〇名突破、共産党は一名もなしという結果となった。続いて行われた教育委員選挙は、〝秋晴れ〟に食わる（5日ａ）と棄権が六割五分を超え、東京都が全国最下位であった。何事にも醒めやすい都民、秋晴れに誘われて行楽活動に盛り上がっていたようだ。

衆院選挙のすぐ後の日曜は、前週の日曜より二割増の人出（5日ａ）。伊豆方面に五万、クリ拾いやぶどう園、ハイキング、遊園地も混雑。東京競馬も八日間総売上四億四九〇〇万円（6日Ａ）。

12日の池上本門寺のお会式、七〇万の人出を予想。その後の日曜も天候に恵まれ、26日は、郊外へと出

かける人で電車は満員、家族連れが多かったと見え、豊島園は数万の入場者、上野動物園も三万余と、どこも賑わったものと思われる。

◉11月　都民は行楽の秋を満喫

1日　a　早、慶をシャット・アウト　徹夜組十四、五人、十時過ぎに売切れ
2日　A　目黒に区営つりぼり無料　清水池公園
　　a　週七百八十万の興行収入　記録破りの『風と共に去りぬ』
　　y　連休に人波三百万
3日　a　「文化の日」各地祝う明治神宮の大祭、参拝者八万を越える
4日　A　中山競馬最終日　八日六億五千七百五十三万八千五百円
6日　a　コタツのかわりにガス・ストーブ普及
10日　a　祝福する人々の数は沿道約二十万立　太子式典
12日　Y　一ノ酉の人波五十万
13日　a　着物ますます流行　生活に余裕のせい？
15日　a　皇太子さま都民奉祝大会　約七万人が参列

右：二重橋から参内する皇太子の儀装馬車列、左：皇太子礼参賀の群衆（『画報現代史』第13集より）

A 五大学アイスホッケー最終日 芝スポーツセンター・リンクでほゞ満員の観衆
16日 A 白井の王座ゆるがず 後楽園スタジアム特設リング、つめかけた観衆二万
20日 A 大井競馬〝八百長だ〟と暴行
24日 A 全日本年齢別柔道選手権大会 蔵前国技館で満員の観衆
25日 A 年の瀬の表情から キャバレー、ホール活気づく、福引にポンと百万円
27日 A 新橋カーニバル
30日 A 不況にあえぐ上野の地下街 敬遠するお客、従業員
a レコードいまやLP時代

行楽気運は前月から高まり、どこの行楽地も1日は今秋最高の人出。「小田原四万人 熱海三日間の泊り客約六万人 日光二荒山神社参りの客一万五千名」（2日a）とある。また、街中の人出も、「2日の日曜都内、近郊人のうず 動物園四万人 豊島園五〜六万の入場者 浅草人出三十万 デパート十二万人のお客」（3日A）とある。

大学野球は、「早慶戦で十数名重軽傷 外野入口へ殺到」（2日a）、「早大秋のリーグ戦に優勝 徹夜組約五百人、十時ごろ五万五千」（3日a）と盛況である。

朝日新聞4日の朝刊は、「悲しむべき『文化の日』」と題し、エチケットは落第 所かまわず紙くずの山、となり、上野動物園では四二〇貫（一・五トン）ものゴミが出たと。また、「早慶 夜の延長戦」と題し、新宿で騒ぎビヤホールを臨時休業にさせたこと、また銀座では乱闘を起しケガ人まで出たという記事が

載った。

『風と共に去りぬ』は公開前から話題を呼び、4日、矢部貞治も何年振りかで映画館に入った。映画は話題作が多く、先月は『お茶漬の味』、『生きる』、『稲妻』が公開された。11月も、『カルメン純情す』、『リンゴ園の少女』が公開された。『お茶漬の味』は、一億円を超える興行収入を記録している。

スポーツ観戦は盛ん。さらに、行なうスポーツとして、「近頃ゴルフ展望　愛好者ざっと十万」（19日y）。

都内は表面的には平穏であるが、ついに停電スト強行（7日a）、その後は回避されるが、国鉄、闘争を指令（8日a）、電産次スト司令（21日A）、などの記事が続いた。

◉12月　政局不安だが都内の歳末は戦後最高の活気

1日A　電車にケイ光灯時代
8日A　関東大学ラクビー　東京ラグビー場に今シーズン最大の二万五千の観衆　早大が王座
10日a　きょうから週二回休電
13日a　ラジオ　今年は最高の当り　高級品で売上げ増大
14日a　明治座『忠臣蔵』満員続き27日まで
15日A　人出新宿、「安い」に人気の上野
16日Y　関（武蔵関駅北口）の〝ボロ市〟に十万
17日A　地下ニュース（映画）劇場大流行

18日　A　〝光と熱〟よみがえる　師走列車は今夜から寝台車　電気は年内夜の停電なし　ガスは十二時間半供給
20日　a　二万人の子供を招いて　立川の米空軍でクリスマス・パーティ
25日　A　千鳥足のクリスマス族　盛り場大変な人出　銀座、クリスマス・イヴの人出
26日　a　駅はスキーの林　目立つ学生服　上野駅
28日　a　人出は約百五十万、今年最後の日曜、盛り場大にぎわい
31日　ro　大晦日の停電はひどいぢゃないか

ストや停電があっても、師走を迎えた都民の心境は非常に明るいようだ。大豊作の果物まつり（6日A）と、果物屋さんが消費促進のデモ、ストは続いても、食生活は心配ない（12日A）と。「明るい正月の主食供米も戦後最高の順調さ」（21日A）、都民は食べ物に不安がなくなったか。「売場はどこも超満員百貨店」（7日a）、デパートでは新春の晴着が売れ（14日A）、歳末商戦は休日ごとに盛り上がり、百貨店はホクホク、日曜日の盛り場の景気を探る（22日A）と、「売上げ二割増連日の大入袋、ホクホク百貨店」（28日A）、「歳暮・Xマス　戦前をしのぐ、歳末の商況」（31日A）となった。歳末の景気を反映してか、正月公演の前売りキップは、一日で完売という盛況（27日A）。これまでにない、明るい歳末風景が見られた。

賑わう新橋のキャバレー「フロリダ」(『大東京写真帖』より)

東京の喫茶店 (『大東京写真帖』より)

昭和28年（1953）──耐久生活から抜け出て、生活を楽しむ余裕

1月にアイゼンハワーが米国大統領に就任、3月スターリンの死去、7月朝鮮戦争の休戦協定が調印され、世界情勢は落ち着きを取り戻した。国内は、3月の「バカヤロー解散」による総選挙が行われるものの、第五次吉田内閣と政治体制は変わらなかった。

3月、中国からの引揚げが再開され、引揚げ者が舞鶴港へ次々に帰国した。国民が引揚げ者を暖かく受け入れたのは、国民の生活が多少は安定してきたからである。戦後八年が過ぎ、主食が安定して供給されるようになり、副食の購入費も増加し、エンゲル係数も低下した。ただ、夏以降、各地に水害が発生、また、東日本の冷害もあって、同時に暗さも漂う年であった。

レジャーから見ると、平穏な世相を反映して正月らしい遊びと賑わいからスタート、2月は例年通り低調になり、3月から再び行楽の人出が始まる。4月は選挙運動に翻弄されたものの、都民のレジャーは前年に勝る人出となった。レジャー気運は高いまま、梅雨が明けないうちから都民は花火大会、盆踊りなど活発に活動した。8月は後半天候に恵まれず、海水浴の人出は前年より少なくなったが、映画館の入場者は二三〇万人も増加した。秋に入ってもレジャー気運は高いまま、行楽は都内から近郊の温泉地へと足を延ばした。ただし、12月になると一転して、レジャーにも陰りが出はじめた。

この年の東京で注目すべきは、テレビが庶民の関心を集めたことである。繁華街や駅前に設置されたテレビの前には、黒山の人だかりができた。相撲、野球、ボクシングなどのスポーツ放映の人気は、以後のテレビ時代を暗示させるものであった。とはいってもテレビは庶民にとって、まだ高嶺の花。テレビは値段が高いだけでなく、運良く商店街の福引で当たっても、その後の維持が難しいといって、辞退する人が続出するような時代であった。

都民の日常レジャーはラジオ全盛、人気番組『君の名は』『話の泉』『アチャコの青春手帳』『陽気な喫茶室』『向こう三軒両隣』『とんち教室』『二十のとびら』などに加えて、1月から『笛吹童子』『少年ケニア』などが始まり楽しまれた。

また都民の娯楽といえば映画で、年間映画館入場者は、延べ約一億二〇〇〇万人を数えた。主な邦画は、『君の名は　第二部』『君の名は』『太平洋の鷲』『花の生涯』『地獄門』『戦艦大和』『東京物語』などがある。洋画には、『地上最大のショウ』『シェーン』『クォ・ヴァディス』『シンデレラ姫』『機動部隊』『地上《ここ》より永遠《とわ》に』『遠い太鼓』などがある。

流行歌には、『君の名は』『街のサンドイッチマン』『雪の降る町を』『落葉しぐれ』『毒消しゃいらんかね』『青いカナリヤ』『セ・シ・ボン』『ヴァイヤ・コン・ディオス』『思い出のワルツ』『黒百合の歌』『こんなベッピン見たことない』などがある。またこの頃の流行語として、お今晩は、街頭テレビ、家庭の事情、クルクルパー、コネ、さいざんす、戦力なき軍隊、バカヤロウ解散、八頭身などがある。

◉1月 街にあふれた余裕の正月気分

3日 A 皇居参賀の人出六十万
sa 熱海ゴルフ場満員……川奈亦満員
4日 Y 全日本バンタム級選手権 堀口タイトル防衛 蔵前国技館満員の大盛況
5日 a 東電きょうから週二回の休電復活
6日 y 皇居前広場で出初式
7日 ro 『ひばり姫道中』が大当たり
10日 a 初場所きょう開幕
12日 a 故秩父宮御葬儀告別に人波二万五千
15日 a 成人の日盛り場にぎわう スケートリンクなど 若人でごったがえした
16日 Y ゴッタ返す七万人 世田谷ボロ市開く
17日 Y ごった返した四十万 やぶ入り（お盆）の浅草
19日 A 中山競馬最終日 八日間売上げ六億九千九百万円
31日 ro 『猿飛佐助』……聴取率は、とても凄いと

初詣は前夜から押しかけ、明治神宮は元日が八五万人、2日が二五万と計一一〇万人もあったと。靖国

── 一年を通して楽しめる後楽園 ──

上：拡張工事で収容人数 4 万人となった野球場、下：日本一の施設を誇る競輪場（『大東京写真帖』より）

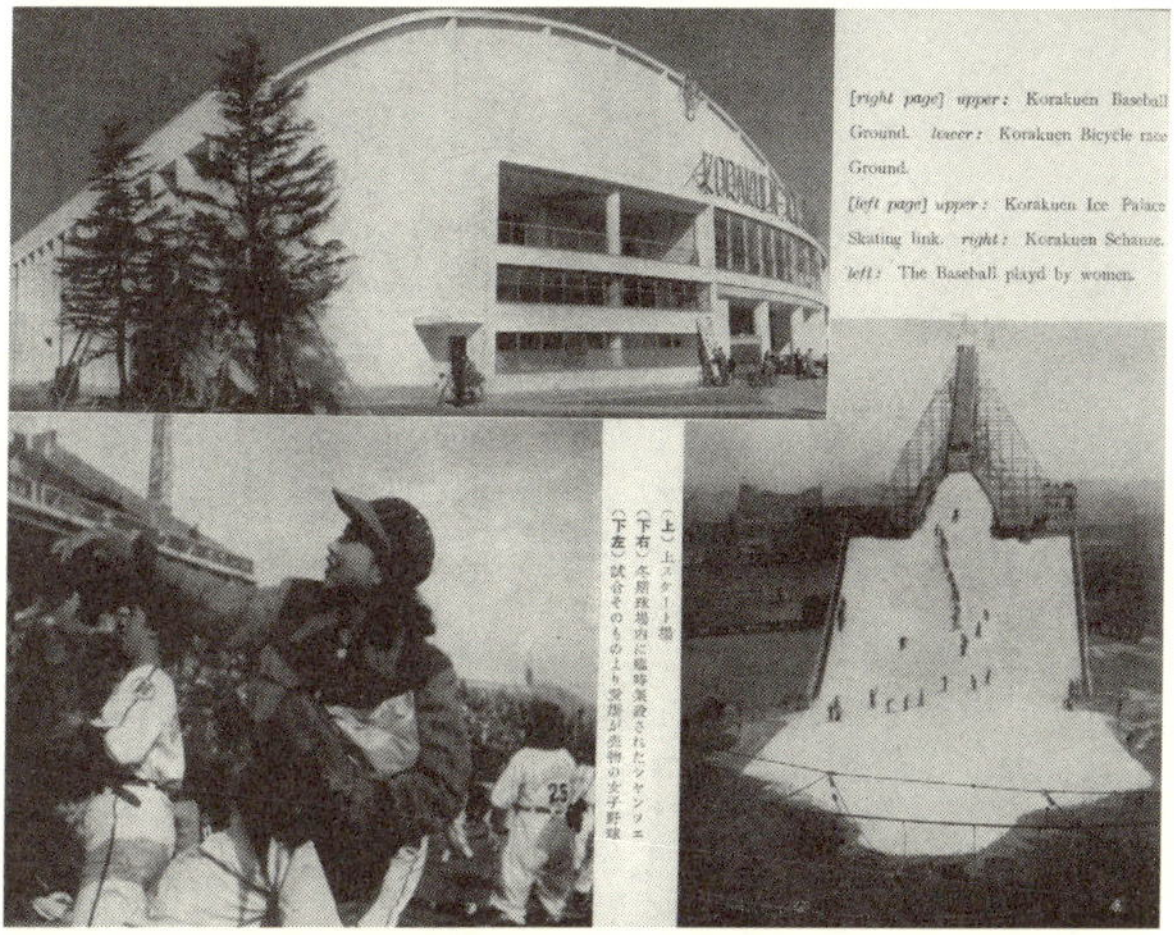

上：スケート場、下右：冬期球場内に臨時架設されたシャンツェ、下左：女子野球は試合より愛嬌が売り物だった（『大東京写真帖』より）

神社も元日四〇万、2日一〇万、その他の神社や仏閣にも大勢の初詣があった。そのため、「初もうで客激増　駅によって三倍から十八倍に」（5日a）という乗降客数を記録。皇居の一般参賀も、2日に六〇万人もの人が訪れ、迷子が三〇〇人も出たとある。この数字はたぶん、それまでの最高ではなかろうか。この年は、都内のどこも賑わい、浅草などの盛り場に加えて、正月の遊び場として、野球試合のない時期でも、後楽園がクローズアップされた。「競輪、スケート、読売大サーカスなど、連日、後楽園は十数万の人出」（7日Y）。

正月映画は客を集め一〇四七万人もの入場者があった。「当った『花嫁の父』ロングラン」（17日a）を初めとして、なかでも二本立て、東映の『初姿剣の舞』『花吹雪男祭』、松竹の『学生社長』『東京やんちゃ娘』などの人気があった。『ひめゆりの塔』は、一本立てにもかかわらず健闘した。そのためか、「映画館入場料値下げ十円から二十円程度」（23日A）。

大相撲初場所の初日、昼ごろには大衆席からどんどん埋まって観客の出足もなかなかよい。二日目早くも満員御礼（12日A）。六日目蔵前橋を越えて川向こうまで行列が続く（15日a）。九日目相撲景気はまさに全盛……メッキリふえた女性ファン（18日a）。千秋楽……十時ごろには大衆席は満員……鏡里優勝（24日A）。

◉2月　娯楽を含め世間の動きは停滞

1日　a　息吹き返す講談界

2日　A　テレビ本放送始まる

3日 a 晴れた節分 芝増上寺の豆まき
5日 a 邦画最大のヒット『ひめゆりの塔』興行収入約一千百十四万円
14日 a 新橋演舞場〝口上幕〟で大入り
16日 A 行楽日和に恵まれ、盛り場も郊外も家族連れの人出でにぎわった
25日 A 入場料値下げで張り切る六区
27日 A 花やかにアイス・ショウ 後楽園アイスパレス
28日 a 大映『十代の性典』わずかヒットした程度 興行的にはダメといわれる2月は各社とも低調

活気の乏しい月である。話題のない年でも、豆まきは華々しく伝えるのが普通だが、それもない。都民のレジャー関連で新聞に載ったのは、15日日曜日に盛り場に人出があったこと。次の日曜は、都電にラッセル車が出動するくらいの大雪で、盛り場は夕方からヒッソリ（22日A）としていた。

映画館の入りが悪いなか、映画の入場税が五割に下がって、浅草六区の映画館は、昔の〝映画は浅草〟を目指し、二本立で一二〇円を掲げ張り切っている（25日A）。

◉3月 暖かさに誘われ盛り上がる都民の行楽

2日 a 「江利チエミ渡米記念ジャズ大会」明治座若い男女で一ぱい

7日 A ずらり観光バス お上りさんでにぎわう皇居前
 a 警察官六千名の分列行進 神宮外苑で 警視庁の観閲式
8日 a 春光うらら 盛り場、遊園地、動物園など家族連れでにぎわった
14日 a 日比谷公園で労働者大会 三万が気勢上ぐ
20日 A 土地ブーム 六大都市は約二倍 投機的な傾向現わる
21日 A 入場料決る（プロ野球）
 a 各駅とも記録破り 連休にドッと人波
22日 A お彼岸にくり出す……学生太公望くり出す お彼岸中日の江戸川
 y 上野へ十万、連休に賑わう人出
28日 y セ・リーグ華やかに開幕 後楽園に一万
29日 Y 桜よそに〝ブチ合戦〟上野賑わう（第26回衆議院議員総選挙、選挙戦始まる）
30日 A 港頭の歓送 数十万 皇太子さま お健やかな旅路を 横浜港（明仁皇太子、昭和天皇の名代として英エリザベス女王の戴冠式に出席）

野球に人気が集まる理由として、入場料が映画より安いこともある。後楽園の特別席は一五〇円だが、内野席は大人八〇円・子供五〇円、外野席は四〇円・二〇円である。

暖かくなるにしたがって、都民の行楽活動は活発になる。前回の総選挙から半年もたたないのにまた選挙、選挙戦は前回同様激しかったが、都民のレジャーは前回のようには選挙に負けていない。演説や連呼

を尻目に、行楽の人出は増加した。

◉4月　投票の出足を挫いた春の行楽

5日　a　にぎわう桜・行楽地
9日　A　花祭りに大名行列　音羽護国寺へ
11日　A　後楽園　約二万五千の観衆　巨人対国鉄
12日　y　曇天めげず潮干狩　鎌倉約三万、箱根四万
　　　a　六大学野球リーグ戦開幕
13日　A　日曜の花見酒で事故続出
　　　A　剣舞大江美智子・梅沢昇など相変わらず満員続き
15日　Y　白井、判定で勝つ　ボクシング後楽園特設リング、約一万の観衆
19日　a　〝行楽〟で渋る出足　衆院選挙
21日　A　後楽園アイスパレスで満員の観衆　世界フィギュア選手権保持者　公開演技
22日　a　靖国神社大祭　街を行く武者

NHKテレビ公開・春の六大学野球の実況中継(「ジャパンアーカイブズ」より)

26日 y　選挙も終ってどっと人出　快晴、新緑の日曜
27日 A　後楽園　国鉄対巨人　超満員の観衆を集めて
28日 Y　六大学野球　慶応対明治　神宮球場、約二万の観衆
29日 A　深川不動の縁日
　　 A　丸子多摩川で大野外劇や舞踏　メーデー前夜祭約三万名
　　 a　皇居に参賀の人波　二時までに九万九千（天皇誕生日）

4月の各種イベントの人出は多く、前年とは打って変わり、都内は平穏であったようだ。

5日の日曜は、絶好の花見日和。都内・近郊の行楽地は最高の人出となった。筆頭は上野、上野公園の迷子が二四五人もでるという混雑。上野動物園の入園者は一〇万二〇〇〇人もあり、4月の総入園数は、戦後最高の六〇万人を超えた。次いで賑わったのが浅草で、五〇万の人波でゴッタ返した。玉川園および玉川堤も賑わい、二〇〇人もの迷子が出ている。新宿御苑の迷子も一〇三人あり、広い園内が子供連れで埋めつくされた。なお、都内全体の迷子は一一〇〇人を超え、この頃の行楽は家族連れが多かったことを示している。また、「人出をねらった選挙トラック」（6日A）、「上野百万人の置ミヤゲ　紙クズ八千貫」（6日Y）など、行楽の様子を伝えている。

都民は休日ごとにどっと出かけ、19日は、3月の「衆議院　バカヤロー解散」を受けての選挙、行楽に投票の出足を挫かれた（投票率六一・八％）とある。

◉5月　都民のレジャーは行楽から映画へ

1日　y　平穏に都大路をデモ、鯉ノボリ、風船、中国歌　四十万
3日　A　行楽客どっと繰り出す　どの列車もスシ詰め
　　a　新緑を求め行楽客　東武スト突入〝七十万の人出〟当外れ　帰り客大困り
　　y　緑の行楽第一日　上野駅の遠出七十万　熱海は十万、千葉へ十余万
5日　Y　新橋で　夏祭りのトップ
6日　y　後楽園球場　巨人・名古屋　四万七千の観衆
10日　Y　きのう・6月の暑さ　ビヤホールも最高の売上
11日　A　第二十二回早慶ボートレース　隅田川向島で　両岸約二十万の観衆
　　Y　巨人、阪神を連破　後楽園四万五千
16日　Y　夏祭シーズン！　下町は早やウキウキ
　　a　大相撲夏場所ひらく
18日　A　大混雑の〝日本橋まつり〟悲鳴をあげる大名行列
　　Y　大名行列もみくちゃ〝日本橋まつり〟二十万の人出
19日　A　白井、王座をまもる　後楽園特設リング

日本橋まつり　右：修復された日本橋、左：接収解除された日本橋室町ビル（野村證券本社＝進駐軍がホテルとして利用していた）（「ジャパンアーカイブズ」より）

25日 A 日本ダービー 六万三千の大観衆 売上げも一億越す
A 午前中に札止めの大入満員 大相撲夏場所九日目
a お江戸名残り〝火消し行進〟浅草
29日 A ホクホクの目黒不動 人出五万 お縁日
30日 y 早慶戦 神宮球場、超満員の観衆
31日 A 夏場所千秋楽 時津山の優勝成る

東京の映画館観客は八八二万人、4月より四〇万人も増えている。行楽は、月初めに東武ストで行楽の足を奪われたが、それでも大勢の都民が出かけた。街角では、街頭テレビに黒山の人垣ができている。青木正美『二十才の日記』には、25日、27日、街頭テレビを見に行き、大相撲中継を見たと記されている。引き続き、スポーツ観戦も盛んである。

新宿・松竹映画劇場 美空ひばり出演の『姉妹』と『次男坊』の2本立てを上映中(「ジャパンアーカイブズ」より)

◉6月 梅雨空で戸外のレジャーは湿りがち

1日 A 夏場にはゴロゴロ(ローラースケート) 衣更えしたアイス・スケート場
a 不漁で期待外れ 人出だけは相当(アユ解禁)

3日A　夜の池袋　大にぎわい　立大優勝で祝賀の行列
4日Y　後楽園夜間試合　阪神、巨人に雪辱　内外野超満員の盛況
　Y　ダミアさよなら公演　日本劇場四千を超える観衆（仏シャンソン歌手のダミア来日）
7日Y　涼を追って二万人　六郷べり（多摩川）で　蛍狩大会
8日y　品川カッパ祭り　おみこし海を渡る（荏原神社天王祭）
9日ro　浅草国際劇場へ。水之江滝子引退興行、これが妙なもの行列入りだ。
10日A　梅雨晴れに夏祭　浅草の鳥越神社
15日A　神宮競技場　観衆約一万余　キッカーズ快勝九対〇全日本（来日中の西独サッカーチーム、キッカーズの最終試合）
　A　第十八回日立明三大学対抗　水上競技大会神宮プール満員
　Y　東京競馬　八日間総売上　八億二千四百万円
16日A　目立つ〝社用〟の海の家
　Y　後楽園特設リング　約一万五千　東洋ウェルター級選手権（タイのソムデス・ヨントラキットが辰巳八郎を破り防衛）
20日a　スト規制法　反対五万人がデモ　日比谷公園
27日a　邦画はどれも低調

6月は例年通り、アユ解禁に始まる。この月は雨天が一四日もあり、動物園などの行楽地の人出は減った。

それでも、映画、六大学野球、サッカー、ボクシング、競馬、蛍狩、夏祭など恒例のレジャーは、そこそこ楽しまれていた。

◉7月　梅雨明けは遅れても、レジャーは活発

2日　A　〝都営プール〟開く　日比谷、芝、浜町、井之頭など
　　A　初花火に四十万人　多摩川・六郷橋のたもと　川崎市制二十九周年記念　花火大会
　　A　オール・スター戦開幕　後楽園球場　満員の観衆
3日　A　浅草に「七夕の街」百万円の飾付け
　　A　当たったテレビも庶民には夢　三人とも現品は辞退　維持困難（蒲田駅西口商店街の〝中元福引大売出し〟）
5日　Y　江戸情緒・五万人の夕涼み　不忍池水上音楽堂
　　a　谷川岳にぎわう　山開きに登山者五千名
7日　A　『戦艦大和』公開など　大入り続きの映画館　一日平均二十万人　昨年より三割多く
9日　Y　ほおずき市　境内に五百軒の露店（浅草寺）
10日　A　夏枯れを知らぬ興行界　菊五郎劇団　徹夜の前売券行列　ジャズ　暑さそこのけ超満員
12日　a　遠出の客　足はしぶり勝ち　都内はにぎやかだが

13日　Y　渦巻く浴衣と提燈　八丁堀を揺がし〝納涼盆踊り〟
14日　A　都市対抗野球　最終日　後楽園球場五万の観衆
16日　A　靖国神社「みたま祭り」始まる　浴衣姿で踊る
　　　A　ごったがえす　お盆の盛り場　浅草六区　人出二十万を越え
18日　Y　巨人阪神に敗る　後楽園夜間試合四万五千
　　　A　トウロウ流し　涼を求める　上野不忍池に五、六万
19日　A　白井、ハーマンに勝つ　一万二、三千の観衆　後楽園スタジアム特設リング
24日　A　さびしい人出　雨の「両国川開き」三十四万　約三千の舟八分の入り
26日　a　サァ梅雨はあけた！　鎌倉、江ノ島初の賑わい
28日　a　空から湘南のにぎわいパチリ　国鉄、私鉄おしなべて早朝から超満員（海岸の航空写真）
　　　Y　後楽園でチャイコフスキーの夕べ　二万近くの聴衆
30日　a　日本選手権水上競技大会　神宮プール

1日、一斉にプール開き、梅雨明けは24日と遅れたが、都民のレジャーは盛況であった。なかでもスポーツ観戦は、野球、ボクシング、水泳など賑わった。興行も盛況で、「もり上がりが不足　松竹歌劇」「見世物的にぎやかさ　日劇ショウ」など、なかでも日劇の「ティーン・エイジャー・ジャズ大会」は、六日間に入場者約六万人もあった（10日A）と。

盆踊りは、梅雨空の下でも各地で催された、八丁堀や靖国神社の他でも開催されたことが、青木正美の

『二十才の日記』12日にも記されている。また、同日記には、26日に満員の相模湖へ出かけ、行きも帰りも大変な混雑であったと記してある。

◉8月　天候に左右され都民の行楽はやや減少

2日　a　台風去った日曜日　出足鈍った鎌倉　正午で七万　片瀬方面は今年最高
3日　A　いもを洗うようなプール　夜の納涼船も満員
4日　Y　後楽園で納涼盆踊り　五千人が手拍子そろえ
8日　Y　両国橋たもとで盆踊り大会
9日　A　隅田川でトウロウ流し　花火も
　　Y　江戸川ライン花火大会にぎわう
　　a　どこも最高の人出　どっと繰り出した日曜日
10日　A　東京にも〝海〟がある　きのう記録破りの人出　大森平和島、砂町海岸、石炭波止場など
　　A　鎌倉海水浴場にヘリコプター墜落　死者二名
13日　Y　上野駅はイモ洗い　一月遅れのお盆に帰省者殺到
17日　A　第一回朝日招待レガッタ　一橋、大会全種目に優勝　数万の観衆隅田川

A　隅田川に〝光の浮橋〟約二千個のトウロウ流し　見物人数万
18日　A　暑い！　蒸し暑い　納涼船は鈴なり
Y　巨人、名古屋の二試合　四万五千
19日　Y　好評の鉄斎展　連日二万人　高島屋（明治・大正期の文人画家、富岡鉄斎）
21日　A　築地本願寺の仮装盆おどり　ザッと一万五千人
24日　A　雨にうらみの避暑地
29日　A　向島百花園　虫の音に秋を聴く

8月に入り前半は猛暑で、人出があったものの、下旬は雨続き。台風など連日の雨にたたられ、夏の行楽は前年より湿りがちであった。「鎌倉人出は例年の三分の一　八、九十万程度　片瀬、江ノ島ざっと百万人　逗子、葉山やっと百万　軽井沢去年の延四十八万が二十五万」（24日A）と、全般的にはあまり振るわなかった。

◉9月　天候不順と不景気風を感じるも、レジャーはそこそこ

1日　a　関東大震災三十周年　にぎわう慰霊堂
6日　a　秋晴れににぎわう　六大学リーグ幕開く（観衆五万余）　動物園には親子連れ
y　ハゼつりの行列　にぎわう美術の上野

9日　a　国際劇場　ジャズショウ　補助イスが出る盛況
12日　Y　後楽園アイスパレス、ホリデイ・オン・アイス観衆五千
　　　a　日豪テニス　東京大会開く　一万近い観衆
13日　A　パチンコに秋風（パチンコ店減少）
15日　Y　ハゼつり　めっきり増えた女性の太公望
20日　A　大相撲秋場所　初日満員の場内
　　　a　秋空彩る〝翼の祭典〟戦後初の航空記念日　どっと羽田へ　五万の人出〔カバー裏・写真〕
27日　a　ハゼつり　舟でにぎわう　けさの東京湾
　　　a　行楽地、人であふれる彼岸明けの秋晴れ
28日　A　運動会でにぎわった日曜日
29日　y　東劇SY『真夜中の愛情』満員御礼広告
30日　Y　後楽園で野外バレー　秋の夜を踊りぬく　一万余の観衆

9月に入っても天候不順、都民は映画館や劇場へと出かけたようだ。特に映画は、ラジオの人気番組『君の名は』の映画化が大きく影響していると思われる。新聞の映画批評と観客の入りは、大半が連動しないものとされているが、15日に公開された『君の名は』は、興行成績二億五〇〇〇万円を超え、まさにその

ネオンが眩しい浅草・国際劇場
（「ジャパンアーカイブズ」より）

通りであった。

パチンコ店は、昨年8月に四二七〇店、今年正月には三五〇〇店、6月末には三〇五五店に減少したとある。それでも、都内にはパチンコ台が一四万二〇〇〇、一店当たり四〇～五〇台あるとのこと（13日A）。

◉10月　スポーツの秋、野球観戦に沸く都民

2日A　大相撲秋場所十三日目　東富士優勝決まる　三度目の満員御礼
5日A　秩父宮ラグビー場（東京ラグビー場から改称）　観客の入は満員　ケンブリッジ大八戦全勝
4日m　クリやブドウとり　どっと繰り出す
13日A　四十万を越す人出　にぎやかなお会式　池上本門寺
A　雨で引分け、プロ野球選手権第三回戦　後楽園球場二万五千の観衆
a　プロ野球選手権第四回戦　ほぼ満員という盛況　巨人・南海
15日A　デパートの食堂は大繁昌
16日A　皇太子さま帰国歓迎会　日比谷公園五万の参列者
a　赤く塗った公衆電話　お目見え
17日A　巨人優勝（日本シリーズ三年連続の日本一）　後楽園三万余の観衆
a　靖国神社例大祭にぎわう
18日A　日米親善野球　ニューヨーク・ジャイアンツ大勝　後楽園球場で満員の観衆

19日 A 行楽客は昨年の倍 好天気に私鉄ホクホク
20日 A ミコシまで繰出す 日本橋大伝馬町「べったら市」
A 日米親善野球 全日本わずか一点 後楽園球場で満員の観衆
24日 A 日米親善野球 後楽園球場二万五千
a 早慶戦内野席売り切れ
25日 a 秋晴れ行楽地に人の波
26日 A 早慶第二回戦 神宮球場六万の観衆ぎっしり
27日 A 明大がチョウチン行列 神田街筋
28日 A 後楽園球場特設リング 白井の王座揺がず 新記録、観衆三万余

相撲を初めスポーツ観戦は大盛況。特に野球は、日本シリーズ、日米親善野球、大学野球と続き、野球ファンは連日のように、飽きずに球場に通っていた。日本チームはニューヨーク・ジャイアンツにまるっきり歯が立たない。やっと、「巨人無敗のNYジャイアンツを破る 後楽園三万の観衆」(11月1日A)とある。

◉11月 遠出の行楽が盛んになる

1日 A 好天に恵まれた日曜 菊見や行楽にどっと繰出す

3日 a 「文化の日」晴れやかに各地で多彩な行事　明治神宮に二十万人　上野公園人出約十万
6日 A 吉原のお酉様にぎわう
ka 一の酉の賑ひを見歩き
9日 A 関東大学ラクビー秩父宮ラグビー場　観衆は一万を数えた
A ホリデイ・オン・アイス延観客四十万人
ro ホリデイ・オン・アイス大当たり
10日 A 人気呼ぶ屋台店　街は焼いもブーム約二千軒
12日 a ヤミ米　上野で一せい取締り
15日 y 七五三　神田明神も戦後最高の約三万人
16日 A 東京競馬天皇賞　三万余の観衆、「八日間総売上　七億四千万円」（A30）
22日 a 繰り出した四百万　秋の行楽シーズン決算　熱海満員札、伊東大混雑
23日 A どっと遠出客　都内盛り場は風にはばまれる
a 快晴に恵まれた「勤労感謝の日」家族連れにぎわう
24日 A 関東大学ラクビー　秩父宮ラグビー場　観衆は一万五千を越えた

前月から都民の行楽気運は高まったまま。休日ごとに出かける人は増え、22日と23日の連休にはピークに達した。春の行楽を凌ぐ勢いであった。ただ、春と異なるのは、人々が熱海や伊東などの遠方に出かけるようになったことである。

◉12月　景気の陰りに都民のレジャー気運は落ち込む

3日　Y　入場者は戦後最高〝日展〟上野の一カ月
5日　a　年末危機突破労働者大会　二万人が気勢　日比谷公園
7日　A　関東大学ラクビー　秩父宮ラグビー場　早大の連勝なる　観客は約三万を数えた
8日　a　四百五十俵を押収　ヤミ米上野、秋葉原駅で
14日　A　師走　東京の顔渋き　ボーナスの行方　町の狂騒曲に人踊らず
　　　a　師走の街に血を売る人々　供血者都内で十万
15日　Y　浅草　しめ飾り市開く
20日　A　一日十万人のお客　Xマス景気に百貨店はホクホク
24日　ro　有楽町を出て……大した人出である
25日　A　踊る〝クリスマス・イヴ〟銀座八丁は人のウズ
　　　a　クリスマス・イヴ　人出は銀座百万、新宿五十万、浅草二十万、渋谷三十万、池袋十五万
27日　A　温泉地最後の書入れ　忘年会も期待外れ
　　　a　ことし最悪の日曜日　上野動物園ガラガラ　温泉列車の切符売れず
31日　A　ごった返す上野駅　帰省客やスキーヤーで

秋になって、ヤミ米、人身売買など不景気を感じさせる暗いニュースが多くなった。ただ、都民は台風や冷害にあまり関係なかったので、景気の変化をさほど感じなかったようだ。もっとも、師走に入り、街には賑わいがあるにもかかわらず、百貨店など一部の店しか繁昌していない。レジャーも上野動物園がガラガラであったり、温泉地や忘年会も盛り上がっていない。興行も、『君の名は　第二部』の大ヒットで、映画観客の減少を防いでいるが、それでも11月より一二〇万人も観客が減少している。

ネオンの銀座・数寄屋橋交差点（「ジャパンアーカイブズ」より）

昭和29年（1954）

──デフレ不景気だが、人出だけは盛況

この年、正月早々、二重橋で参賀の人が一六人も亡くなった。その後も明るいニュースがないまま、3月にビキニ環礁の水爆実験で第五福竜丸が被曝。国民はあらためて原爆の恐怖を感じ、原水爆禁止運動に影響を与えた。1月から捜査中の造船疑獄は、4月、指揮権が発動された。国民が政治に対する不信感を強くしているところに、6月の国会では、警察官が入るという空前の大混乱。7月には、自衛隊が発足する。

また、黄変米の危険性、配給停止を求める市民運動が起き、8月には黄変米の配給見合せとなる。9月、台風シーズンに入ると、各地で大きな被害が発生し、青函連絡船洞爺丸の転覆事故では死者・行方不明が一一八三人も出た。新聞の社会面には、デフレによる不景気を反映する記事。国民の現状を変えてほしいという要望に応えるかのように、11月に自由党が分裂、民主党が結成され、12月に吉田茂内閣が総辞職して、第一次鳩山内閣が誕生する。

東京都の消費者物価指数を見ると、デフレとはいいながら、指数は下るどころか前年同様に高くなっている。低所得者には、仕事がない上に物価高という事実が重くのしかかった。それでも、都民のレジャーは、新聞に掲載される限りでは、全般的に前年より人出が多かったように報道されている。た

だ、レジャー気運は、休日の天候に恵まれなかったこと、野球では巨人軍が不調なこと、世界選手権防衛を続けてきた白井が負けるなど、今一つ盛り上がらなかった。

政治的には混乱、社会的には不安があるものの、レジャーは、都内での納涼活動が盛んに。また海水浴の人出も最高と、人出だけで見ると前年を凌ぐものがあった。デフレ不景気を反映し、身近なところでお金をかけずに遊ぶという人が多くなった。その一方で、交通機関はこれまでの電車・列車に加えて、自家用車を所有する人々による、ドライブが目につくようになった。都民の行動圏が拡がりつつある。

都民の日常的な楽しみはラジオ、主な番組として『クイズ「即興劇場」』、「無茶苦茶でござりまするがな」という言葉を流行らせた『お父さんはお人好し』、『新諸国物語「紅孔雀」』、『やん坊、にん坊、とん坊』『宮本武蔵』『とんち教室』『鞍馬天狗』『話の泉』『素人ジャズのど自慢』などがある。テレビは、まだ普及率一・二％で、街頭テレビを見るという程度。

懐具合が寂しいことから、お金のかかる行楽より映画鑑賞へと向かったようで、映画館の興行成績は前年より一段と高くなった。主な邦画として『君の名は　第三部』『忠臣蔵』『七人の侍』『新諸国物語　紅孔雀』『二十四の瞳』『月よりの使者』『宮本武蔵』『ゴジラ』『ハワイ珍道中』などがある。また、洋画には『ローマの休日』『グレン・ミラー物語』『麗しのサブリナ』『ケイン号の叛乱』『ロミオとジュリエット』『恐怖の報酬』『モガンボ』『赤と黒』などがある。

流行歌としては、ヒット曲に『ひばりのマドロスさん』『高原列車は行く』『お富さん』『野球けん』『岸壁の母』『黒百合の歌』『ウスクダラ』『オー・マイ・パパ』『青いカナリヤ』などがある。流行語は、五せる接待、死の灰、シャネルの五番、スポンサー、指揮権発動、パートタイマー、無茶苦茶でござりまするがな、リベート、ロマンスグレー、流言蜚語などがある。

◉1月 新春の人出もデフレのお正月

3日 A 三十八万の参賀 二重橋で死者十六名 重軽傷三十数名 参賀の人波に押され
Y 明治神宮二百三十万、各地の人出、戦後最高 熱海三日まで満員 伊東三、四日予約でいっぱい、都内浅草五十万人、新宿駅乗降客五十八万人
4日 A 第七回東西学生選抜対抗アメリカン・フットボール試合 神宮競技場で六千の観衆
A 盛り場にぎわう 正月休みおしんで浅草三十万人の人出
6日 A 「デフレ正月」邦画の客足さっぱり
a 皇居前で消防出初式 五万の観衆
7日 Y デフレの松の内 人波だけで店閑散
14日 a 当てが外れた正月映画
15日 a 大相撲 昼前に早くも満員 木戸止め 六日目
16日 Y 一日早いヤブ入り きのうの浅草の人出二十万
22日 Y 西新井初大師人出 約五万ダルマの売行きサッパリ
24日 a 珍しい1月の大雪 映画館はガラガラ 三十一・五センチ

31日　A　吉葉全勝優勝　観衆一万数千すし詰めの満員　悪天候や交通難を物ともせず（吉葉山、大雪の中優勝パレード）

正月三が日は晴れ。人出はあるが、不景気感が都民に深く浸透している。そのためか、映画館の入りも悪く、特に邦画はひどい不成績であった。大相撲も、成人の日が休日であったため、六日目にして初めて満員となるくらいである。

◉2月　不景気の憂さを吹き飛ばすプロレスに脚光

2日　A　花束もみくちゃ　ディマジオ、モンロー着く
3日　a　新趣向、立体豆まき　セスナ機、鉄塔の鬼を退治（日本テレビの鉄塔から豆まきしたのち、鉄塔に乗った鬼にセスナ機から豆を浴びせた）
7日　a　きょう初午　お稲荷さんに人出
8日　A　第二回全日本アマチュア相撲選手権大会　蔵前国技館で八千の観衆
10日　Y　春にそむくデフレ風　銀座の料飲界はぼやく　温泉客ガタリ落る
11日　Y　後楽園アイスパレス大入り満員　プロ・バスケット・ショウ
a　教育防衛中央大会　四谷の外ぼり公園　一万五千名で気勢
20日　A　蔵前国技館　プロ・レスリング大会満員の盛況　シャープ兄弟、力道山

21日 y 暖かい日曜日行楽客にぎわう 浅草は久しぶりに映画館が満員 銀座、渋谷、新宿、池袋などどこも大にぎわい

この月の話題はプロレス、古川ロッパは20日の日記に「ベン・シャープと力道山のマッチが始まる。はじめっからその惨酷ムザンなのにおどろく……一時間以上見てしまった。テレヴィってものは、家に置いては駄目だ」と書いている。

◉3月 暖かさと共に徐々に盛り上がる都民の行楽

1日 A 時ならぬ春の奇襲 人出はまだ〝冬型〟 銀座新宿など盛り場はにぎわう 5月の陽気

7日 A プロ・レスリング世界選手権 蔵前国技館

8日 Y 日韓サッカー神宮競技場 八千の観客

15日 A 二法案（教育）反対で気勢 日比谷公園で 春風の会場に旗が乱立 約一万人

Y 巨人・毎日定期戦 後楽園球場 約三万五千

21日 Y 春分の日好天に行楽を楽しむ 墓参帰り 上野へ十五万

A 春の出足まず快調 行楽地へどっと家族連れ 長瀞にも人出 江ノ島、片瀬海岸も 去年より少ない熱海

23日A　キモノ・ショウ大あたり　入場券にプレミアムもつく　新橋演舞場
28日A　春いよいよ本舞台　人であふれる行楽地　上野公園正午には三十万人
　y　花の日曜日　家族連れどっと百七十万　上野動物園七万、多摩川園約三万、豊島園六万（春本番の人出）

不景気、それに加えて4日から四日間続けて雪が降る。それでも3月も中頃に入ると、都民の行楽気運は徐々に上向きになった。まず野球観戦、恒例の巨人・毎日定期戦は、久しぶりに後楽園球場を沸かせた。「巨人・毎日定期戦　後楽園球場約二万五千」（Y16）。「巨人・毎日定期戦第三回戦　約二万の観衆　巨人勝ち越す」（A17）。次いで、「読売杯争奪大会　後楽園球場約二万五千」（Y27）。「三万の観衆巨人、阪神決勝へ」（Y28）。「ザッと四万　阪神五たび優勝」（Y29）と続いた。

お彼岸には、『矢部貞治日記』のように、「彼岸中日で墓参。沢山の人出だ。序でに上水べり散歩」という人がかなりいた。

◉4月　月初めは良かったが私鉄ストで鈍った都民の行楽

1日A　きょうから値上げ　ビール、酒からタバコ、ラジオ聴取料、汽車賃
2日Y　上野夜ザクラにどっと一万人
3日a　花見客は十万　上野

4日 y 桜が満開　人出も最高　五百万人が繰り出す（都内だけでなく近郊も）
5日 A 動物園も十五万の客がひしめき合い　ケンカ八件　迷子四百二十三人
6日 a 空の旅も満員続き　東京大阪　連日客止め
9日 A ゆかた姿で赤羽音頭発表
10日 a 六大学野球リーグ戦開幕
A 平穏に提灯デモ、都の教員約三万参加
18日 a 出足くじいた朝の雨　映画館、デパートはホクホク
19日 A ハイフェッツ氏　初公演　帝国劇場満員（バイオリン奏者ヤッシャ・ハイフェッツ来日）
22日 Y 21日から日比谷公園広場で第一回全日本自動車ショウ
a 靖国神社の例大祭始まる　見せもの六、昔変らぬ大祭気分
25日 a 私鉄スト　当が外れた行楽地〝閑古鳥〟鳴く興行街
26日 A にぎわう　平河天神の例大祭（千代田区平河町）
29日 a また〝足〟を奪われた休日　客足の落ちた浅草興行街

1日から酒を初めとして値上げラッシュであるが、都民のレジャー気運は負けていない。『矢部貞治日記』の4日に、「花見の日曜というのでどこもかしこも浮かれ立っていてえらい人出だ」とあるように、都内はこの年最高の人出であった。桜が満開ということもあって、豊島園が開園以来の人出一〇万をはじめとし

日比谷公園で開催された第1回モーターショウ（「ジャパンアーカイブズ」より）

て、多摩川園、向ヶ丘遊園地、浅草はもちろん、浅草松屋デパートも正午ですでに一〇万の客が入店という状況であった（4日y）。

都内だけでなく近郊も、ドライブに出かけた佐藤榮作は4日の日記に「花見客殊に多く、大変な混雑ぶり」と記している。神奈川県下・箱根は旅館が満員で正午までに約五万人の賑わい、熱海も旅館は超満員で一四万人の人出、相模湖が一万二〇〇〇。埼玉県下の人出は、大宮公園が一〇万、熊谷堤が三万、長瀞などの花見の名所はいずれも二万程。千葉県下でも、江戸川堤、真間川沿いは正午現在約三万、谷津遊園二万余、野田の清水谷公園五万、銚子犬吠埼付近一万などの人出。さらに、空の旅も満員続きで、東京大阪は連日客止めであった（6日a）。

18日の朝は雨、そのため映画館やデパートに向かった。今月の映画は、丸ノ内日活劇場『兄弟はみな夕刊だった』満員御礼広告（1日Y）、大映『山椒太夫』絶賛続映（6日a）。月半ばからは、26日『七人の侍』、27日『君の名は　第三部』の公開。30日には東映『笛吹童子』満員御礼広告などがある。

「天皇誕生日で休みだが、私鉄はストをやっている。」（29日ys）とのように、都民の行楽にストップがかかった。私鉄のストでも、「六大学リーグ　超満員の神宮球場」（26日A）と、都内には人出があったようだ。

◉5月　連休に郊外へ繰り出す都民

1日a　楽しく「みんなのメーデー」、「目立つ風船玉行列、戦後最大で静かなメーデー」（2日A）

2日Y　巨人、阪神に完勝　後楽園球場　観客四万

a　目立つドライブ組　温泉地は民家までも満員　遠足やピクニック

3日 a 新緑を求め
4日 a 東鉄（東京鉄道管理局）管内の人出は約千二百五十万人、切符の売上げざっと三億五千万ナリと戦後の最高記録……近距離の温泉郷はいうに及ばず……関西行をはじめ遠出組が多かった
5日 Y 夏祭りきょうから 烏森神社（新橋）
8日 Y 都心の街はホクホク 銀座、日本橋、ストの影響は少なく、逆に集客 映画館の入りも良い
a 夏場所まず好調の出足、相撲放送をきく（9日 oz）、千秋楽 栃錦優勝（23日A）
a 東武電車脱線して暴走 七人の重軽傷出す
13日 a 初夏の陽差しの下 神田明神夏祭り
16日 A 六大学リーグ 内外野とも満員の盛況 まず早大勝つ
a 新劇 俳優座連中 九五％を越える入り『女の平和』
17日 A 球場は六万数千のファンで超満員 人波に押され負傷（六大学リーグ）
23日 A レスリング世界選手権 東京体育館二、三階席が大体満員、「世界選手権終幕 一万五千どこで埋めるか千余万円の赤字」（25日Y）
24日 A 日本ダービー 集った自動車二千台 七万の人出
25日 A 後楽園特設リング 白井、遂に判定勝ち 四度目のタイトル防衛 観衆約三万
a 深川の浜祭り、五色のぼりもにぎやかに
29日 ro エノケン・三木のり平が、NHKの『ユーモア劇場』の最後の巻を録音

30日 A 神宮球場六万余の観衆 慶応、早稲田に先勝
31日 A 早大、慶大に雪辱 六万余の観衆

2日3日は連休、前月に雨天やストで出そびれた都民がどっと出かけ、この年最大の人出となった。行き先は新緑の郊外。箱根五万余、熱海一〇万以上、伊東一万二〇〇〇、修善寺八〇〇〇、奥多摩四万、高尾山六〇〇〇、富士五湖二万、日光四〇〇〇の泊り客、鬼怒川四〇〇〇、塩原・那須五〇〇〇、江ノ島一万、鎌倉三万など、どこも最高の人出であった。都内の盛り場は、地方からの団体客が目立ち、デパートは、田舎のお客さんは見物するだけで、余りお買物をなさらない（2日a）。

映画は、「東宝『七人の侍』満員御礼広告」（4日y）。15日『二十四の瞳』公開。「新宿劇場『聖衣』満員御礼広告」（31日y）などがあり、堅調だった。

プロ野球は、2日に続き、「阪神、巨人に快勝 後楽園球場 観客四万五千」（3日Y）。「後楽園球場初ナイター 一万六千 巨人対広島」（12日Y）。「後楽園球場 中日、巨人振切る 三万四千」（24日Y）。

人気のボクシング、古川ロッパは24日の日記に「白井対エスピノザの拳闘試合、ハイボール飲みつゝきく」と。帰宅後のゴールデンタイム、都民がラジオの前で実況放送を聞く最も良い時間帯であった。

◉6月、デフレ不景気、梅雨入りで都民のレジャー気運衰退

1日 A ドッと釣りテング 解禁に〝アユ電車〟超満員

A　めん類きょうから値上げ　モリ・カケ二十五円
2日　A　これも商魂、ホタル狩り　赤坂見附弁慶橋
4日　a　大森平和島のモーターボート場開き
A　新宿須賀神社の夏祭り
7日　A　第十九回日立明三大学対抗水上競技大会　神宮プール
A　東京競馬　八日間総売上八億二千八百万円
oz　ローマの休日をみる
8日　A　浅草鳥越神社夜祭りのオミコシ　高張り提灯も明るく
14日　a　雨の中二百人の行列　平安朝色豊かに山王祭（日枝神社）
15日　a　初の皇居一般参観始まる　徒歩コース一時間
27日　a　『君の名は』空前の大当たり　観客動員数約三千万人
25日　Y　梅雨の晴れ間に盆踊り　駒澤大学校庭
30日　A　東京都体育館で約一万二千の観客　金子、タイトルを防衛　東洋フェザー級選手権

じわじわと不景気感が都民に浸透している。そこに値上げ記事、自殺や心中の記事も目につく。また、衆院・空前の大混乱（警察法案　会期二日延長強行）　警官二〇〇出動（4日Y）と、都民には不満が溜まっていたとみえ、新橋西口ステージの「国会真相報告会」では「乱闘報告」（9日A）に黒山の人だかりができるほどである。

これも商魂、ホタル狩り
弁慶橋で　放すそばから捕まる
夏を呼ぶホタル狩が一日夜東京赤坂見附弁慶橋の外ボリで行われ数百人の子供たちやアベックでにぎわった。ボート屋さんが、客寄せ策に思いついたもので、二十六年夏からやっている催し。

ボート屋が考えたイベント。3500匹の蛍を櫓の上から放ったが、待ち構えた群衆にあっという間に捕獲された（『朝日日新聞』昭和29年6月2日付より）

野球は、「8日　後楽園球場二万五千、9日二万五千、13日三万、22日二万、24日四万」と、スポーツ観戦全般に盛り上りをあまり感じられない。

◉7月　景気が悪化するなか、人出だけは盛況か

1日　A　世界体操で女子初の優勝
2日　A　夏模様に人出五十万　六郷川開き花火大会（川崎市多摩川）
　　　A　はりきるカッパ　各地でプール開き
4日　Y　涼を求めて一万人　新趣向の水着ショウ　多摩川園
　　　y　真夏の第一日曜　ツユ晴れ海山にぎわう
5日　A　オール・スター戦パシフィック連勝　後楽園球場超満員四万五千
　　　A　中山競馬最終日　八日間総売上八億九百万円
　　　A　上野名物「第三回江戸趣味納涼大会」幕あけ
7日　y　お中元商戦たけなわ　豪華品サッパリ
8日　Y　上野弁天堂裏でホタル狩り　六千匹追う三万人
9日　Y　江戸の夏〝ホオズキ市〟（浅草）
11日　Y　〝都会の谷間〟でうっとり　後楽園競輪場一万五千「シンフォニーの夕」

Y　後楽園球場三万　巨人、阪神に完勝
12日 ro　新橋演舞場、十吾等の松竹新喜劇。大入満員、大当たり。
13日 y　お盆入り浅草の人出十五万（前年16日は、「浅草六区　人出二十万を越え」）
14日 ro　ニッポン放送前夜祭。……大入満員（日劇）
16日 a　ヤブ入りでにぎわう浅草六区
18日 a　陽のあたった日曜日　湘南へやっと五万
y　不忍池の灯ろう流し　夕涼みが押し出し、約二十万人という今夏最高の人出
19日 Y　後楽園三万五千　巨人、中日に連敗
25日 A　人出まさに百五十万　新記録をつくった〝両国川開き〟小舟およそ六千
a　正午鎌倉五万、逗子・葉山八万、江ノ島七万　海岸はお花畑
y　湘南へ五十万人　富士は戦後最高　イモを洗うようなきょうの江ノ島海岸
31日 ro　鈴本の夜の部へ。昼もよく入ってゐたが、夜は、かなりいゝ

人出はあるものの、暗い記事が目に付く。「あぶれ五千八百　日雇〝職よこせ〟で気勢」（9日Y）。「雨！きょうもアブレ、お盆が来るのに日雇に暗い日曜」（11日y）。「死を誘うツユ空　一日平均六人の自殺」（13日y）などがある。

スポーツ観戦は人気があるが、仕事がなくギャンブルに出かける人も少なくない。これまでにも、地方競馬や競輪などでは八百長騒ぎが起きていた。それが17日には、後楽園競輪場でも八百長騒ぎが発生、コー

スに熱狂する二〇〇〇人が乱入した。その日の観客は、主催者の発表で約二万五〇〇〇人という。

◉8月　暑さを逃れ海山に人出

1日 a　イモを洗う海の人出　電車も殺人的　湘南、房総
2日 Y　上野の夏まつり　水のページェント開く
Y　後楽園プール　入場延べ一万人　夜のプール・大にぎわい
Y　都市対抗野球第一日　後楽園球場に四万五千の観衆
5日 Y　人形町商店街「謝恩納涼大会」
6日 Y　熱戦プロレスリング　東京都体育館で約一万の観衆
8日 y　鎌倉の人出二十万　立秋の日曜海岸にぎわう　大磯五万、逗子十五万、片瀬江ノ島八万
10日 Y　後楽園プール五千人　夜のプールも満員
y　黄変米の配給　見合せ
11日 Y　上野駅に五十万人　お盆の里帰り客大混雑
15日 y　海の人出今夏最高　鎌倉二十五万、片瀬江ノ島七、八万、逗子二十万、房総内湾約六万、内外房五万
16日 Y　隅田川で施餓鬼供養

Y　全日本水上終る　神宮プール一万余

18日Y　後楽園球場三万　別所、阪神に打崩さる

20日A　レコード界は夏枯れ知らず　ファン十万　LP三千円にもめげず

22日Y　シーズン最後の花火　御浜公園へ三万人

Y　後楽園球場三万九千　杉下、巨人打線を封ず

23日Y　後楽園球場四万五千　中日・巨人一勝一敗

前月は雨と低温に悩まされたが、8月は打って変わって猛暑が続く。都内の景気は良くないが、都民の納涼活動は盛んで賑わった。1日は、暑さを逃れ、プールはどこも満員、人々はどっと海や山に出かけた。この夏の特徴として、電車の混雑をよそに二万五〇〇〇台もの車が湘南に向かった。8日、そして15日と、暑さを逃れ、海への人出は増えつづけた。

「今夏の総決算」（28日A）によれば、東京近郊の海水浴場へ七〇〇〇万人繰り出したとある。鎌倉一五〇万、逗子一二〇～一三〇万、江ノ島一六〇万、房総方面が二四〇万と、どこも前年より増えている。一方山も新記録、北アルプスが一四万、南アルプスが約二万、富士山八万、富士五湖キャンプ場七万五〇〇〇、谷川岳三万、尾瀬三万、箱根は五〇万でキャンプ場は連日満員。

都民の夏旅行は行楽だけではなく、旧盆の里帰りが恒例化した。

昭和30年頃の湘南ハイウェイ（国道134号線）（「ジャパンアーカイブズ」より）

◉9月　たびたびの台風来襲で、都民のレジャーは低迷

6日　Y　巨人・国鉄一勝一敗　後楽園二万八千
12日　A　パチンコのトバク化にクギ？　警視庁、賞品の再検討に乗出す
　　　A　六大学野球リーグ戦　神宮球場で開幕
　　　a　全日本選手権レガッタ　戸田コース約六万
19日　a　台風一過の秋晴れ　子供連れでにぎわう動物園
20日　A　大関そろって黒星　大相撲秋場所初日　だいたいの満員
24日　a　大相撲秋場所五日目　大入袋
26日　A　上野五条天神のお祭り　歩道は見物人であふれ盛大
　　　Y　プロ庭球　田園コロシアム一万余の観衆
28日　Y　慶応、明治に連勝　神宮球場二万

9月に入ると、台風十二号、十四号、十五号が上陸し、全国各地で大きな被害が出た。なかでも26日には、青函連絡船「洞爺丸」が沈没し、死者・行方不明者が一一五五人にも達した。東京も台風の来襲はあったが、警戒していたより被害は少なかった。

都民は晴れ間を縫って遊んでいたが、大きなイベントはなく、野球と大相撲に人出が見られた程度である。

完成したての蔵前国技館の正門
（「ジャパンアーカイブズ」より）

◉10月　不景気に雨が多く、行楽に出かけられず

3日　a　大相撲秋場所千秋楽　大入満員　栃錦優勝
　　a　まるで運動会のコンクール　子供・大人入り乱れて　都内各地で運動会盛況
6日　y　後楽園で世界動物博覧会　午前中だけで一万人突破
8日　a　スケート場は大はやり　平日二千人、土日は四千人
10日　y　ベッタラ市ひらく　二百五十一軒（日本橋）
12日　a　雨の本門寺お会式　正午すぎまでの人出六万余
15日　a　ルーヴル美術展開く（「ルーヴル・国立美術館所蔵 フランス美術展」東京国立博物館・朝日新聞社共催）
17日　a　昼までの秋晴れ　超満員の結婚式場　行楽地も人出にぎわう
18日　A　六大学野球　早明二回戦　四万余の観衆
22日　A　川崎大師さま　むね上げ式　約五万人が押しかけ
23日　A　優雅な宮廷舞楽公開　皇居内観衆は約六千人
25日　a　東証スト、解決のメドつかず賃上げ
30日　A　『忠臣蔵』、『二十四の瞳』に劣らぬ大当り

10月は行楽シーズンだが、休日ごとに雨、雨が上がると人出がある。都民のレジャー気運はあるものの、人出はパッとしない。「10月最後の日曜日　遊覧バスの洪水」（31日y）でも、昇仙峡に三万人、日光に一万人、鬼怒川・川治に一万人、奥多摩に一万人程である。

兜町の東京証券取引所の職員までが賃上げスト。都内の不景気感はさらに進んでいるようで、「都の人口デフレ異変　転出、転入を上回る」（25日a）、と職場まで減少している可能性がある。

◉11月　白井の敗戦、ヒロポン、公害など社会不安を反映し、レジャー気運は停滞ぎみ

1日 a　一の「とり」に三万人、正午までの参拝者　千葉の水郷もにぎわう

3日 y　日本晴れにめぐまれて　行楽各地にどっと人が繰出す「明治神宮へ人出四十万　多摩川園に迷子百人」

6日 a　第一回体操祭（全国的規模の集団演技の祭典）、神宮競技場、二万を越える人々

7日 A　早慶戦　神宮球場　五万の観衆

a　早、四回に大量得点　六万の観衆

13日 a　近ごろ映画館の表情　五本立てで五十円

a　流行歌界『お富さん』大当り

a　日比谷第一生命ホール「女優座」公演は大入り

16日 a　新商売〝貸しせんたく機〟三十分で三十円ナリ

24日 A　豊川稲荷のむね上げ式　ザッと七、八万人
　　 Y　オープン戦巨人、西鉄に連勝　後楽園球場三万五千
28日 A　白井、ペレスに敗る　後楽園特設リング一万数千の観衆
　　 a　秋に〝とどめの雨〟
29日 A　東京競馬　八日間総売上　六億六百万円

11月に入り、天候は晴れ続きなのに、例年のような人出はない。ピークとなる3日も、都内の人出が多かった程度で、近郊の行楽地は箱根を除いてどこも入りは少なかった。

スポーツ観戦もぱっとせず、なかでも、世界選手権を五回も防衛した白井がついに負け、これも都民のレジャー気運を暗くした。

秋が深まっても、明るいニュースがない。「〝日本のアヘン戦争〟ヒロポン禍」（13日Y）。「またヒロポン手入れ　大掛りな密造工場摘発」（17日a）、この年がピークとされるヒロポン中毒、都内に一〇万人の患者がいる。

また、「煙に悩む街　センタクものも真ッ黒」（21日A）と、洗濯物が汚れるほどの大気汚染、公害が新聞に取り上げられ始めた。

◉12月　慌ただしく殺伐とした歳末

2日A　暴利むさぼるキャバレー
6日Y　雨の縁日にぎわう　売れた水天宮のお守り
13日A　ものわびし〝歳末の序曲〟主婦は特売場で血眼
15日y　伝統のボロ市開く　業者約千（世田谷）
17日a　羽子板市はじまる〝カブキもの〟圧倒的（浅草）
23日A　力道山、木村を破る　蔵前国技館一万三千の定員を突破
oz　力動山と木村のプロレス　上原邸のテレビでみる
25日A　クリスマス・イブ　百七十万人の人出　夜通し続いたバカ騒ぎ
a　活気づいたスキー場
29日Y　深川納《おさめ》の不動に人出三十万
y　デフレ知らずのテレビメーカー
31日Y　ごった返す上野駅　にぎわう浅草観音

前月、民主党が結成されたのを受け、国会は吉田内閣が総辞職。第一次鳩山内閣が成立した。政治の混乱と共に、慌ただしい歳末が始まった。

30日の都内の人出を銀座一五万、浅草七万、上野一二万、と伝えている（31日Y）が、前年より二〜四割減。師走だけに街に人出はあり、縁日や歳の市などは賑わっているようだが、都民のレジャー気運は沈みがちである。

昭和30年（1955）
——神武景気へと、都民の遊びも戦後最高へ

2月の第二十七回衆議院議員総選挙で鳩山民主党は第一党になったものの、政局は安定しなかった。4月、創価学会が政界進出する。10月に左派社会党と右派社会党が統一、11月に自由党と民主党が合併して自由民主党が結成された。以後、自民党・社会党の二大政党による日本の政党システムが確立する。しかし、実際は社会党が自民党と肩を並べる勢力にはならず、自民党による一党優位の続く時代、いわゆる55年体制である。

この年の前半はデフレが進行して、都内には不景気感が深く浸透した。消費者物価指数も前年より下落し、特に食料品が著しかった。夏ごろから、米の豊作が伝えられ、それも史上最高になる。その他の農作物の豊作で、加えて秋刀魚は大漁などと、これまでの食料不足が完全に解消したと実感できるようになった。この年は、台風による大きな被害を受けることなく冬を迎え、好景気到来の歳末となる。なお、5月に紫雲丸沈没事故、8月に森永粉乳中毒事件、10月に新潟市大火などの事件があった。

都民のレジャーは、景気回復の実感より一足先に3月頃から活発で、人出は増加していた。4・5月は天候に恵まれず、人出は伸びなかったが、6月の行楽は例年より盛況であった。夏のレジャーは家族連れが中心となり、質素ではあるが戦後最高の人出。秋に入っても、都民のレジャー気運は衰え

ず、年末までそこそこの人出が続いた。

もっとも、全てのレジャーが増えたのではなく、レジャー志向にも変化の兆しが見え始めた。4月に、ラジオ東京テレビジョンが開局、テレビの普及によってスポーツ観戦が容易になった。同時にプロレスの人気が高まり、相対的に大相撲の入りが減っている。他のスポーツも、実況が多くなって選択肢が増え、自分が本当に見たいものに足を運ぶようになった。また、実況がテレビ放映されたことから、観客の少ない競技や試合がはっきりと分かるようになり、人気のあるスポーツはより一層観客を集めるようになる。

テレビの影響は大きく、子供たちがプロレスの真似をするのが社会問題になったほど。なお、テレビの普及率は東京でさえも五％以下、ラジオが六九・六％と、都民の日常的娯楽はラジオであった。ラジオ新番組として、バラエティー『愉快な仲間』『今週の明星』『三太物語』など、主な人気番組には『サザエさん』『森繁ゴールデン劇場』『夫婦善哉』『ユアヒットパレード』『お笑い三人組』『とんち教室』『ピヨピヨ大学』『ホガラカさん』『二つの歌』などがある。

手軽なレジャーとしての映画鑑賞は、前年よりさらに増加したが、特別大当たりしたという映画はなかった。それでも、『修禅寺物語』『ジャンケン娘』『新・平家物語』『亡命記』『宮本武蔵　一乗寺の決闘』『楊貴妃』『力道山物語　怒濤の男』などに人気があった。また、洋画は『砂漠は生きている』『シネラマ・ホリデー』『海底二万哩』『ヴェラクルス』『エデンの東』『スタア誕生』『裏窓』『暴力教室』などがある。

流行歌としては、『おんな船頭唄』『ガード下の靴磨き』『祇園小唄』『この世の花』『すみれの花咲く頃』『月がとっても青いから』『高原の宿』『カスバの女』『東京アンナ』『別れの一本杉』などがある。流行語は、押し屋、最高・最低、三種の神器、セミテン、頼りにしてまっせ、ノイローゼ、何と申しましょうか、兵隊の位などがある。

◉1月　新春の人出もデフレのお正月

3日　A　皇居参賀　整然と十六万人
　　A　第八回東西学生選抜対抗アメリカン・フットボール試合（ライス・ボウル）　神宮競技場一万の観衆
5日　Y　上野動物園、豊島園　前年よりやや減少
6日　A　「デフレ正月」邦画の客足さっぱり
　　a　出初式に観客二万　皇居前広場
9日　a　初場所夜明けから客足
10日　A　梅見物に五千人、熱海
14日　a　当てが外れた正月映画　邦画はひどく不成績だった
15日　A　連休で上野駅大混雑
　　a　戦後最高のにぎわい　草津スキー場どの宿も満員
　　a　スケーター四千人　富士五湖へくり出す

17日A　中山競馬最終日　八日間総売上七億五千二百万円
22日A　にぎわう西新井初大師　約二百軒の露店、「西新井初大師　人出六十万」（22日Y）
24日Y　東西学生ラグビー　秩父宮ラグビー場三万
23日Y　スイス、日本を完全に封ず　後楽園でサッカー　二万の観衆
26日Y　深川不動尊の世なおし納額式

正月三が日は晴れ、にもかかわらず都内の人出は少ない。不景気感が都民に深く浸透しているようで、映画館の入りも悪く、特に邦画はひどい不成績であった。スポーツ観戦は盛況に見える。ただ相撲は、「初場所夜明けから客足」（9日a）とあるが、15日が成人の日で休日であったため、「七日目初めての満員御礼」（15日a）になる。「千秋楽　今場所四度目の大入満員」（23日a）と、前年より改善された程度である。

◉2月　東京は選挙一色

4日A　きのうの節分　人出七十四万
4日A　北区の旧古河邸　都に払下げ
14日y　オイストラップ（ロシアのヴァイオリン奏者、ダヴィッド・オイストラフ）　前売り十数分で売切れ
27日A　衆院選挙　きょう投票日

この何年かぶりで、豆まきに人出が出た。といっても、深川不動尊が一八万人、浅草寺が一三万人、富岡八幡宮が一〇万人など、各寺社のイベントとしては特別盛り上がったとはいえない。それよりも、街頭の選挙戦の方が激しく、熱気を帯びていた。都民のレジャーは、第二十七回衆議院議員選挙戦にすっかりかすんでしまって見えてこない。

◉3月　都民の行楽気運は徐々に高まる

6日　A　水戸偕楽園　十万の人出
9日　ro　『銀座三代』日劇七日間、平均五千人入れば元はとれると言ってゐたが、七千
10日　ro　日劇千秋楽一回目より押すな〳〵の入り
13日　Y　選抜都市対抗野球開催　後楽園一万五千
14日　A　約二万の人出　高尾山の火祭り
17日　Y　都体育館でオイストラップ　一万六千の聴衆
20日　A　駅にどっと行楽客　連休
　　　a　春雨にもめげず繰り出した四十万　午後は都内の盛り場も
22日　Y　雨の連休・人出八十万　六区はホクホク
24日　a　雨のお彼岸中日　お墓参りの足もにぶる
27日　a　湘南方面十万余、熱海の花見に五万、豊島園五万、西武園二万以上（3月唯一の行楽日和）

28日Y　読売旗争奪　巨人、阪神に大勝　四万余
30日A　観光バスごった返し　ようやく〝東京の春〟たけなわ

3月に入っても不景気感は変わらず、少しでも明るい話題をという意図なのか、梅の水戸偕楽園の人出など、花の知らせがあちこちで目につく。そのためか、都民の行楽気運は、日を追って盛り上がっていき、お彼岸ころから人出があり、都内の盛り場に賑わいが増した。

20日以降の天気は、連日の雨、晴れたのは27日だけである。それでも、20日の人出は、「国鉄、私鉄調べで四〇万。各地の状況は、熱海　相変らず多い団体……鎌倉の人出は約四万……予約で満員の箱根（宿泊客一万五〇〇〇人）」（20日a）などとなっている。なお連休で、郊外に出かけようとした人が都内の盛り場にどっと出張ったため、浅草六区の映画館では満員になったところもでた。

唯一の行楽日和であった27日は、湘南方面の一〇万余をはじめとして、どこも人出があった。

◉4月　天候にたたられ、春の行楽は不完全燃焼

3日A　セ・リーグ公式戦始まる
　a　またもや雨の日曜日　遠出組はサッパリ　映画館、劇場ホクホクの満員
9日Y　上野の夜は七万人の夜ザクラ見物
10日a　行楽へ「三百万人」動く

11日 A ごった返す　迷子都内で四百三十人、酔っぱらい保護二十二人、スリ八十件
17日 a 六大学野球リーグ戦開幕
23日 a 靖国神社例大祭
24日 a 行楽の人波は郊外へ　海岸は潮干狩りでごった返す
25日 A 中山競馬最終日　八日間総売上七億三千八百万円
26日 A メーデー　前夜祭　都体育館で約一万八千人
29日 a 天皇誕生日　参賀二時までに六万余
y 青葉の連休ひらく　臨時電車はオール満員

花見の季節になったが、寒の戻りがあり、日曜ごとに雨という、最悪の行楽シーズンであった。それでも、都民のレジャー気運は高く、遠出できなければ都内でと近場の人出は多かった。ピークは9日の夜から10日、午後小雨が降ったが、上野公園に五一〇万人、多摩湖畔に一五万人、箱根に七万人（10日a）。この年正月以来の最高、三〇〇万人の人出があった。

雨が多かったことから、映画館に人が集まり、丸ノ内日活『埋れた青春』（8日a）、新東宝『青春怪談』（19日a）、大映『薔薇いくたびか』（24日a）などの満員御礼広告が出されている。

24日の日曜日は午後から雨、この日都知事と都議会議員選挙が行われた。都民は、先月から続く選挙運

賑わうデパートの屋上遊園地＝浅草松屋（「ジャパンアーカイブズ」より）

動に嫌気が差したのであろうか、潮干狩りなど郊外に出かけてしまった。そのためか、投票率は上がらず、戦後最低だった。29日の天皇誕生日も午後は小雨、それでも出かける人はかなりいた。室生犀星が池上本門寺の植木市に出かけたように、都民は身近なところで遊んでいたのであろう。

◉5月　人出はあるが、お金の落ちないゴールデン・ウィーク

1日　a　メーデー　神宮外苑広場に二十五万人
2日　A　東西スター野球　後楽園ナイターに観客五万人
3日　A　山へ山へ人波きれず　雨予想も何のその　ゴールデン・ウィークはいまたけなわ
5日　a　天は晴れたり「こどもの日」　郊外へ動物園へ　ウィーク中最大の人出
6日　A　当てが外れたゴールデン・ウィーク「〝鉛の週間〟だと映画館……デパートは雨礼賛……観光地どこもガッカリ」
　　　Y　全日本柔道選手権　蔵前国技館一万五千
9日　Y　巨人、阪神を連破　後楽園は四万三千
13日　ro　演舞場へ、松竹新喜劇……最前列の補助椅子で見る。大入満員
14日　Y　パチンコ青息吐息　連発式禁から一月
15日　A　神田柳森神社の夏祭
　　　y　浅草観音御開帳　五十万の人出、羽田「空港まつり」人出十万

下火にはなったもののパチンコ人気は根強い（『東京24時間』より）

16日 a 大相撲夏場所始る 大川端（隅田川下流の右岸）、好調な出足
Y 東（立教大）ノーヒットノーラン 神宮球場五万
A 東京競馬 八日間総売上六億一千六百万円
19日 a 転機に立つファッション・ショウ 客は集るが売れない
27日 A 血液売る失業者が激増
29日 A 庭球 デ杯東洋ゾーン 田園コロシアム満員空前の入り一万の観衆
mr 山王名畫座（大森）へ行つてみたが、看客あふれゐて入場しないでもどる
30日 A ダービー五万のファン〝雨の不良馬場〟
31日 A ペレス、KO勝ち 後楽園特設リング ファンは一万五千

1日のメーデーは雨のち晴れで、主催者発表で二五万人であるが、警視庁九万五〇〇〇。その後のデモ行進には、野上弥生子もついて歩いている。夕方からは、後楽園で映画スターによる野球試合がナイターで催され、五万人ものファンを集めた、そのころ入りの悪かったプロ野球とは対照的である。

「ゴールデン・ウィーク」という言葉は、朝日新聞でこの年から使い始める。都民のハイキングは夜行日帰りが主流で、翌日は雨という天気予想があるにもかかわらず、2日の夜行はどの列車も満員となった。5日は久しぶりの晴天、ゴールデン・ウィーク中最高の人出であった。なお、業者は、当てが外れたとこぼしている（6日A）。

スポーツ観戦は、15日から始まった大相撲。「好調な出足」とあるが、やはり不景気。「中日 はじめて

の〝満員御礼〟」（23日A）。十日目に昭和天皇が初めて観戦、栃錦の優勝で注目されたが、「大相撲もデフレに土俵を割る　懸賞、昨年の半分」（30日A）、という状況であった。

なお、ボクシングは、リターンマッチで白井がKOされ、期待を裏切られた。競馬は、雨の中、五万人ものファンを集めたのは、不景気なので一攫千金を狙った人達が少なからずいたのだろう。

◉6月　梅雨空の下でもスポーツ観戦を楽しむ

1日A　浅草にジャングル「植木市」はじまる
　a　多彩な6月の第一日　プール開き、アユ解禁
2日A　都内でほたる狩　弁慶橋など
3日Y　電車も立往生　四谷須賀神社例大祭
5日A　駒沢球場ナイター開き　二万五千の超満員　東映対トンボ
　a　早慶水上競技大会　神宮プールで開始
8日a　品川荏原神社のカッパ祭
9日A　白髯神社（墨田区東向島）例大祭にシシガシラ
10日y　水上スキー　大森海岸にお目見え
12日A　六大学野球　慶大、早大に先勝　七万近い大観衆
13日A　早大、慶応に雪辱　七万の観衆

A　東京競馬　総売上七億五千七百万円
Y　日立明三大学対抗水上競技　古川が世界最高　神宮プール一万二千の観衆
14日A　新宿は角帽の渦巻（角帽は早大生のシンボル）
20日Y　盆踊りのはしり　駒沢大学で
21日ka『渡り鳥いつ帰る』初日……大入満員
23日y　総評　日比谷公園で五万人集会
26日a　海へ山へ涼を追って　丹沢へ五千人、神宮・後楽園プール三千人

不景気感は浸透したままであるが、都民は明るさを求めているように感じる。スポーツ観戦を見ると、例年の6月に比べて人出が多いようだ。ナイター、早慶戦、世界新記録と、気運の盛り上げに貢献している。

◉7月　プロレスに熱をあげ、都民のレジャー気運は昂揚

1日a　きょう山と海開き
2日A　夜空の花に四十万人　多摩　川開きのトップ　川崎市制三十一周年祝賀花火大会
3日a　湘南に繰出す十万　谷川五千のリュック行列
6日a　入谷の朝顔市始まる　二万鉢売り出す
7日Y　後楽園で9日からひらく　ジェットコースター

9日 A フェザー級ノン・タイトル　後楽園特設リング　約一万五千の観衆
　　A ホオズキ市も前夜祭（浅草観音の四万六千日）
10日 Y 江戸趣味納涼大会　ざっと十万　上野
　　A 巨人・中日一勝一敗　後楽園四万五千
　　a うだる日曜　海へ山へ　鎌倉は七万人　逗子は五万
11日 A 中山競馬最終日　総売上六億八千二百万円
13日 A 危い　荒川放水路での水泳
15日 A 靖国神社〝みたままつり〟奉納盆踊り六千人
16日 Y プロレスお盆興行　蔵前国技館一万五千
17日 a どっと海と山へ　今夏最高の人出を記録　富士山頂に一万人　鎌倉はイモを洗うよう
18日 A 不忍池でとうろう流し　ユカタがけはざっと十万人
24日 Y 夏休み第一日曜、鎌倉へ十二万人、房総方面は十余万の人出
25日 a 記録破りの臨海学校　千葉県富山町この夏は十八万人
31日 A 人出は百五十万　両国の川開き
　　a 海へ　人出最高　鎌倉に昼までに十五万人もの人が出

右：力道山戦を放映中の街頭テレビに群がる観客（『アサヒグラフ』昭和30年8月3日号より）
左：戦う力道山（『アサヒグラフ』昭和30年9月21日号より）

かけて迷子が二十余人、逗子に十二万人、江ノ島にも十万人

この頃の都民は格闘技に熱を上げている。8日のボクシングはノンタイトル戦、サドラーに金子がTKOされるという試合にも大勢が観戦。ラジオ中継も行われ、「拳闘のラジオ聞く」（8日ro）と古川ロッパも聞いている。

15日は、プロレスのお盆興行、「蔵前国技館よりのプロレス中継……八百長なること」（15日ro）と、試合が八百長であることを感じていてもロッパは見ており、さらに17日の日記に「NHKでも今日はプロレス三日目を中継」、22日も「今夜は又、プロレスなり、又見なければならない」と、その熱狂ぶりを記している。プロレスは、ロッパだけでなく都民も熱中していた。

海水浴や登山も、17日に「今夏最高の人出を記録」。その後夏休みに入り、人出は増えていった。

●8月　様々な夏のレジャーが楽しまれる

1日　ro　NHKテレヴィ、プロレス見物。いやもうメチャ〳〵

2日　Y　都市対抗野球第一日　後楽園で観衆三万

4日　A　テレビ塔の納涼　大はやり

5日　A　杉並馬場の納涼相撲

6日　A　浅草柴崎町で仮装盆おどり

A　日米対抗水上競技大会　神宮プール興奮のルツボ、「スタンドは超満員」（8日A）

11日 Y 上野駅　月遅れお盆へ　帰郷者三十万
Y 全鐘紡《ぜんかねぼう》四度目の優勝　観衆四万（第二十六回都市対抗野球大会）
16日 A 原水爆禁止東京大会　都体育館に約二万人
A 荒川で花火大会　人出十八万
21日 a テレビブーム　十万台突破か　浅草では映画館も食われる
y プールどこも超満員　〃とても泳げませんネ〃
22日 A 日比谷公会堂の公開報道で　女六人が重軽傷　スター見たさに押合い
23日 A 亀戸天神の例大祭　黒牛にひかれ、ねりあるく御神体
25日 ro 拳闘のタイトルマッチ中継、ピカデリー劇場『旅情』大変な当り

第4回日米対抗水上競技大会　閉会式で秩父宮妃の挨拶を受ける日本チーム（『画報現代史』第15集より）

1日の朝日新聞朝刊に、銭湯の湯船ように混雑した後楽園プールの写真と、「水の犠牲者　荒川放水路で二人とプールで一人」（1日A）が掲載されている。4日の夕刊には、「厩橋で潮干狩舟沈没　小学生二人は絶望」（4日a）など、悲しい記事が続いた。

「今シーズンの中間報告」（17日A）によれば、月半ばまでの人出は、富士山へ山梨県側から八万三〇〇〇、丹沢は一〇万を超える、尾瀬に三万、鎌倉は二三〇万という新記録、片瀬・江ノ島も一八五万、館山など内房に九〇万という記録。暑さは20日過ぎても続き、21日は、後楽園プールが一万人、豊島園が五〇〇〇人。また、湘南も賑わっていた。

◉9月　月が変わっても都民のレジャー気運は高いまま

1日 ro 日劇『江利チエミ大いに歌ふ』で大入り、チエミは大した人気である
4日 a 秋を楽しむ日曜　千葉沖、羽田沖などに約十八万（ハゼ釣り）
10日 A 隅田川で「竜灯祭」
a 秋の六大学野球開く
11日 a 明治神宮の〝おきひき〟（遷宮の際の大衆参加行事）行われる
12日 A 日本学生選手権水上競技　神宮プールでほぼ満員　早大、ついに五連勝
Y 巨人優勝の色濃し　対中日　後楽園四万
13日 a 砂川町の測量強行さる　負傷者も多数（住民が在日米軍立川飛行場の拡張に反対）
16日 Y 一足早いアイスパレス　舞う一万人
18日 a 運動会の季節始る
19日 A 大相撲初のナイターまず成功
A 東京競馬　総売上四億四千五百万円
19日 a 図書館は連日ラッシュ　上野などは〝満員札止め〟（大学の試験シーズンと重なり）

行く夏を惜しむお台場の海水浴客（『東京24時間』より）

24日　A　連休　先を争う行楽客　東京駅昨夜の混雑
26日　Y　早大、明治を連破　神宮球場観衆六万

都民の行楽活動は夏休みが終わってもなお盛ん。4日はまだ泳げるほどの暑さではあるが、東京湾はハゼ釣りで賑わう。台風は来たものの、大きな被害もなく、都民のレジャー気運を反映するかのように、大映『長崎の友』（13日a）。大映『新・平家物語』他満員御礼広告（21日a）。劇場も、「日劇へ。千秋楽の今日も、一回目から三階を残して満員」（26日ro）。

秋分の日は、郊外にどっと繰り出した。「近郊の行楽地の表情」（23日a）として、日光・水上・湯村・修善寺など、温泉は予約で満員と報じた。都内も、音楽会・演劇・スポーツ・展覧会に分けて紹介している。25日は、「からりと秋晴れ　連休ごった返す温泉場」（25日a）、熱海は超満員泊まり客四万、箱根五万、日光二万、昇仙峡二万のハイカーなど大勢が出かけた。

大相撲はプロレスなどの格闘技の人気に押されて、停滞気味だった。そのためか、秋場所は観客の便を考慮して開始を遅らせ午前十一時、打ち出しを午後八時までとした。初のナイターということで話題になり、ナイター効果があったとされた。他のスポーツ観戦は、相撲以上の盛況だった。

◉10月　街中に活気を感じる秋

1日　a　神宮外苑で観閲式　初の自衛隊記念日
2日　a　あて外れた日曜日

3日 A 千秋楽二度目の満員御礼 大相撲秋場所
4日 y 一週間ぶりの青空 わっと運動会
5日 A 浅草六区の異変 軽演劇復活の機運 あきられた？ストリップ
8日 y 雅楽 皇居旧東丸跡に延べ一万人
9日 a 〝街頭全盛時代〟去る テレビ約十万を突破
10日 Y 六大学野球 早大・法政決勝へ 五万五千
 Y 運動会ブーム 本紙（読売）関係だけでも二十八
12日 A 東京 八百万を突破（国勢調査八〇三万人）世界第二の都市
13日 A 七十万の人の波 本門寺のお会式 夜もにぎわう戦後最高
16日 a 秋晴れ日曜各駅、家族連れの人波
23日 A プロ野球日本選手権 巨人、二勝に押返す 二万一千
 A アサヒ・コンサート名曲に酔う 六万人 錦糸公園（墨田区）
24日 A ヤンキース対セ・パ選抜 後楽園三万五千
30日 a 秋の国民体育大会開く、横浜三ツ沢競技場

都民のレジャー気運は上向きなのは、生活のゆとりを反映しているようだ。古川ロッパの6日の日記に「電気洗濯機が届いた」とある。有名芸能人だから庶民よりは早く入手していると思われるが、庶民にとっても手の届くところまできている。またテレビも、街頭での黒山の見物は消え、飲食店には大抵あるくら

いまでに普及し、特別珍しいものではなくなった。

この秋は急に寒くなった。それでも行楽活動は盛んで、お会式が戦後最高の人出を記録したように、休日ごとに都民は出かけている。

◉11月　景気の改善を感じて都内の人出はさらに増える

3日　a　この冬の暮しは？　ヤミ米グンと値下り、停電なしにすみそう、洋服も安く、良質に
　　y　さわやかに文化の日　神宮に百万の人出
4日　A　デコボコながら上向き　近ごろの景気を探る
　　A　まず成功だった秋の国体、満員近い観衆
7日　A　中山競馬　七日間総売上六億五千二百万円
8日　A　早慶戦、早大、十七たび優勝　六万
　　a　〝おトリさま〟朝からにぎわう　ザッと五十万（浅草・鷲《おおとり》神社）
11日　A　ヤンキース対全セ　後楽園一万六千
　　A　氷上で浮き浮き　混雑するスケート場
13日　y　青森・東京駅伝　青森、四連勝
16日　a　ヒロポン本年初の大手入れ　ポンクツの数は都内に約三十カ所
17日　A　神宮外苑で私学祭　三万人の参加

20日 a　天皇賞レースつめかけるファン、午後一時にはすでに二万人
21日 A　トリの市 〝二のトリ〟かしわ手も打てぬ混雑　人出は百五、六十万余人
24日 A　関東大学ラグビー　慶、早を破る　秩父宮ラグビー場　スタンドを満員にした
30日 Y　トルコ対日本、レスリング最終戦を飾る　蔵前国技館一万の観衆

11月に入って、「米　空前の大記録」（2日 a）、3日に闇米の値下がりなど、都民を安心させる記事が続いた。景気回復の兆候は、開運や商売繁盛を願う、浅草酉の市が戦後最高の人出となった。他の人出も多く、どこも活況であった。

野球はシーズンオフになるが、早慶戦は連日六万人を超える観客。日米野球も、「ヤンキースの猛打防げず巨人　約二万四千」「ヤンキース、全パに大勝二万」「対ヤンキース、全日本後半に崩る　超満員」、全く太刀打ちできないが、四日間も、都民は後楽園に足を運んでいる。

覚醒剤は街中に広がっており、大規模な手入れが行なわれ、その巣窟が摘発された。また、四谷外濠公園総評、官公労集会、三万五千」（26日 a）と、公労協の年末闘争集会が催されており、社会問題がまったくなかったわけではない。

◉12月　歳末に暗さなし

5日 Y　関東大学ラグビー　明大、早大を圧倒　秩父宮ラグビー場二万

11日Y 銀座に〝ボーナス〟の人出
12日Y 原子力平和利用博閉幕 日比谷公園で知識を得た三十六万人 一カ月開催
22日 a お歳暮すごい売行き 吹き飛んだ虚礼廃止の新生活運動
24日A 浮かれクリスマス 一足早く昨夜から
29日 ro 東宝劇場へ。東宝まつり三日目、入りよく、ダフ屋が跳梁する景気
31日A 北へ南へ満員列車昨夜、都内の駅は大混雑 きのう東京は初夏なみ

新聞を見ると、「師走の買物案内……思い切って良い物を」（9日a）。「街に見る『ボーナス景気』」（12日a）など、例年の歳末の暗さは感じられない。

24日は、歳末大売出しというより、クリスマス商戦とでもいえるような賑わい。銀座の人出は、戦後最高記録の一二〇万、売上げも九億円。新宿も負けずに八〇万の人出と、やはり最高で、都内はどこも大変な人出であった（25日A）。

戦後10年の平和なクリスマス（「ジャパンアーカイブズ」より）

昭和31年（1956）

──神武景気に浮かれ遊ぶ都民

前年の米の大豊作により、食への不安はなくなった。都の消費者物価指数で食料指数は、前年より少しではあるが低下した。それまで値上げに悩まされていた都民にとって、最良の年と言っても過言ではないだろう。国内の経済は、輸出産業の好調が国内の産業全体を牽引し、設備投資の増加、内需の拡大という好循環を生み出した。そのため、「神武以来の好景気」とうたわれるほどになり、好景気感は庶民生活にも徐々に浸透した。

政局も、前年に一応の安定をみたものの、自民党は党内の抗争を抱えたままであった。7月の参議院選挙の投票率は、五割を割っており、都民の政治への関心は低い。6月の新教育委員会法案にしても、案の内容より、国会に警察官を導入したことが重大だと報道された。その一方で、10月には砂川基地拡張反対闘争の激化。12月に、日ソ国交回復交渉妥結、国際連合への加盟と、国際社会への復帰が認められることに、国民は歓迎ムードである。

都民のレジャーは、正月から景気が良い。浅草六区は〝2月枯れ〟知らず、とまで読売新聞は書いている。春の行楽は戦後最高、梅雨に入っても都民のレジャー気運は変わらず、夏へ向かった。海や山へ出かける人は、休日ごとに記録を更新、それと共に、奔放無軌道に行動する「太陽族」（石原慎太郎『太陽の季節』より）が増え、社会問題となった。秋になると、郊外への行楽とともに、開都五〇〇年のイベントにも大勢の人が出た。特に、西鉄の優勝や対ドジャース戦の後楽園球場、総売上が一〇〇億円を超えた中山競馬、と盛況が続いた。師走に入ると、メルボルンオリンピックでの日本選手の活躍が伝えられ、スポーツに対する都民の関心をさらに盛り上げた。

都内のラジオ普及率は七〇％と、史上最高。テレビを見る人も増えてはいるが、普及率は翌年3月でもまだ七・六％ということで、都民の日常的な娯楽はラジオ聴衆が勝っている。『赤胴鈴之助』や『少年探偵団』が始まり、『わんわん物語』『おしゃれジョッキー』『オヤカマ氏とオイソガ氏』『猿飛佐助』などのラジオ番組が人気。テレビも新番組『チロリン村とくるみの木』『お昼の演芸』『鞍馬天狗』『スーパーマン』『名犬リンチンチン』『お笑い三人組』『危険信号』『東芝日曜劇場』『ロビンフッドの冒険』などと充実してきた。

映画も、好景気を反映して観客数は大幅に増加。主な邦画に、『真昼の暗黒』『夜の河』『カラコルム』『猫と庄造と二人のをんな』『ビルマの竪琴』『早春』『台風騒動記』『流れる』『太陽とバラ』『あなた買います』などがある。洋画では、『ジャイアンツ』『海底二万哩』『戦争と平和』『征服者』『八月十五夜の茶屋』『わんわん物語』『空中ぶらんこ』『ピクニック』『トロイのヘレン』『捜索者』などがある。

流行歌としては、『東京の人よさようなら』『ここに幸あり』『どうせ拾った恋だもの』『哀愁列車』『好きだった』『若いお巡りさん』『ケ・セラ・セラ』『ハート・ブレイク・ホテル』『リンゴ村から』『愛ちゃんはお嫁に』など。流行語は、一億総白痴化、キングサイズ、愚連隊、慎太郎刈り、神武以来、戦中派、太陽族、中学浪人、デイト、ドライ、マネー・ビル、もはや戦後ではない、などがある。

◉1月　好景気の正月、どこも最高の人出

1日　ro　日劇新春スターパレード・客は軽い満員
3日　Y　快晴の参賀十五万
4日　A　小春日和にうかれて　浅草の人出は三十五万
5日　a　にぎわう初水天宮
6日　a　皇居前広場で出初式　名物の妙技にわく
8日　a　大相撲初場所開く
10日　A　松の内盛り場の景気　浅草六区は大繁盛
14日　A　上野駅二万本のスキーの林　ざっと一万
15日　a　好天気に恵まれて　成人の日にぎわう
22日　A　ダルマで運開き　西新井初大師に人の波　約六万
23日　A　中山競馬　八日間総売上八億三千四百万円
24日　A　芥川賞石原氏『太陽の季節』

人出は、元日の明治神宮が二八七万、靖国神社が五〇万、浅草寺も一五〇〜一六〇万、鎌倉が四〇万など、全国どこも最高らしい。ただ、新潟県では、弥彦神社の初詣に約三万人が殺到し一二四人が圧死する事件

活気のある書店の店内＝新宿・紀伊國屋書店（「ジャパンアーカイブズ」より）

が発生した。

国鉄は2日だけで七〇〇万人の乗客、人出が多いだけでなく、好景気を反映して、タクシーは昨年より三割以上（10日A）利用が増加と、お金を使って遊んだ。

人出は正月休み以後も続き、成人の日は盛り場が賑わい、スキーに出かける都民も増えてきた。大相撲初場所は、序盤の入りは良いとはいえないが、「若ノ花、朝汐に圧勝　七日目初めての満員御礼」（15日A）。「勝運に乗る若ノ花　ぎっしり満員」（16日A）。「十三日目満員御礼」（21日A）。「千秋楽鏡里、三度目の優勝」（23日A）と、尻上がりで盛り上がり、ファンを沸かせた。

正月映画も、大映『義仲をめぐる三人の女』・東映『赤穂浪士』他満員御礼広告（16日a）、21日『ビルマの竪琴』、29日『早春』が公開されるなど、活況であった。

◉2月　行楽は先月の余韻が残り気運は高い

1日A　冬季五輪に初の日章旗　猪谷、回転で二位（冬季オリンピックで日本選手が初の表彰台）
2日a　ニセ千円札造り捕る
5日A　減った人出・ふえた警戒　豆まきは百六十五カ所
　Y　上野駅のスキー客数が戦後最高記録
7日A　国際スタジアム（旧両国国技館）　金子、沢田に判定勝ち　二万近い観衆、超満員（ボクシング）
9日y　赤坂豊川稲荷初午まつり　一万名

12日 a 陽ざしに誘われ動物園、御苑に人出
16日 ro （東宝ミュージカル）今日も、入りよし
21日 Y 〝2月枯れ〟知らず 浅草六区の景気
26日 a 梅にうかれて各地で花見客にぎわう 水戸十二万一時半で

この年の追儺《ついな》式は、元日の弥彦神社事件の再発を防ぐために警備が厳しかった。派手な豆まきを控えたことで、例年より件数・人出も減ったようだ。それでも都内では、一六五カ所、人出は四三万五〇〇〇を数えた。なお、成田山の豆まきの人出は五万であった。

好景気を反映してか、伊コルチナ・ダンペッツオでのオリンピックもあって、スキー客は増加。月半ばから都内には人出があり、月末には観梅に出かける都民で賑わった。

◉3月 春先から活発なレジャー活動

11日 a 春浅い日曜だが上野動物園などに人出
14日 ro （東宝ミュージカル）千秋楽の入りは、東宝劇場のレコード破り
18日 A 春の夜風に浮かれにぎわう昨夜の銀座
a 彼岸入り墓まいり、にぎわうバカ陽気の日曜日 熱海二万 湯河原一万など
21日 y プロ野球幕ひらく 後楽園三万余 巨人勝

22日　y　日豪ラクビー　秩父宮ラグビー場　ほぼ満員
29日　sa　夕刻　日比谷公会堂へ　ドンコザック合唱団

都民のレジャー気運は、1月から高まったまま。11日は、「東武けさから全線スト　五十万人の足止まる」（11日 a）とあるが、上野動物園などに人出。映画だけでなく演劇などの入りが良く、ロッパは東宝劇場が盛況と日記に記している。また、日ソ友好ムードを盛り上げるためか、佐藤榮作も聴きに行ったドンコザック合唱団など、ソ連の芸能が紹介されている。

例年より暖かいためか、彼岸入り前に、夜の銀座に人出が見られた。彼岸の日曜日には、墓参りを初め都内の盛り場は賑わい、熱海や箱根などに出かける人も大勢いた。

プロ野球もペナントレースより一足早く、「巨人・毎日定期戦　神宮球場二万二千」（12日Y）。「読売旗争奪戦開く　神宮球場ファン一万」（13日 y）と、始まっている。

◉4月　春のレジャー、花見一辺倒から多様化

3日　A　世界卓球選手権大会　東京体育館　観衆約五千

銀座の街角、飲食店のウィンドウ（『東京 24 時間』より）

6日 A 踊る〝赤羽馬鹿まつり〟
7日 sa 先づ上々の行楽日和……プレーヤー多く九ホールできり上げた
9日 oz 日比谷公会堂にてウィンフィルハーモーをきく
10日 A 上野の夜桜に十余万人
14日 a 春の六大学野球開幕
15日 a やっと晴れた日曜日　どっとくり出した行楽の人　鎌倉十万の人出
16日 A きのうの人出　新宿駅は開設以来　国電の乗客も戦後最高　上野公園六十万人
17日 a 現れた特売せんたく機、一台六千八百円ナリ
20日 a 日比谷公園で第三回全日本自動車ショー
23日 A 東京競馬八日間　総売上八億一千四百万円
27日 A 国技館タッグ世界選手権　超満員と思いのほか
空席もチラホラ
oz テレビのプロレスを見る
29日 a 皇居一般参賀八万人　快晴にめぐまれて
oz 柔道のテレビなどを見ている

1日、「十三年ぶり4月の雪」（2日A）と、花見の気勢が削がれた。そのため、「当てのはずれた日曜日　花より映

四谷のゴルフ練習場（『東京24時間』より）

画に人気」（8日a）。都民のレジャーは花見一辺倒ではなく、選択肢が増えてきた。その一つとして、佐藤榮作の趣味であるゴルフの愛好者が徐々に増えている。また、産経会館で大江美智子の舞台を見て「低級だが大江の熱演は一寸した見もの」（22日sa）と言わせる魅力も浸透するなど、鑑賞の仕方も変化してきた。この頃、人気のプロレスも常に超満員とは限らず、その分、他のレジャーへ関心を向けるなど、レジャーの多様化が進んでいる。

都民の生活は一段と向上し、三種の神器（白黒テレビ・洗濯機・冷蔵庫）の筆頭として、洗濯機が都民の手に届くようになった。

花のシーズンが終わりかけているにもかかわらず、15日の人出は戦後最高との記事（15日y）。都内は五〇万ぐらいの上野を筆頭に、郊外では鎌倉や熱海に七万、横浜の潮干狩りが三万と、大勢の人が出かけた。そして、29日はゴールデン・ウィークの初日と位置づけられ、豊島園に四万、谷津遊園に約二万、神宮球場二万五〇〇〇、熱海には五〜六万、箱根にも五万など、花見の人出を上回る勢いである。

◉5月　メーデーまで盛況なゴールデン・ウィーク

1日　a　メーデーに空前の人波　五十万人
4日　a　第一回世界柔道選手権大会　蔵前国技館　夏井初の世界柔道選手権握る
5日　A　新緑の山へ海へ　ゆうべ、列車も船も人の波
　　　a　ごった返し〝ゆく連休〟を惜んで
6日　A　区立あらかわ遊園には、およそ三万

12日 a 神田明神の神幸祭 夏まつりのハシリ
17日 a 名物「浅草三社祭り」みこし七十三体
31日 A 京劇、歌舞伎座で幕開け満員の観客

やはり好景気のためなのであろうか、メーデーまでが「空前の人波」。ゴールデン・ウィークの人出はこれまでの最高を記録した（5日a）。行き先も、谷川岳、伊香保、富士五湖、日光・鬼怒川、熱海、伊東、江ノ島、三浦半島、奥多摩、箱根など多様化して、どこも満員という。

スポーツ観戦も盛ん、5日の巨人・中日戦が四万五〇〇〇、慶大・東大が二万五〇〇〇（5日Y）。巨人・中日一勝一敗 後楽園四万五〇〇〇（7日Y）。東京競馬 七日間総売上七億三六〇〇万円（14日A）。18日からのテニス デ杯東洋ゾーン日印戦（田園コロシアム）は、最終日に、「日本ついに敗る 観客席も満員」（20日a）と、負けても満員。大相撲夏場所は、「荒れに荒れた初日 三横綱ころころ」（21日A）。三横綱が負ける情けない状況、「八日目、初めての満員御礼」（28日A）。国際スタジアムのボクシングも、「一万余 アロンゾ 選手権防衛」（31日A）されても観客を集めた。プロレスも負けぬ人気があり、小津安次郎は4日に、古川ロッパは8日に、テレビで見ている。

5月の催しはスポーツだけでなく、小津安次郎が30日「梅蘭芳を見に」出かけた、京劇が歌舞伎座で公演されたりと、盛りだくさんであった。また、浅草三社祭りの神輿が七十三体も担ぎ出されたように、祭りはより盛大になった。

◉6月　梅雨のあいまで楽しむレジャーは盛況

1日A　〝浅草の植木市〟始まる約千軒
　　a　プール開き
3日a　競馬と相撲は大入り
9日Y　荏原神社の祭礼（品川）
11日sa　日活映画館で火の鳥を見る
16日Y　気ばやに一万人の盆踊り　駒沢大校庭
20日Y　国際スタジアム　ロスアンゼルス楽団大衆演奏会　一万二千人のためいき
25日A　有卦《うけ》に入《い》る中元売出し
28日Y　星空の下で野外オペラ　日比谷公園三万五千

6月に入り梅雨ではあるが、相撲、競馬、野球などスポーツ観戦は活況。相撲は、「千秋楽若ノ花、初の優勝」（4日A）で沸く。佐藤榮作も出かけて予想が外れたという日本ダービー、「七万人の興奮 ハクチカラが快勝」（4日A）。プロレスは、「シャープ兄弟防衛　国技館一万五千」（8日Y）。六大学野球は、「早大、連続優勝成る　六万余」（6日a）、と連日六万を超える観衆。プロ野球も、「巨人・中日　後楽園四万三千」（11日Y）。「巨人・阪神の好試合、後楽園三万五千」（22日Y）と、大勢の都民が出かけた。オリンピックの出場をかけた日韓サッカーは、「引分け　一万五千」（11日Y）。古川の新記録が期待された、「日立明　対抗水上競技　神宮プール満員」（11日Y）など、盛りだくさんであった。

またも選挙か、という感じの参議院議員選挙、選挙運動は創価学会の進出が注目され、厳しい選挙戦が繰り広げられたが、都民の関心は高くなかった。都民は、映画や盆踊り、コンサートなどに注目し、月末が近づくと、中元の大売出しの方に熱気があった。

◉7月　梅雨の明ける前から夏のレジャーは活気

1日　a　雨にたたられた海・山開き　興行街はホクホク
3日　A　〝マンボ調〟も飛び出す　多摩川の花火大会約百万人
4日　A　プロ野球オールスター戦　パ軍一方的に勝つ　後楽園四万五千
　　　A　錦糸公園野外音楽堂　約五万のファンを集めアサヒ・コンサート
5日　A　セ軍、若い力で雪辱　満員の観衆
6日　a　雨にぬれる朝顔市（入谷）
8日　y　海山初のにぎわい　投票しり目に繰り出す
9日　A　東京競馬　八日間総売上八億二千八百万円
12日　A　汚れる東京湾　海水浴の一時中止も
　　　Y　不忍池納涼盆踊り大会　約五万
15日　y　お盆の日曜　海へ山へ人波

ro　プロレス、テレヴィを見る
16日A　〃お中元〃の売上げ　戦後最高
18日y　不忍池に五万の人出　灯ろう流し
22日A　打上げる五色のカサ　人出百万　両国の川開き
oz　東京川開き也　土曜にて快晴なれバ遊山の人多し
a　夏休み最初の日曜日　にぎわう子供連れ
29日a　押すな押すなと　海へ山へ人出繰り出す
30日a　明治神宮の森で中祭　虫の声に涼を拾う

月初めはまだ梅雨ではあるが、都民のレジャー気運は高く、雨が降れば映画館へ向かい、順延した多摩川の花火大会は両国の川開きを凌ぐ人出となる。錦糸公園野外音楽堂でのアサヒ・コンサート（4日A）は、朝日新聞社自社企画のため聴衆数の五万人という数はそのまま信じられないが、大勢出かけたことは確かだろう。

8日の天候は曇りだが、都民は好景気を背に行楽に出かけてしまった。そのためか、政治に無関心なのか、参議院議員選挙の投票率は、四割八分九厘と低かった。次の日曜日はお盆、本曇だが、さらなる人出、湘南海岸に二〇余万人、富士山五合目から一万名が登山（15日y）と。

スポーツ観戦も盛んで、プロ野球はペナントレースも、「逆転に逆転　巨人屈す　四万二千」（18日Y）と、「別所、中日を完封　三万二千」（19日Y）。「杉下をKO　巨人戦勝　三万二千」（20日Y）。「阪神、決勝点

拾う　四万二千」（22日Y）と大盛況。その後も後楽園では、都市対抗野球が催され、「好試合続く　観衆三万」（31日Y）と、連日のように野球ファンが押し寄せた。

22日は夏休み最初の日曜日、子供連れがどっと海に出かけた。臨時列車はみな超満員で、鎌倉は午前中に一五万人、片瀬・江ノ島に八万人、逗子にも六万人という状況。そのため、都心の盛り場はガラ空きになったとか。29日はさらに、押すな押すなと海へ山へ。鎌倉に二〇万人、逗子も二〇万人など、湘南海岸に計六〇余万人もが訪れた。なお、湘南海岸では「太陽族とグレン隊　海水浴場に監視の目」（17日Y）、「深夜までにぎわう鎌倉〝沈まぬ太陽族〟」（30日Y）と社会問題となった。

◉8月　「太陽族」出現で海水浴場がクローズアップされる

2日 A　猛暑　明治神宮プール　約六千人
3日 Y　水泳禁止の海へ五万人　鎌倉
5日 a　〝海の銀座〟へ六十万人　丹沢方面五、六万人
11日 ro　テレビ届いたさうだから帰る
Y　上野駅におしあう十万人　月おくれお盆
12日 y　太陽族九十三名を補導　逗子海岸
14日 A　新装なった深川八幡の例大祭
16日 A　隅田川の「流灯会《りゅうとうえ》」

22日 Y　カッパ街をねり歩く　ミコシ二十台（浅草・曹源寺）
31日 ro　テレビ……八時四十五分よりプロレス

8月に入っても暑さは続き、神宮の競技用のプールにも約六〇〇〇人もの人が涼を求めている。5日、最初の日曜日も、海へ山へ大勢が訪れた。「グレン隊と太陽族　海や山を荒す」（5日 y）と警告しているが、むしろ逆効果になっているような気もする。

11日、テレビが古川ロッパの家に届いた。「一家で見てゐるところ。ハッキリよく見える。我もこれに加はり」と日記に書いている。三種の神器であるテレビは、まだ普及率五％程度で、芸能人ロッパの家にやっと入るくらい、一般の家庭よりは少し早いだろう。31日の日記に「テレビの前にずっとゐた……八時四十五分よりプロレス、力道山と東富士対タムライスとかいふのと」、中継を待ち焦がれていた様子が伝わってくる。

人出は、海山だけでなく、都内の野球や祭りも多かった。深川富岡八幡の祭りには、「ミコシ百台出る一億円のどんちゃん騒ぎ」（15日A）と、浮かれた人が大勢いたようだ。野球は、「都市対抗野球　日石初優勝　後楽園　四万を越える大観衆」（6日A）。プロ野球も、「宮本サヨナラ本塁打　後楽園球場四万」（19日Y）。「首位奪還　四万五千」（20日Y）は、小津安次郎も「巨人　阪神のダブルヘッダーを見る」と。「巨人の猛打　金田をKO　四万五千」（22日Y）。「巨人、快調の九連勝　四万五千」（24日Y）、と後楽園球場は賑わった。

◉9月　秋の行楽始まる

3日Y　金田また黒星　巨人、国鉄一勝一敗　後楽園四万五千
　a　〝行楽シーズン〟ふた開け　果物へくり出す　ブドウ郷、多摩川
8日a　秋の六大学野球開く　早大東大にゼロ敗
15日a　後楽園スケート場開き　ひしめく三千余人
17日A　大相撲秋場所初日
　A　午後雨、豊島園二万人　浅草六区三十万に近い人の波　映画館はどこも満員
20日A　名月の光をあびて　盛況のアサヒ・コンサート　五万余の聴衆　錦糸公園
24日a　東京競馬　六日間総売上四億八千六百万円
30日sa　寛子とNHKの伊太利歌劇アイーダを見物

9月に入っても、都民のレジャーは衰えを知らない。ハゼ釣りや果物狩り、六大学野球など人出は続いている。六大学野球の初戦、春優勝した早大が東大に負ける。なお、東大はこのほかにも勝利・引き分けなど、善戦した。そんなこともあってか、神宮球場は、「早大・立大満員の盛況」（24日a）。「早立決勝戦へ　長嶋二ラン　観衆三万」（25日Y）など、再三沸いた。

大相撲は、「秋場所八日目初めての満員御礼」（24日a）であったが、十二連勝した若ノ花が熱を出して休場するなど話題となった。

◉10月　都民は東京五〇〇年祭や秋の行事・行楽などを堪能する

1日Ａ　千秋楽鏡里、四度目の優勝
　ａ　お祭気あふれる東京五百年祭と各種行事一斉に
4日Ａ　秋の夜空に上る花火　不忍池に五万の観衆
5日Ａ　五十万の人並みに立往生　花電車、夜の東京をゆく
7日ａ　一日だけの秋晴れ　運動会や行楽ににぎわう　豊島園十時に四万五千の人出
8日Ａ　六大学野球　慶・立　五万余の大観衆
11日Ａ　プロ野球日本シリーズ　巨人、第一戦に勝つ　約三万五千
13日Ａ　お会式威勢よく〝万灯〟繰込む　戦後最高の人出（池上本門寺）
14日Ａ　流血くり返す砂川　重軽傷八百八十七人（砂川基地拡張反対闘争の激化）
18日Ａ　西鉄、初の優勝　四万の観衆
21日ａ　やっと晴れた日曜　くり出した行楽の人々
28日ａ　上野の山にぎわう　日展ひらく　近郊は紅

開都500年記念の花火　池畔を彩る水と光の芸術
（『上野公園とその周辺　目でみる百年の歩み』より）

葉客でわんさ

1日から15日、開都五〇〇年記念「大東京祭」が催された。都が音頭を取り、不忍池で花火、花電車など人出を誘う行事が都内のあちこちにあって賑わった。それに、運動会や行楽、お会式など恒例の催物も加わり、都内に人出は続いた。

六大学野球、日本シリーズに続き、「日米野球、巨人、ド軍（ドジャース）を破る　二万五千」（20日A）。「ド軍、全セを破る三万五千」（21日A）など、最終戦の11月12日まで行なわれた。なお、19日の試合は、佐藤榮作も観戦している。都民は野球に熱中しており、翌月まで観戦が続く。

◉11月　のびのびと秋の行楽を楽しむ

2日A　〝一のトリ〟のにぎわい　人出を五十万とみて

3日A　列車満員、また満員連休　上野・新宿駅に長い行列

　　a　野も山も人の波　文化の日　行事でにぎわう

4日a　慶大の優勝成る　六万の観衆

5日ro　（常盤座松竹ミュージカル）客の入ってるのにおどろく

13日Y　ド軍　対全日本最終戦を飾る　後楽園約三万

15日A　沢田勝てず　東京体育館一万二千　ゴンザルヴェス軽く判定（ボクシング・ノンタイトル戦）

19日Ａ　中山競馬　八日間総売上十億五千二百万円
22日ｙ　晴れた勤労感謝の日　人出は案外少ない
27日Ｎ　〝好況〟を映した「おとりさま」〝三のトリ〟七十万人は軽くこえたのでは
29日Ａ　歳末合戦始まる

都内から不景気感は吹っ飛び、一の酉に大勢の人出、「秋の連休すごい人出　文化の日あふれる行楽地　臨時列車もスズなり」（3日ｙ）。ロッパは劇場の客入りに驚くほどである。映画も好調らしく、大映『リンゴ村から』他満員御礼広告（2日ａ）。14日『太陽とバラ』、20日『流れる』、21日『あなた買います』などが公開された。

スポーツ観戦も、六大学野球早慶戦は相変わらずの人気で、六万の観衆は混乱もなく楽しめた様子。月半ばから、マスコミは、国民の関心を22日開幕のメルボルンオリンピックに集めていた。中山競馬では、競馬の売上が、初めて十億円を超えた（19日Ａ）。東京競馬（府中競馬場）は、「府中競馬へ。河野君、田中角栄君等に会ふ。成績良」と政界の有力者が三人、仲良く観戦し、「成績良」と佐藤榮作が日記に記している。三の酉の人出は戦後最高、まさに、世の中は好景気で、平穏そのものであったように感じられる。

焼きいも屋さん（「ジャパンアーカイブズ」より）

◉12月　神武景気に踊る都民の師走

2日　A　きのう　日の丸四本
3日　Y　早、明の全勝はばむ　秩父宮ラグビー場
9日　ro　（東宝劇場『パンと真珠と泥棒』）入りは毎日いゝらしく
10日　A　すごい師走景気　忘年会も予約で一杯
16日　A　にぎやかな世田谷の〝ボロ市〟　約千軒の露天商
　　　a　どっとデパートへボーナス景気
　　　y　スキーヤーくり出す
17日　A　浅草の羽子板市　よく売れる上質もの
20日　a　スケート初滑り新宿、青梅
23日　A　くりあげXマス・イブ　天下ご免　オールナイトスキー列車二・六倍の超満員
25日　A　ことし最後の縁日にどっと人出　とげぬき地蔵の縁日　約六万人の人出（巣鴨）
29日　A　上野駅など　ごった返す　どの列車も定員の一・五倍
30日　A　戦後最高の売行き　輸出増加も驚異的

都民の関心は、先月開幕したメルボルンオリンピック（史上初めて南半球で行われた夏季オリンピック）。

期待して金メダルを待つなか、新聞はメダル数を「きのう十三の『日の丸』」（7日A）と連日書き立てている。日本は、競泳・古川勝、体操・小野喬、レスリングで池田三男と笹原正三の金メダル四、銀メダル一〇、銅メダル五で、世界一〇位の成績で興奮を盛り上げた。

師走に入ってからも、好景気を反映し、映画館も劇場も入りが良い。また、12日に日ソ国交回復交渉が妥結し、18日に念願の国際連合の加盟が認められ、景気を盛り上げるニュースが続いた。それにつられるかのように、都内の人出は日を追って賑わいを増していった。

昭和32年（1957）
──景気減速と天候不順で徐々に減る都内の人出

前年からの好景気は徐々に後退するも、戦後のような食べ物に窮する不安はない。都の消費者物価は、少しずつ上がっているが、数字の上では29年よりまだ低いくらい。洗濯機をはじめとする耐久消費財は、着実に普及している。テレビ視聴率は、一割を超え、テレビがある家庭も珍しくない。そのためか、都民は、生活が苦しくなっているという実感は薄いようだ。

2月、石橋首相は病気で辞任し、岸信介内閣となる。当初の岸首相は、石橋内閣の施策を引き継いだ。だが、7月に内閣改造を行った後は、革新政党や組合とは対決姿勢を示すようになる。「汚職・暴力・貧乏」の三悪追放を提唱するが、現実には自民党議員の売春汚職事件が発覚、単なるキャッチフレーズでしかなかったことが露見。外交的には、6月に日米共同声明、10月に国連安保非常任理事国に日本当選、12月にソ通商条約調印。なお、岸内閣は、「岸総理をかこむ青年の夕」を10月に企画、国民の人気を得ようとする、巧みな政治が始まった。

都民のレジャーは、正月の間は、まだ浮かれて盛況であった。2月は天候にめぐまれず、3月は国鉄ストや春闘などで、人出は少し停滞した。4月は、花見こそ盛り上がらなかったが、運賃を値上げしたわりには人出があった。が、ゴールデン・ウィーク以後は、行楽の人出は伸びない。その後も、天候不順で夏の暑さは続かず、海山の人出は盛り上がらず、レジャー消費も落ち込んだ。秋になると、流感によって子供たちの活動が制限され、またも不景気の気配がじわじわと広がり、都民のレジャー気運は沈んでいった。

それでも、この年らしいレジャーの動きとして、正月から子供らを中心にホッピングの大流行、春になると、サイクリングブーム、ドライブブームが起きた。また、これまで主流であった家族旅行に加えて、団体旅行も増えた。一方、スポーツ観戦の中心はやはり野球、巨人軍のカードと早慶戦の人気が高い。

日常的な楽しみは、まだラジオだろう。『赤胴鈴之助』『一丁目一番地』『日曜名作座』『オヤマカ氏とオイソガ氏』『猿飛佐助』などに加え、『S盤アワー』『平凡アワー』『夫婦善哉』『花の星座』『お笑い三人組』『お父さんはお人好し』『私は誰でしょう』なども人気があった。また、テレビの普及が著しく、人気番組として『アニーよ銃をとれ』『アイ・ラブ・ルーシー』『名犬ラッシー』『ヒッチコック劇場』『私だけが知っている』などがある。

この年も、映画は都民のレジャーの中心、邦画では『明治天皇と日露大戦争』『喜びも悲しみも幾歳月』『水戸黄門』『嵐を呼ぶ男』『任侠清水港』『大忠臣蔵』『晩歌』『大当り三色娘』などが多くの観客を集めた。洋画には『戦場にかける橋』『ノートルダムのせむし男』『OK牧場の決闘』『昼下がりの情事』『追想』『翼よ！あれが巴里の灯だ』『道』などがある。

歌は、映画主題歌の『俺は待ってるぜ』『錆びたナイフ』をはじめとして『お月さん今晩は』『東京だよおっ母さん』『青春サイクリング』『港町十三番地』『バナナ・ボート』『チャンチキおけさ』『有楽町で逢いましょう』『船方さんよ』『東京のバスガール』『一三、八〇〇円』などが流行した。流行語は、カックン、グラマー、ケ・セラ・セラ、シスター・ボーイ、ストレス、低音の魅力、デラックス、有楽町で逢いましょう、よろめき、留年などがある。

◉1月 好景気感が続いて賑やかな正月

3日N 参賀の人波十七万 盛り場はどこも満員 タクシーは引っ張りだこ
Y 各地に記録破りの人出 温泉、スキー場満員
5日n お江戸の火消しの妙技
8日N 中山競馬 八日間総売上十億三千万円
10日n 恒例の警視庁予備隊観閲式 神宮外苑
12日Y 松の内 映画館はあてはずれ 東鉄、五日で六億円
13日a 大相撲初場所 初日 大衆席はひるには満員
22日A にぎやかな初大師 人出十万 西新井大師

暮れからの好景気感が都民に残っていて、三が日の盛り場はどこも盛況だった。明治神宮の人出が五〇〇万、浅草観音二〇〇万、成田山六〇万人など（4日N）、オーバーに書いているのだろうが、それにしてもすごい

昭和31年12月31日にこけら落し開場した新宿コマ劇場(コマスタジアム)(「ジャパンアーカイブズ」より)

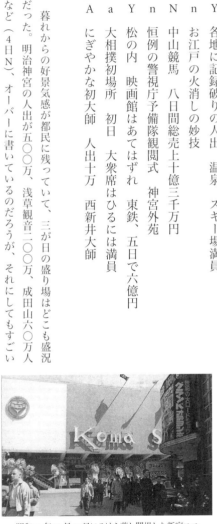

んでいた。
数字である。正月風景で目についたのが「ホッピング」、子供だけでなく大人も街角で、ピョンピョンと跳
新聞には「神武以来」という表現が目につくようになる。内職にもうれしい春（2日Y）など、庶民にも明るい記事もある。だが、映画は『一夜の百万長者』（5日Y）、『任侠清水港』（5日a）などに満員御礼広告も出るが、芳しくない。「昨日千秋楽の浅草国際劇場、美空ひばりが袖にゐたら、少女が、いきなりひばりに塩酸をぶっかけ」（14日ro）と、衝撃的な事件が起きた。
大相撲初場所は、出だしは良いが、八日目初の満員御礼（20日a）と満員は中日、「千秋楽　千代山輝く全勝優勝」（28日N）も、満員が少なかった。また、「ガソリン増税反対……デモ隊が暴れる」（22日y）と、手放しの好景気ではない。レジャーの活況は松の内まで、お正月の賑わいが一段落すると、特別なイベントがないことや都民はお金を使いすぎたと自粛したのか、競馬を除くレジャーは目立たなくなる。

◉2月　都民のレジャー気運は停滞ぎみ

3日　a　久しぶりに雪景色　節分の出足くじかれる
16日　ro　日劇へ。土曜なれど、大した入りでなし
24日　a　〝今冬のスキー場〟人出はどこも新記録
　　　n　風流客十余万　どっと水戸偕楽園
26日　ro　東宝ミュージカルス『金瓶梅』の千秋楽……大入りで活気あり

節分の豆まきは、「金券入り豆まきも　日曜とカチ合いすごい人出？」（2日Y）と期待された。しかし、雪が降ったために川崎大師が五万人、成田山も五万人ほどと当てが外れてしまった。その後も、都内は天候に加えて、景気に不安を感じたためか、盛り場にそれまでの賑わいが消えた。ただ、スキーは、これまで学生中心であったのが、家族連れのレジャーへ変わりつつある。この年のスキー場は、どこも新記録の人出で、新潟県では六〇万人を超えそうだという。

◉3月　人出はあるものの、ストが行楽気運に水を指す

2日 n　都市対抗野球開幕
5日 A　巣鴨トゲぬき地蔵尊はご縁日　約五万人がお参り
10日 Y　どっと家族連れ　ハイカーもくり出す　湘南約五万、水戸約八万
11日 n　国鉄けさ大混乱（ストライキ）
17日 n　春闘明けの日曜　行楽の人で賑う
　a　春に浮かれた人の足　郊外へも都内へも流れ出た行楽客
18日 Y　巨人・毎日定期戦　後楽園球場約三万
19日 y　医師会、健保改正に反対　国際スタジアム一万六千
21日 a　春分の日お墓参り、雑司ヶ谷や青山に五万人　行楽地、箱根や片瀬・江ノ島に三万
25日 A　春風に乗って上野動物園三万四千　豊島園二万弱

29日 n デパートに人気 遊園地も昼過ぎ盛り返す
31日 A 国鉄運賃あすから値上げ 都内の大幅値上げ
A プロ野球ペナント・レース開幕
y バカ陽気の日曜 上野動物園に三万

暖かくなるにしたがって、人出は増えており、盛り場や行楽地は賑わいを増していった。しかし、国鉄スト、春闘などが、行楽への出足を遮るようで、都民にレジャーを控えさせるようなムードがある。

彼岸ごろから、まだ肌寒さを感じるのに大勢の野球ファンが後楽園球場に押しかけた。春休みに入り、31日には暖かさに誘われ、上野動物園に三万人、多摩川園や二子多摩川園には一万五〇〇〇から二万人もの子供連れの客が訪れている。

二子多摩川の遊園地(『首都東京大観』より)

◉4月 花見は盛り上がらず、行楽のピークはゴールデン・ウィーク

1日 Y 巨人、国鉄にストレート勝 四万五千
6日 m パ・リーグ開幕 後楽園で岸首相始球式
7日 A 浮かれ繰出す家族連れ 人出ザッと五十万 上野公園 午後二時までに三十五万人 箱

根　山に登ったバスや自家用車は一万台を越え

8日A　護国寺大名行列ねり歩く

8日A　皇居前広場は連日一万人、観光の群れ運賃値上げ響かぬ

14日a　名残りの春を惜しむ　臨時電車に四百万　流行のサイクリングも

15日Y　立教対法政　長嶋第七号　神宮球場四万

21日A　そよ風を追って　ハイキングにぎわう　上野動物園五、六万人

22日A　皐月賞レース　中山　三万以上のファン

a　雨中にぎわう参詣者　靖国神社春の例大祭

28日A　ごった返す都内各駅　臨時列車満員

29日a　皇居へ　九万の参賀

30日Y　杉浦、再び早を完封　神宮球場四万五千

今シーズンのプロ野球は、岸首相の始球式があり期待された。また、13日からの六大学野球も、長嶋と杉浦の活躍で盛り上がった。

ゴールデン・ウィークは、前夜から混雑（28日Y）と、どこも人出の新記録となった。熱海には二〇万、伊東が八万七〇〇〇、鎌倉が二三万、千葉・稲毛海岸に約一〇万などとある。この冬、全国民が注目した南極調査船、宗谷見物に「七万の人出　日の出桟橋」（28日y）。また、「三十万人郊外へ　都内の各名所もにぎわう　銀座が正午二十万人」（29日a）と、大勢の人が出歩いている。この年注目するのがサイクリングで、

ブームとも言っていいくらい。「都内にある三万台の貸し自転車は全部出払い」（28日a）という記事もある。

●5月　雨とストで人出はかなり減少

1日　a　和やかにメーデー　原水爆反対で塗りつぶす　多い家族連れ
6日　y　巨人、金田を打てず　後楽園球場四万
　　y　夏祭のハシリ　新橋烏森神社の例祭
8日　ro　千秋楽である。三十四日目である。コマ着。昼夜とも、団体満員
9日　a　久しぶりの五月晴れ　〝自動車ショウ〟もにぎわう　日比谷公園
12日　a　行楽の足ガタ落ち　〝スト〟と雨たたる　人出は都内の盛り場へ
15日　A　後楽園で観客大暴れ「雨で中止」を怒り
17日　ka　三社祭礼……御輿振りにて賑かなり
　　y　原水爆反対の総決起デー　日比谷音楽堂二万人
20日　A　大相撲夏場所　初日六分の入り　栃錦、初日から土
26日　a　夏場所　中日に「札止め」
　　a　ダービーの興奮　観衆七万
29日　Y　東大最下位脱す　神宮球場二万

31日 y そごう開店の盛況御礼広告

ゴールデン・ウィークは雨に見舞われ、その後の日曜日も9日を除いては雨、行楽の人出は激減。11日は国鉄のダイヤが大きく混乱。遊びに出かけられないこともあってか、都民のストレスはたまっていた。そんな矢先の後楽園球場で、14日、観衆二万の第一試合は中断しながらも行われ、第二試合はファンから見れば大した雨ではないのに中止となった。そのため、観客の不満が爆発、怒った客がグランドに飛び出し大暴れした。なお、「ストレス」という言葉が流行し始めたのはこの頃からである。

◉6月 梅雨にスト、レジャーの人出は落ち込む

1日 Y 浅草で植木市始まる 人出は延べ十万

a プール・後楽園（各所のプール開き） アユ・多摩川（ツリてんぐでにぎわう） 山・尾瀬（沼田駅にどっと）

3日 A 大相撲夏場所 千秋楽 安念山優勝

8日 Y 荏原神社 カッパまつり（品川）

10日 A 東京競馬 八日間総売上十二億五千七百万円

A 日立明三大学対抗水上 満員の観衆 神宮プール

15日 A 金子、防衛成る 国際スタジアム 約一万二千の観衆

16日　a　〝日曜の足〟奪った　私鉄スト　人影まばら浅草・多摩川
19日　Y　浅草観音さま　十二年ぶりに〝ご縁日〟
21日　Y　ひと月早い盆踊り　駒沢大学校庭
22日　A　早慶サッカー　ナイター定期戦　後楽園競輪場　七、八千を越すか

2日、小結の安念山が優勝するという荒れた夏場所が終わる。夏場所は、力士の月給制、枡席の一部を一般開放など相撲の改革が行われたが、その成果はまだ現れていないようだ。

6月のレジャーは、梅雨やストの影響もあるが、都民のレジャー気運は湿ったままであった。盛んなのはスポーツ観戦、六大学は、「杉浦、慶を二安打　立大優勝　神宮四万」（4日Y）。「早慶、延長の第一戦満員の観衆」（9日a）。「内外野とも満員早大、激しく追撃」（10日a）など盛況。プロ野球は、「巨人、中日を打棄る　後楽園四万五千」（2日Y）。「巨人、中日に零敗　後楽園四万五千」（16日Y）。「巨人戦で金田三振奪取新記録　二万八千」（20日Y）など。競馬や水泳、ボクシング、サッカーなど、いずれも前年並みの盛況。ただ、祭りや行楽の人出は、前年より明らかに減少している。

◉7月　夏のレジャーは出足が遅く、賑わいも前年以下

1日　y　さびしい海・山開き　人出まばら
2日　A　花火多摩川で　雨の夜空に三十万

7日　a　曇天ついて海へ山に　片瀬・江ノ島は人の波
　　　　マリンランド二万人　谷川岳へ一万人
9日　A　ホオズキ市　約五百軒の小屋（浅草）
11日　A　江戸趣味　納涼大会開く　上野
12日　Y　多摩川園のスリラー・ショウ
14日　Y　みたま祭の盆踊り　靖国神社
　　　y　にぎわうお盆の海と山　湘南には十五万の人
　　　　出　大磯でプール開き
16日　A　ソムデム判定で勝つ　国際スタジアム　約
　　　　一万二千の観衆
17日　Y　ヤブ入り迎えた浅草六区　五十万の人出
18日　A　不忍池で　夏を呼ぶとうろう流し　三万人
21日　A　大川端は人出百万　三千八百発
　　　y　にぎわう涼しい湘南の海
22日　A　中山競馬　六日間総売上六億四千五百万円
28日　a　日曜日久しぶりの快晴　湘南の海へ六十万

後楽園球場のナイター（『夜の東京』より）

雨で順延された多摩川・六郷の花火は、小雨が降る中で始まった。7日の日曜は曇天、14日も大磯に一〇〇メートルのプール（ロングビーチ）が（吉田茂も招かれ）オープンしたものの、湘南一帯の人出はいま一つ少なかった。

21日は最高気温二四度、涼しいくらいであった。本格的な海水浴の人出は28日、避暑の行楽活動に出かける人は、少なかった。

都内のレジャー活動は、イベントが少ないこと、あっても賑わいが欠けていた。それでも、スポーツ観戦は、多少賑わいを伝えるが、書かれているのは野球が多い。「打合って巨人勝つ　対阪神　後楽園四万」（3日Y）。「中日　巨人に打勝つ　四万五千」（21日Y）。「巨人、国鉄に五連敗　四万」（25日Y）。「都市対抗野球　第一日　二万五千」（28日Y）などである。その他は、ボクシングと競馬くらい。

◉8月　景気の停滞を反映して、都民のレジャー消費は減少

4日　a　早実・日大一高が熱戦　全国高校野球東京大会決勝戦　ざっと一万神宮球場

　　y　湘南に八十万の人出　房総にも二十万

5日　Y　後楽園遊園地　納涼大会

　　Y　都市対抗野球　熊谷初優勝　観衆四万五千

湘南のバイカー（「ジャパンアーカイブズ」より）

7日 A アサヒ・コンサート 豊島園三万人の聴衆
A ヤグラを組んで 水上盆踊り 築地
8日 a 三万人のラジオ体操 錦糸公園
11日 A 隅田川・セガキ法要 流れる〝灯の舟〟
Y 上野駅へ五十五万人 月遅れの帰省
Y 国鉄に勝てない巨人 後楽園四万五千
y 海の平和祭 三万人集まる 鎌倉
16日 A 灯ろう流し 隅田川約五万人の涼み客
18日 Y 平和島花火大会 観衆一万二千
Y 五千人を集め 築地本願寺の盆踊り
19日 Y 巨人、阪神を振切る 後楽園四万五千
24日 A 百貨店とプールは満員
Y 両国 納涼盆踊り
25日 y 夏の「海山の総決算」、ふえた暴力、月光族……観光地は去年より減収
28日 A 日米シンクロ競技 八千の観衆 神宮プール
29日 A 内容つかんだ踊り ボリショイ・バレエ初公演 場内(新宿コマ)うずめつくし

夜間に営業する後楽園遊園地(『夜の東京』より)

8月に入り、4日が、この夏最高の人出であった。その後、11日の鎌倉が二〇万と人出は増えるかと期待されたが、台風などで海や山への人出は伸びなかった。都内の人出は、スポーツ観戦と盆踊りや花火など身近なレジャーを楽しんだ。

この夏の総決算はレジャーも景気を反映してか下降気味である。また、「海と山で少年ら一斉補導　湘南で四百余人」（4日 y）。「不景気を呼ぶ愚連隊　貸金取立て、女給引抜き」（8日 A）。「湘南でまた少年補導百二十四人……千葉でも九十六人」（11日 y）など、前年より世相は良くない方向に向かっている。

◉9月　秋の行楽始まる。予約もの、自動車や団体旅館も、みな満員

1日　a　ぐっと涼しい日曜日にぎわう　関東大震災の慰霊堂へ五万人余りのお参り、美術展フタ開け、豊島園ブドウ狩り一万人
2日　Y　浜離宮の花火　人出約二万
4日　A　灯ロウ流し　隅田川百五十そう　約四千個の灯ロウ
15日　Y　六大学野球リーグ開幕
　　　y　大相撲秋場所　固いイス席に〝物言い〟初日売りきれ
15日　a　秋の日曜を楽しむ　羽田沖などつり舟、くだもの
16日　A　小河内《おごうち》ダムにぎわう　一万三千人が繰り出した（奥多摩）
21日　a　連休へ押すな押すな予約もの、みな満員　サイクリング車約五千台　ドライブ車千台

団体旅館
22日 a 行楽へ百五十万 連休第一日にぎわう各地 鎌倉二十万
25日 Y ボリショイ・バレー団 お別れの公演 両国国技館一万二千人の拍手
Y 金子、エロルデに勝つ 東京体育館一万（ボクシング）

この秋の特徴は、「連休へ押すな押すな予約もの」（21日 a）と、貸し自転車に加えて貸し自動車。ドライブが人気のレジャーになって、貸し自動車の需要が多くなった。そのため、貸し自動車を前もって予約するなど、レジャーを計画的に行う人が増えてきた。

完成間近の小河内ダムが観光スポットとなった。年々新しい観光地が増えている。また、家族旅行に加えて団体旅行が増えている。それは、この頃から盛んになった「めだつ〝豊作旅行〟」（23日A）、農家の人たちの農協による団体旅行である。22日の人出は一五〇万と膨れ上がり、既存の観光地の浮き沈みも見えてきた。

大相撲の入りは、「八日目満員御礼」（23日A）。「千秋楽 栃錦、六度目の優勝」（30日A）と賑わう。プロ野球も、「巨人、堀内初ホーマー 後楽園四万二千」（2日Y）。「巨人、広岡サヨナラ安打 三万」（14日Y）。「巨人またシャットアウト勝ち 後楽園三万」（29日Y）との人気が続いた。

◉10月 流感で都民の気運は上がらず

1日 a 「秋の行事」一せいに　大東京祭花自動車のパレード　お米の値上げ・五千円札も
　　y 都民の日　上野動物園に七万人
4日 A 岸総理をかこむ青年の夕、流行歌にオンブした〝岸ブーム〟
8日 A 力道、テーズ引分け　プロレス世界選手権　約二万七千の観衆　後楽園スタジアム特設リング
11日 A アサヒ・コンサートに四万人　錦糸公園
12日 y 池上本門寺　お会式に百万の人波
13日 Y 杉浦四球一個だけ　神宮球場四万五千
　　y 運動会、就職試験たけなわ
19日 A 観音さま〝菊供養〟浅草　善男善女でにぎわう
　　A 鬼子母神で万灯行列　五、六万人の見物客
21日 A 中山競馬　八日間総売上十億二百万円
22日 Y ワセダ前夜祭に一万人　七十五周年
28日 A チンパンジー・スージー（自転車の交通安全運転）と芸大生（〝裸カーニバル〟）が活躍　上野の山は大にぎわい　人出およそ十万人
31日 Y 日本シリーズ　西鉄三連勝　四万五千
　　y 流感　新たに百二十二校

3日、岸総理を囲むイベントが東京体育館で催された。無料ということで、会場には約一万八〇〇〇人もの人々が押しかけた。お目当ては流行歌手の出演で、「流行歌にオンブした〝岸ブーム〟」とある。

「テレビ、プロレス見物」（7日ro）。力道山の試合は古川ロッパをはじめ、大勢の人をテレビの前に釘付けにした。プロレスはショーであることは分かっていても、人気は衰えるどころかむしろ増している。この試合をテレビで見たことは、私も覚えている。

再び子供たちに流感が広がっている。都内で三五二校もの発生が確認、集会や運動会にも制限が出はじめた。そのためか、遠出の行楽は減って、都内のレジャーも自粛気味になる。

◉11月　秋の深まりにつれて行楽は人出を増す

1日　A　日本シリーズ　巨人西鉄日没で引分け　約四万
　　a　三万人が平和訴う　原水爆禁止中央大会　日比谷公園
3日　a　秋晴れ「文化の日」行楽地も大にぎわい　箱根約六万人　昇仙峡三万人（甲府）
4日　Y　長嶋八号、立大初の連続優勝　四万五千
10日　A　人出百五十万のおトリさま　迷子十三人　スリ九人
11日　A　中山競馬　六日間総売上七億六千八百万円
　　A　立大、池袋をパレード　五、六万人が送迎
　　Y　早大、慶大に連勝　六万の観衆

21日Y　勤務評定阻止　一万六千人デモ
22日y　流感の一斉休校きまる
23日a　ゆく秋を惜しんで　連休第一日　山はハイカーの群　箱根五万人　日光二万人
24日Y　関東大学ラクビー　優勝の行方こんとん　秩父宮ラグビー場二万五千
Y　ハクチカラ勝つ　府中競馬場三万のファン

「巨人ついに一度も勝てず」（2日Y）。三原監督率いる西鉄の日本シリーズ優勝。六大学野球リーグは、長嶋が活躍した立教大学の優勝。これらの優勝試合に勝るのが、早慶戦の人気。これで本年の野球はおしまい、野球の千秋楽のようなものである。

11月は秋の行楽たけなわ、人出はそこそこあるが、都民の財布の紐は固い。景気が良いのは野球と競馬くらい。景気の低迷に、都民のレジャーはさらに倹約気味である。

◉12月　デパートの景気はよいが、大衆は先行き不安でレジャーを自粛

1日y　〝映画の日〞六区は二割引のにぎわい
15日y　師走　書入れの日曜　ボロ市には自動車も
16日A　売上げ今年最高　デパート、師走の人波　池袋西武三十三万人
17日A　浅草名物羽子板市　四十二軒

25日A　聖なる酔ったるXマスイブ　大衆酒場　家族連れで満員　人出百六十万人
28日A　暖冬なんのその　信越線は大混雑
29日y　スケート場　大にぎわい
30日Y　帰郷列車ラッシュ　スキー客さっぱり
A　暖冬スキー異変　滑るより温泉へ
31日A　まずまずの歳末景気　デパートの売上げ二百億円を越す？　昨年暮を上回る

後楽園のアイススケート場（『夜の東京』より）

日本映画データベースに拠れば、12月に四〇本余の映画が公開された。これだけの作品が出されているが、すべての映画が受けてはいない。東映『謎の蛇姫屋敷』（28日y）。東宝『地球防衛軍』（28日y）の満員御礼広告。一方、「新東宝『アジアの女王』を見ようとロッパが行くと、「その入りのひどさにおどろく」（30日ro）と、作品によってかなりのバラツキがある。29日に公開された『嵐を呼ぶ男』などは、翌年の正月映画として人気を博した。

15日、地下鉄の東京・西銀座（銀座）間が開業、初乗りをする人が多く訪れ、満員になったそうだ。また、この年5月、有楽町にそごう百貨店が開店、みゆき座などの入る東宝会館ができ、数寄屋橋ショッピングセンターが開店する。戦前の景観は一新され『有楽町で逢いましょう』の歌の流行とともに、さらに賑わいを増した。

「年末売出　前半を終わって一流繁華街さっぱり　デパート漸く目標達成」（15日y）。「質屋さん倍の繁盛」（16日y）と、慌ただしい歳末の賑わいはあるものの、上滑りをしている。24日は、銀座に二〇〇万、新宿に一六四万、渋谷に五六万などの人出があった。が、「案外〝正気〟のXマス・イブ　記録破りの人波」、だがその人出も家族連れや買物だけの若い人が多く、キャバレー、バーは銀座を除いては成績不良（25日Y）であった。

歳末の風景は、景気が良いのは一部だけ。「らんどな、ガラ〳〵、他に客なし」（31日ro）と、古川ロッパが見た店の不景気な情景が当時の本当の姿であったようだ。

昭和33年（1958）

――なべ底景気の中、映画観客数が最高となる

この年は何かと話題の多い年である。1月の関心は、回避された解散より、南極調査に出かけた宗谷に集まった。春になると、例年なら花見だが、この年は長嶋や金田の活躍する野球に熱を上げた。5月の第三回アジア競技大会で、日本は圧倒的な強さを見せつけた。8月、全日空機伊豆沖で墜落事故。愚連隊の問題は以前からあったが、海水浴場での蛮行とその取締りが改めて新聞を賑わした。秋には狩野川台風による水害、勤務評定闘争、警職法反対闘争。そして、フラフープの流行、東京タワー完成、皇太子妃の決定が話題となった。

政治は、5月に第二十八回衆議院議員総選挙、全国平均で七七％という戦後最高の投票率であった。結果は、社会党が八議席伸ばしたものの、自民党の安定政権を認めるという結果に終わった。政権維持に自信を得た岸首相は、長期安定政権を意識し、警察官職務執行法の改正など強権的な政治を進めようとした。

景気はなべ底景気というが、この年の経済成長率は六％。東京都の消費者物価指数は、前半は前年より低いくらいで、上がるのは景気回復が認められる秋頃からである。都民の消費意欲は盛んで、前の年以上に洗濯機、テレビなどの耐久消費財を購入している。そして、自動車スバル三六〇が発売さ

れる。

都民のレジャーでは、正月から大勢の人がモノレールの開通した上野動物園を訪れた。3月には春闘とスト、その上、寒波も加わって都民の行楽はさえなかった。花見は、盛り上がらなかったが、ゴールデン・ウィークに向かうと人出増え、5月の人出は史上最高になったと思われる。アジア競技大会は、学校授業として観戦させ、観客をさらに増やした。夏のレジャーは、天候不順で出足は悪かったが、暑さが増してくると海も山も戦後最高の人出となった。秋も天候不順で、例年より人出が少なくなったが、都民のレジャー気運は落ちていない。冬に入っても盛り場の人出は続き、映画館や劇場に加えてスキー場へ出かける人も多かった。

都民のラジオ普及率は六四%、テレビが二一%と、まだ多くの人がラジオを聞いている。主なラジオ番組として、『お父さんはお人好し』『夫婦善哉』『赤胴鈴之助』『お笑い三人組』『私は誰でしょう』など。ほかに音楽系番組が多くなり、『ヒットパレード』『石原裕次郎アワー』『素人ジャズのど自慢』『今週のベストテン』『花の星座』『今週の明星』などがある。テレビ番組では、『月光仮面』『スーパーマン』『銭形平次捕物控』『パパは何でも知っている』『ローン・レンジャー』『事件記者』『バス通り裏』『光子の窓』『ロッテ歌のアルバム』『うちのママは世界一』『コルト四五』などがある。

映画は、この年最高の観客を動員する。主な邦画として『忠臣蔵（大映）』『陽のあたる坂道』『紅の翼』『忠臣蔵（松竹）』『隠し砦の三悪人』『明日は明日の風が吹く』『風速四〇米』『日蓮と蒙古大襲来』『彼岸花』など。洋画では『十戒』『ヴァイキング』『赤線』『大いなる西部』『愛情の花咲く樹』『若き獅子たち』『武器よさらば』などがあげられる。

流行歌は、『おーい中村君』『ダイアナ』『星は何でも知っている』『監獄ロック』『だからいったじゃないの』『からたち日記』『嵐を呼ぶ男』『夕焼けとんび』などが流行る。流行語には、圧力団体、イカす、いやーな感じ、一億総評論家時代、神風タクシー、国民車、シビれる、白タク、団地族、ながら族、なべ底不況、ハイティーンなどがある。

◉1月　正月の人出は不景気風とは無縁

1日　ka　公園の人出いつもより多し
3日　Y　新春の人波　皇居参賀へ十三万人
　A　東西学生選抜アメリカン・フットボール　後楽園球場七千のファン
6日　A　神宮四百三十万人、浅草観音二百万　初参り五日間の人出
　a　東京消防庁の出初式　外苑絵画館前広場で三万の観衆
　ro　銀座荘へ。正月のことゝて客多し
10日　a　傷病軍人がデモで気勢　約一万五千人　日比谷公園
13日　A　大相撲初場所　四横綱はそろって快勝
　A　室内は大にぎわい、後楽園アイス・パレス連日一万人

昭和32年12月に開業した上野動物園のモノレール（当時の絵葉書より）

を記録　東京スケート・リンク　日曜は八千人を突破
21日y　初大師へ十五万　西新井大師
23日A　ヤクザ主催の「ジャズ祭」　資金かせぎに新手
26日y　寒波にどっと人出　今冬の新記録　スキー・スケート場　上信越・富士五湖

初場所は、「四日目初の満員御礼」（16日A）。「二度目の満員御礼」（20日A）。「二度目の優勝　若乃花に人波三十万」（27日Y）と、人気があった。

スケート場は正月休みが終わっても混雑。

ジャズの流行に便乗して、ヤクザが資金かせぎに「ジャズ祭」を利用している。小坂一也などの歌手が出演することで、豊島公会堂は満員の盛況であった。

経済界は、景気の悪化を心配していたが、正月の人出は前年と変わらないようだ。モノレールが開通したこともあって、上野動物園の入園者は、前年の約五割増しの一二万人も増え、三八万人となった。都民のレジャー気運は落ち込んではいない。

昨今のスケート熱で混雑する新宿のスケートリンク（『首都東京大観』より）

◉2月　豆まきなど盛況で、都民のレジャー気運は持続

1日A　赤線の灯　今日消える　都内三百二十六業者廃業
2日A　東宝劇場焼く　死者三人　観衆約二千余
3日n　節分　さすがポカポカ　二百九十六カ所　人波ざっと百万とみて
4日A　浅草寺に人出二十万　節分
10日Y　日本三地域対抗ラグビー　秩父宮ラグビー場三万の観衆
Y　ウェスタン音楽ショー　日劇
11日A　王子稲荷のタコ市　約二万人の参拝者
17日A　モノレールとゴリラで上野動物園賑わう
23日n　4月中旬の陽気　動物園に二万二、三千人
24日A　秩父宮ラグビー場　オール・ブラックス対全早大　両スタンドぎっしり

巷の不景気とは関係なく、若者の新しいレジャーが

右：売春防止法の施行前夜、警察が地図で赤い線で囲んだいわゆる「赤線地帯」のほかに青い線で囲んだ「青線地帯」の飲み屋街では、階下は飲食店・2階は売春宿だった。写真は青線地帯（「ジャパンアーカイブズ」より）
左：日本劇場で第1回「ウェスタン・カーニバル」開催（「ジャパンアーカイブズ」より）

浅草寺の豆まき(『首都東京大観』より)

生まれている。8日から、ロカビリーブームを受けて、日劇でウェスタン・カーニバルが開催された。平尾昌晃、ミッキー・カーチス、山下敬二郎らが出演し、大勢の観客を楽しませた。

◉3月　春の人出早くから盛ん

2日　A　水戸の梅　にぎわう　七、八万人
7日　a　神風タクシー（無謀運転）に警告
8日　Y　日教組危機突破大会　晴海海岸で約十万
9日　Y　選抜都市対抗野球　後楽園一万三千
16日　a　観光シーズン幕開く　熱海約六万人　箱根三万五千人　伊豆から花便り
17日　Y　オール・ブラックス大勝　全明大ノートライ　秩父宮ラグビー場二万五千
　A　都内の盛り場、公園緑地はどこも満員の盛況　上野動物園も四万六千の入り
21日　a　家族連れでにぎわうお彼岸　動物園入場者四万人
24日　A　私鉄スト　一億六千万円フイ・減収　映画街六区は平日並み

月初めから暖かく、都内の人出は早くから始まった。お彼岸ごろは、都内の遊び場はどこも大勢の人で賑わった。しかし、23日に私鉄のスト。また、月末にはサクラの満開を期待していたが、寒波が訪れ、春の行楽にストップがかけられた。それでも、後楽園球場には、巨人・西鉄、巨人・大毎などの読売旗争奪

戦を見ようと連日のように大勢の人が詰めかけた。

◉4月　都民のレジャー気運は高く、行楽活動は全開

6日　A　酒とケンカの行楽地　上野の夜桜に十万人　ケンカ四十六件
　　a　スト中止　お昼から無情の雨
8日　y　豊島園で大乱闘　極東組と花見客五十数人
13日　Y　六大学野球リーグ開幕　神宮球場二万
20日　a　八千人の行列〝記念切手〟に徹夜組も　切手趣味週間「風俗東之錦」十円
　　a　スト解決、上天気　朝から電車もバスも遊園地も超満員
21日　Y　中山競馬　六日間売上九億五千三百万円
23日　A　勤評闘争　予定通り一斉休暇
27日　y　ゴールデン・ウィーク幕開く　どこも超満員　東京駅からの人出八十万

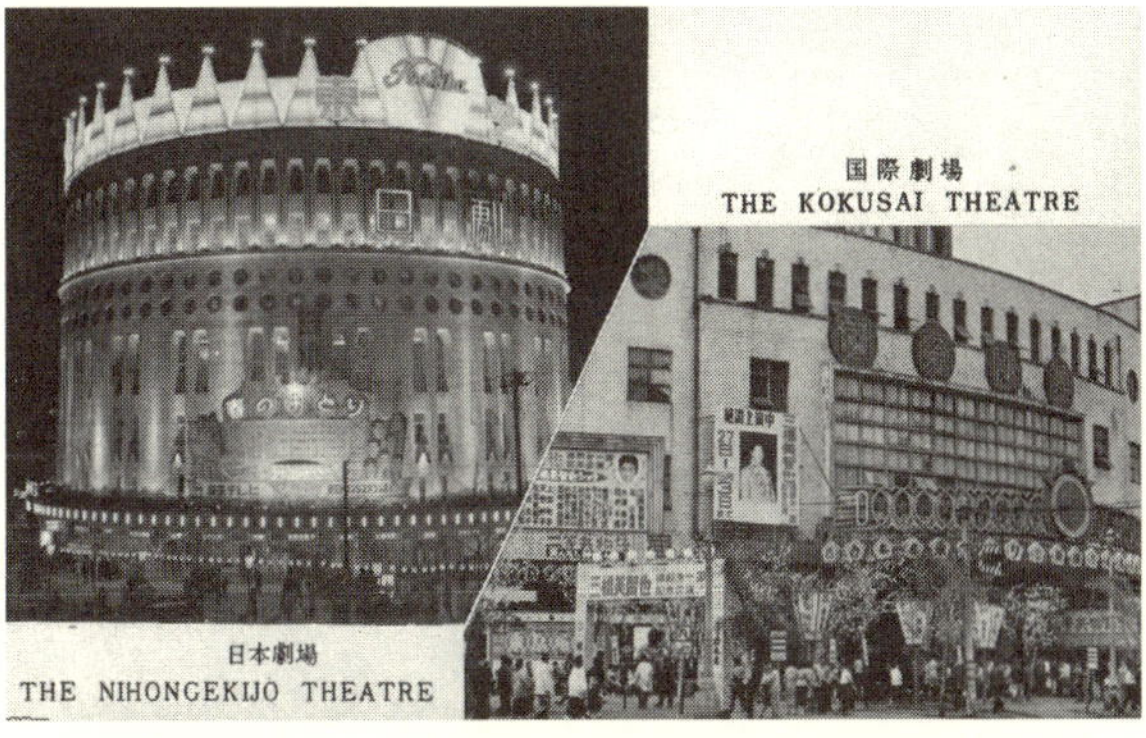

賑わう有楽町・日本劇場と浅草・国際劇場（当時の絵葉書より）

29日 A メーデー前夜祭 東京体育館約二万
ro 有楽町へ。天皇誕生日で人出多し、……『明日は明日の風が吹く』といふのを見て、面白くて満足

5日は、土曜日ということで午後から花見、上野を筆頭に都内の花見どころは大賑わい。花見では、やはり酔っぱらいとケンカが多かったらしい。翌日の日曜は、私鉄ストが回避されたが午後から雨、雨にぬれても花見に出た人は、「上野公園三十万、村山貯水池二十万、新宿御苑六万、小金井堤三万、井の頭公園三万……喜んだのは映画館やデパート」（7日A）とある。また、プロ野球ペナント・レースが開幕し、後楽園球場では、金田がこの年入団した長嶋を四打席四三振に打ち取り話題を呼んだ。

この頃、記念切手への関心が高く、新切手発売日には行列ができ、20日の東京中央郵便局には、徹夜した人もいるほどで八千人もが並んだ。

上野動物園の4月の入園者数は、これまで最高の七〇万人である。都内の行楽地にも同様な人出があったと思われる。日曜日ごとに行楽地には大勢の都民が出かけており、そのままゴールデン・ウィークの人出へと向かった。

◉5月 行楽・スポーツ観戦、戦後最高の盛り上がりか

1日 y 選挙戦 メーデー 風船、仮装まるで運動会 五十九万 外苑絵画館前広場

3日　A　ごった返す連休前夜　負傷者も出る「臨時列車」超満員

4日　a　行楽客で各地にぎわう　潮干狩に人波

ro　『赤胴鈴之助』公録二回分。子供一万人位詰めかけてゐる

5日　A　初日満員御礼　栃錦、早くも黒星

9日　Y　赤十字の祭典　都体育館一万二千

12日　A　横浜開港祭り頂点へ五十万の人出

14日　Y　神田明神　夏祭りにロカビリー

17日　ka　浅草公園三社祭礼

24日　a　アジア競技大会開く七万五千の大観衆　国立競技場

総選挙の開始とメーデーが重なったが、「警察も選管もホッと平穏だったメーデー」（2日A）。ゴールデン・ウィークの行楽地はどこも賑わい、3日は谷川岳では人出の新記録、観光地の旅館は超満員、箱根は午前中に一〇万もの人が訪れた。4日の人出は、都内の盛り場にも及んだ。なかでも浅草の映画館では、『明日は明日の風が吹く』が断然トップという人気で、一万人もの観客が入ったと

代々木公園のメーデー（「ジャパンアーカイブズ」より）

か。

野球は、1日の巨人・阪神戦は、後楽園球場に四万五〇〇〇人。5日は広岡が三試合連続本塁打で四万五〇〇〇人。17日は、「金田また巨人を料理」で三万八〇〇〇人、22日は長嶋らが打ちまくり四万五〇〇〇人。六大学野球も、13日東大が明大に連勝、19日に立大が勝利して優勝を決める。

相撲も、4日の初日に続き、八日目、二度目の満員御礼（12日A）。千秋楽栃錦、七度目の優勝賜杯（19日A）と盛況だった。

第三回アジア競技大会が始まった。国立競技場　定員七万五〇〇〇の席に一〇万近い入場券を前売り（25日a）というミスがあったものの、連日物凄い大観衆の中で競技が行われた。日本の金メダル六七個、二位のフィリピンが九個だから、圧倒的な強さを見せつけた。競技が進むにつれて、人気はうなぎ上り、「マラソンにわく沿道　三十万人の声援」（29日A）、と沸き立った。

さて、これだけ都民が遊んでいれば、選挙の投票率は下るかと思えば、「衆議院選挙投票率六九・七％東京の新記録はなぜ出た」（23日A）、との新記録。

回転ロケットやメリーゴーランドなど、後楽園遊園地には子供の喜ぶものが目白押し（『首都東京大観』より）

◉6月　高まったレジャー気運は持続して盛ん

1日A　徹夜の人の波　浅草の植木市
2日A　アジア競技大会最終日
9日A　海中でミコシかつぎ　荏原神社のカッパ祭（品川）
16日A　日立明対抗水上　日大全種目に圧勝　神宮プールで満員の観衆
17日ro　映画は、森繁の『暖簾』であるが、それが当ってるのか、よく入り、立ち多き満員
19日Y　ボリショイ・サーカス特別公演　後楽園
20日Y　ひと足はやい盆踊り　駒大で四千人
A　プール開き
22日a　湘南にも人出約三万人
25日A　にぎわうとげぬき地蔵の縁日（巣鴨）
29日a　水を求めて　鎌倉二万、片瀬江ノ島三万
ro　スカラ座は、映画『芽ばえ』大当たり、長蛇の列

アジア大会が終わってもその興奮は残り、スポーツ観戦は盛んであった。特に野球は、「立大、輝く完全優勝」（4日A）。「慶大、早大に連勝」（11日A）。さらに、「全日本大学野球　立大が連続優勝」（24日A）。

プロ野球も、「金田二十勝を飾る　四万五千」（14日A）。「長嶋快技、別所を救う　対阪神四万五千」（25日A）。「与那嶺二ラン　四万五千」（27日A）など、観客を集めた。

また、都民のレジャー気運も持続。都内の人出は例年より多く、映画、祭、盆踊りなどが催されていた。海水浴の人出も例年より早い。

◉7月　夏のレジャー始まるが、天候不順で人出は伸びず

2日A　夜空に花開く　川崎に人出五十万

ro　（芸術座『蟻の街のマリア』）相変らぬ不入り

6日a　もののしい山開き　谷川岳ズブぬれ、登山者六千人　丹沢には一万人

13日a　涼しいお盆の入り　富士山へは一万人　鎌倉は午前で二万

15日Y　茅ヶ崎の浜降祭　約十万の観衆

18日A　盛況のアサヒ・コンサート　錦糸公園音楽堂

A　海と山は「自衛」する　海辺は深夜パトロール　キャンプ場は自警団

両国の川開き（『首都東京大観』より）

20日 a カッパも驚く土用波 片瀬・江ノ島八万人 逗子七万 富士山に強風三十メートル 二万人以上登山で混乱
24日 A 台風（十一号）一過 浸水二万二千戸（二十三区）
28日 A 七十万人繰出す 両国の川開き
29日 A 北区民納涼花火大会 約五万人の人出 石神井公園の灯ろう流し 五万人の人出

1日は、初めは小雨であったが、多摩川・六郷に花火が上がり、人出五〇万人とか。レジャー気運の高まる季節であるが、6日の日曜は雨、13日は涼しいお盆の入りであった。それでも、プロ野球は、「長嶋、金田から十三号 三万三千」（2日A）。「巨人、国鉄から十七安打 四万」（6日A）。「長嶋先制の十五号三万」（10日A）。「都市対抗野球第一試合 後楽園球場二万」（29日Y）と、観客を集めた。

7月の快晴は、17・18日だけだが、コンサートや花火大会、灯ろう流しなど、都内でも大勢の人々が楽しんだ。また、海や山へ繰り出す人は、引きも切らず。20日には強風で混乱したとある。

会社帰りのサラリーマンで賑わう有楽町の屋上ビアホール（『首都東京大観』より）

◉8月 海も山も戦後最高の人出

1日 a うだる暑さ三十三・二度 海へプールへ、ドッと人出
ro 芸術座『月高く人が死ぬ』初日入りは、物凄き悪さ
3日 A 出発前にぐったり 山へ今夏最高の人 新宿駅若い人であふれ返った
y 海、山へ最高の人出 湘南海岸は百万 山中湖キャンパー一万余 軽井沢三万
4日 Y 台東区本然寺で仮装盆踊り
9日 Y 真夏の遊園地 多摩川園スリラー・ショウ、日曜は軽く一万五・六千 船橋ヘルスセンター・夏の踊り 不忍池水上ショウ
10日 a 夏を惜しむ人の波 湘南へ四十数万人 有料道路は車の列 山中湖一万五千人
16日 A 浅草の灯ろう流し 見物人約一万人
15日 A 日本選手権水上競技大会 山中、コンラッズに惜敗 満員近い観客
17日 Y 国立競技場『アイーダ』公演 六万人
18日 A 奥多摩は秋の気配 家族連れやドライブ族

隅田川の灯ろう流し（『首都東京大観』より）

A　日本選手権最終日　山中、二百自由に世界新
19日Ａ　今年の海と山、ふところが固かった　バンガローだけ満員
　愚連隊に食われた海
21日Ｙ　原水爆禁止世界大会の一万人　提灯行列
24日Ａ　東鉄　この夏の総決算
27日Ａ　竜灯祭　約四千個の灯ろう隅田川
31日ro　芸術座『月高く』千秋楽　不入りをつゞけし芸術座は
　千秋楽

8月に入り暑く、涼を求め東京から大勢脱出している。

スポーツ観戦は、「都市対抗野球　日石二度目の優勝」（5日Ａ）。「阪神、巨人に五連勝成る　四万五千」（18日Ａ）、「長嶋二十四・二十五号四万五千」（25日Ａ）など盛況で、特に涼しいナイターは大勢のファンを集めた。

この夏の東鉄（東京鉄道管理局）の輸送人員は、七七〇〇万人。海、山の一位　逗子と富士五湖。海、逗子一三六万　鎌倉一二二万　江ノ島六六万　山、富士五六万一〇〇〇　奥多摩六万　浅間高原五万四〇〇〇である。

夏の間設けられる奥多摩のキャンプ場（『首都東京大観』より）

◉9月　台風でレジャー気運が沈む

1日　A　巨人、金田を崩す　後楽園球場四万二千
6日　Y　力道、荒れるハイ・リーに勝つ　国技館満員
15日　A　東京の勤評闘争　運動会や展覧会、校長引率の映画見物も
19日　ro　セレナーデ（バア）へ戻ると、又々大満員
20日　a　愚連隊しめ出しにミコシ取やめ
21日　y　秋晴れの飛び石連休　箱根は六万の人出　釣り（東京湾ハゼ釣り）、ブドウ郷（勝沼、甲府）もにぎわう
22日　Y　六大学野球　立大決勝に持込む　神宮球場三万五千
24日　A　東京競馬　七日間総売上七億八百万円
27日　A　台風二十二号　浸水三十三万戸に迫る　東京に戦後最大の被害
28日　a　秋晴れの日曜日　行楽どころかグランドがダメの豊島園一万人　多摩川園三千人三分の一に　繁華街丸ノ内、浅草に少ない客足
29日　A　〝かき入れ〟逃した温泉郷（伊豆、台風で大打撃）

秋の流行を作り出すデパートのファッションショー＝日本橋三越（『首都東京大観』より）

9月で観客を集めたのはスポーツ観戦。まずプロレス、恒例の六大学野球秋のリーグ戦「開幕二万」（6日Y）。プロ野球は、「巨人敵失で勝つ　後楽園球場三万三千」（14日A）。「阪神を連破す　後楽園球場四万五千」（22日A）など観客を集めている。大相撲秋場所は、「初日の土俵、大荒れ」（15日A）。「千秋楽若ノ花、全勝ならず」（29日A）など話題を提供した。

都民、子供も注目していた勤務評定闘争は、運動会をしたり、校長が引率して映画鑑賞に置き換えるなど、東京では足並みが乱れた。

秋のレジャーが始まったのに水をさしたのは、愚連隊と台風。愚連隊の介入を防ぐため大きな御輿の担ぎ出しをしないという神社があった。そして、台風二十二号の来襲、被害は大きく、さすがに28日は、秋晴れの日曜日でも客足は減少となった。

◉10月　行楽の人出も戻り、都内の野球やイベントも盛況

8日 a　秋晴れ、久しぶりににぎわう富士五湖地方　伊豆コースの変更組で5日は満員
10日 A　全日本自動車ショウ開く　入場者五十万をこえるのは確実　後楽園競輪場
12日 A　プロ野球日本シリーズ巨人対西鉄
12日 a　やっと晴れた日曜日　もみじ狩り、山登り　熱海も久しぶりの満員
ro　読売ホール千秋楽無料も大分ゐるらしいが、軽満員
13日 A　〝お会式〟どっと百万人　警視庁警戒本部の調べだと百十六万人（池上本門寺）

18日A　浅草観音の開帳　人出三十万

19日A　話題のフラ・フープ　東京に現わる

a　久しぶり快晴、人出

y　豊島園九つの運動会、ゴッホ展五千人（上野・東京国立博物館）

y　芦ノ湖四万五千人　日光一万五千人

20日A　中山競馬　八日間総売上十億四千八百万円

26日A　日米野球　カ軍、見事な猛打　対全日本　三万

台風のため伊豆方面への人出は減ったが、富士五湖方面が賑わい5日は満員であった。その後も行楽の人出は続き、12日には熱海も満員と伊豆方面の人出も回復が進んだ。

日本シリーズは、「巨人二勝　四万五千」（13日A）。「西鉄も三勝　稲尾巨人を完封　四万五千」（21日A）と、満員の連続。その後は日米野球、内容はカージナルスの一方的な試合であったが、大勢の人が観戦した。

発売に合わせて帝国ホテルで行われた遊び方の実演会（『朝日日新聞』昭和33年10月19日付より）

◉11月、早い冬に行楽の人出は伸びず

2日A　早慶戦　日没ひき分け四万五千

a　秋の連休日　曇・雨のなかの人出「山」は大にぎわい　都内は浅草と明治神宮
a　浅草「船まつり」百年ぶり名物再現
3日 A　盛り場に恵みの雨　デパートもにぎわう
a　日展は初めての大入り　一万人の入り　明治神宮十七万人
6日 A　早慶戦　慶大、決勝に持込む　三万五千
7日 A　世界初の「屋内スキー場」おめみえ　一日千人の客を集め　としまえん
8日 Y　浅草大観光祭〝夢のパレード〟七、八万人
10日 A　早大、追撃及ばず　四万五千
A　名残りの菊見にぎわう　新宿御苑一万人
a　フラ・フープ大流行　買うのもこんな行列で！
16日 a　震える紅葉狩り　箱根三万　山ぞいでは初雪
24日 Y　関東ラクビー　秩父宮ラグビー場　三万
30日 A　一館当り入場者へる　映画産業白書から

行楽シーズンに入り、悪天候の中でも箱根に五万人、浅草に一〇万人、明治神宮に約一三万人の人出。古川ロッパは、16日の日記に「フラフープといふ珍物大流行、子供らが街上で腰を振っている」と。フラフープは値段が安いこともあって、またたく間に大流行。子供だけではなく大人にも広がった。警察庁は「路上のフラ・フープ　全国に禁止指令」（16日Y）を出す。

◉12月　不景気の割りには都民のレジャー気運は暗くない

1日　A　世界柔道選手権　曽根五段優勝　東京体育館一万
3日　ro　東宝劇場初日入りは、軽く満員
6日　A　モスクワ芸術座の初公演　新橋演舞場ほとんど満員
14日　a　各地で初すべり
　　ro　（東宝劇場）マチネー……入りよし
17日　A　浅草の羽子板市
19日　ro　（東宝劇場）今夜も、ギッシリらしい
21日　a　学生の就職は好調
22日　A　にぎわった納めの大師西新井　ざっと五万
25日　A　あふれる人波　銀座百十四万　新宿九十四万　池袋三十万
26日　A　デパートの万引き激増
29日　ro　（東宝）ミュージカル千秋楽　拵《こしら》へたらしいが、満員
31日　A　どっと帰省・スキー　上野　昨年の二割増十八万人

街に賑わいはあるものの、売行きははかばかしくない。クリスマス・イブの人出も、銀座や池袋はもの

洋画の２本立てを上映中の新宿劇場（「ジャパンアーカイブズ」より）

すごかったが、バー、キャバレーは去年より二割方客足が減った（25日A）。デパートの万引き激増（26日A）など、歳末商戦は、やはりなべ底景気で湿っている。

それでも、都民のレジャーは、映画・演劇の入りは悪くなく、催物も賑わいがある。また、先月末の皇太子妃決定のニュースもあり、明るさを提供し、都民に来年への希望を感じさせる年の瀬であった。

皇太子御成婚の前年、銀座五丁目交差点角の「三愛」に掲げられた写真額（「ジャパンアーカイブズ」より）

昭和34年（1959）――ラジオからテレビへのターニングポイント

政治は、日米安全保障条約改定で保守と革新が国会内外で争い、まさに国を二分する事態に。11月には国会乱入デモ事件が起きた。しかし、国民の多くは傍観者であった。政治の混乱をよそに、産業界の景気は春先から回復し、いわゆる岩戸景気が始まった。といっても、都民の生活は前年と大きく変わらず、大半の人は年末になっても好景気を感じられなかった。

出来事として、3月に砂川事件伊達判決、4月には皇太子御成婚、5月に東京オリンピック大会が決定、8月に松川事件判決、9月には伊勢湾台風の被害がある。なかでも、戦後を締めくくるものとして、石炭労使の紛争がある。三井鉱業は経営を合理化するため、大量解雇を進めた。石炭から石油へとのエネルギー革命を象徴する争議である。

この年は暖冬で、早春から行楽の人出があり、郊外・近郊だけでなく、都内の野球場や動物園・遊園地も賑わった。少しずつ変化していた春の行楽形態が、この年にはハッキリと現れた。それは、春先の花見の人出より、ゴールデン・ウィークの人出が圧倒的に多くなったことである。遠出をする人が増加し、夜行や泊まり掛けの行楽が増えたからである。

梅雨空のさなか、巨人対阪神の劇的な試合を天皇が観覧したことで、野球観戦はさらに高まった。

7月にはナイターの初カラー放送があり、テレビによる観戦も増加した。そのためかセ・リーグ公式戦は、野球場での観戦が前年より五〇万人も減少した。

夏は冷夏で、人出は短い期間に集中した。もっとも、夏のレジャーが低調であったのは、天候のせいだけではなさそうで、都民の懐事情をも反映しているようだ。秋になっても人出の回復は遅く、11月に多少盛り上がったが、暮れにはこの数年来の落ち込みになったと思われる。

またこの年は、テレビを筆頭に電化製品が急速に普及する、〝消費革命〟時代の始まる年である。メディアについても、ラジオからテレビへと切り替わる年である。都民のラジオ普及率は五七％、テレビが三二％と、数字だけ見るとラジオの方が高い。しかし、実際の視聴はテレビの方にウエイトが置かれた。ラジオからテレビへの転換、その契機となったのが、4月の皇太子結婚。その様子を見ようと一気にテレビ受信契約が増えた。特に東京では、区部より市・郡部の方が多く、普及率に如実に現れている。また、読売新聞は、それまでラジオ番組プログラムを優先し、テレビ番組は従としていたのを、7月から逆転させた。

それでも、ラジオを聞いている人はおり、主な番組は『一丁目一番地』『お笑い三人組』『話の泉』『三つの歌』『とんち教室』『二十のとびら』『新吾十番勝負』『赤胴鈴之助』『森繁千一夜』など以前からの番組であった。それに対するテレビは新番組、『ペリー・メイスン』『ローハイド』『ガンスモーク』『うちのママは世界一』『ポパイ』『スター千一夜』『おとなの漫画』『番頭はんと丁稚どん』『とんま天狗』『拳銃無宿』『快傑ハリマオ』『風小僧』『鉄腕アトム』『怪人二十面相』『なんでもやりまショー』などと目白押しであった。

娯楽の中心であった映画は、この年ついに観客数を減らした。演劇についても同様である。原因は、四億円を超える大作がなかったこともあるが、テレビの普及によって映画館や劇場に足を運ぶ人が減ったためであろう。主な邦画としては、『日本誕生』『世界を賭ける恋』『男が命を賭ける時』『人間の条件』『水戸黄門漫遊記』『天と地を駈ける男』などがある。洋画には、『リオ・ブラボー』『大いなる西部』『騎兵隊』『ワーロック』『北北西に進路を取れ』『連邦警察』『ベン・ハー』『白銀は招くよ!』などがある。

流行歌として、『南国土佐を後にして』『黄色いサクランボ』『黒い花びら』『僕は泣いちっち』『がんばろう』『夜霧に消えたチャコ』『古城』『東京ナイトクラブ』などがあった。流行語としては、アフターサービス、岩戸景気、カックン、カミナリ族、がめつい、サッチョン族、セクシーピンク、乗車拒否、タフガイ、春一番などがある。

◉1月　雪のお正月、出足を削がれたが、都民のレジャー気運は高い

3日A　雪を踏んで参賀　十一万
4日A　きのう盛り場、大にぎわい　銀座と浅草で百万
8日A　映画館はお客頭打ち
9日Y　〝正月納の〟のドンド焼き　鳥越神社
11日a　ナイタースキー（湯沢・岩原スキー場、毎晩千人）、スケート（富士・精進湖《しょうじこ》、約二千人）人気呼ぶ

12日Ａ　大相撲初場所　朝汐、初日から土つく
19日Ａ　押すな押すなのスケート場　インドアスキー場には交通整理も出る　二千人
　　Ａ　中山競馬　八日間総売上十四億二千万円
22日Ａ　西新井大師の初大師　七万の人出
28日Ａ　暖冬　スケート場は総つぶれ

3日が正月の賑わいのピーク、ちょっと気抜け気味であったがそこそこの賑わい。その後の人出は多くはないが、景気を反映してか、中山競馬の売上は史上最高を記録した。相撲も盛況、「初場所五日目　満員御礼」（16日Ａ）。「八日目　満員御礼　若乃花給金直す」（19日Ａ）。「千秋楽若乃花、栃錦を寄切る」（26日Ａ）、と人気を呼んだ。

体を動かす若者向けのレジャーが盛況で、アイススケート場やインドアスキー場には大勢の人が訪れている。それに対し、映画鑑賞は減少気味である。

◉2月　暖冬でも都内の人出は変わらない

2日Ａ　赤線の灯消えて一年　吉原旅館がらあき　新宿に住みこみ〝白線女〟
3日ｎ　川崎大師へ三十万？　人出整理へヘリコプター
　　ｙ　暖かい節分　各所で豆まきショー

5日 y　初午　赤坂豊川稲荷　午前中だけで約一万人
6日 N　小岩の初うま　びっくり市　露店百五十軒
10日 A　ゆらぐ映画の二本立て制　大映一本立てに　製作費、タレントに悩む
11日 A　〝論より実行〟派の「紀元節」　式歌や民謡歌って　各地で〝建国〟の行事
15日 A　上野駅スキーヤー　後たたぬ行列割込み　平日三、四千人　土、日曜一万四、五千人
19日 N　（世界フライ級王者）ペレスが判定勝ち　日大講堂　約七千（米倉健志とノンタイトル戦）
23日 N　日本三地域対抗ラグビー　関東連続優勝　秩父宮ラグビー場　約七千
　a　けさ暴力団狩り　新宿、池袋で八十七人検挙
26日 A　ざっと一万九千戸　来年度都に建つ公営住宅

節分の豆まきはショー化している。都内の人出は、警視庁では五〇万以上と推定。豆まきは話題にはなるものの、この年の人出は特別多くはなかった。その後、初午などの催物に人出はあるものの、都民の動きは鈍かった。

◉3月　行楽の人出は早く、都民のレジャー気運は高い

2日 Y　早大FWの闘及ばず　カナダ二勝　秩父宮ラグビー場　二万

　y　暖冬どこも赤字　スケート場春の準備
3日　A　陽気にさそわれて夜の上野公園
4日　y　春闘第二波に入る
9日　Y　皇居前は観光バスブーム
15日　a　地下鉄霞ヶ関―新宿　けさ営業開始（地下鉄丸ノ内線全通）
20日　Y　選抜都市対抗野球　日生三度目の優勝　後楽園一万
21日　a　好天気に行楽の人波　五分咲きに花見酒　山では名残りのスキー
23日　A　九十周年を迎える靖国神社　参詣人は一日二万から三万　戦前の五、六倍
　A　〝就職列車〟一番乗り　けさ東京入り（集団就職）
25日　A　景気の回復はV字型　鉱工業、大幅な伸び

暖冬ということで月初めから人出がチラホラと出ている。特にスポーツ観戦は、まずラグビー、都市対抗野球。プロ野球はオープン戦、「巨・南、後楽園一万三千」（21日A）、「巨人打線振るわず　三万二千」（22日A）、「巨人打線上昇か　対西鉄戦　三万」（28日A）、「王、同点ホーマー　対西鉄戦三万三千」（29日A）と、しり上がりに増えている。巨人軍に王貞治が入団して、プロ野球人気はさらに高まった。

春分の日の前日から人出があり、連休に21日の好天気も加わって、箱根へ五万、鎌倉へ四、五万、熱海にも三万、都内の上野動物園は二万、多摩動物園が一万五〇〇〇、東京競馬場に一万五〇〇〇など、行楽の人波。都民のレジャーは、そのまま翌月に向かって増加した。

◉4月　盛大な皇太子結婚式に、都民のレジャー気運も盛り上がる

2日　A　きのう四万を越す花見客
5日　A　全山満開　昨夜の上野　メチャクチャ花見　ケンカ五十件、迷子三十人　約二十万
　　　A　セ・リーグ優勝大会　巨人戦二万二千
　　　ro　（新宿コマ劇場まつり）満員である
9日　Y　護国寺で花まつりの大名行列　人出十万
11日　A　皇太子結婚パレード、沿道に五十三万人
12日　A　セ・リーグ公式戦　長嶋失策　後楽園四万
15日　Y　夏祭りのはしり　日本橋小網神社
19日　A　メーデー前夜祭　都体育館に一万五千
20日　A　中山競馬　八日間売上十四億九百万円
26日　A　飛び石連休の前ぶれ　東京駅にハイカー行列
　　　a　にぎわう潮干狩　貝の数ほどの人　稲毛海岸
　　　a　「お縁日」の季節　東京は毎日十数カ所
29日　a　皇居参賀十二万人　江ノ島十万、箱根約五万
　　　a　飛び石連休はじまる　ウケる貸自動車　伊豆、箱根早くも満員

皇太子御成婚、皇居前広場のパレード（「ジャパンアーカイブズ」より）

4月の都民の最大関心は、皇太子の結婚式。「皇太子さまご結婚お祝いの夕」（11日A）は、国立競技場に六万人が祝福した。そのためか、例年の酔っぱらいにケンカがつきもの花見は、なりを潜めたようだ。10日に、古川ロッパが「かうして、馬車の上の二人を近々と見ることが出来る、テレビなるかな、文明なもんだ」と日記に書いているように、国民の多くがテレビの前にいた。なお、皇居周辺には五〇万人以上もの人がいたにもかかわらず、「アテ外れ盛り場、商店街」（11日A）、ロッパも「夜の部、入りいゝかと思ったら、昼より落ちる」という。

スポーツ観戦は前月から熱が入っており、六大学野球リーグ戦開幕（11日a）。セ・リーグ公式戦は、「長嶋、場外ホーマー　後楽園三万」（26日A）、「王、公式戦初ホーマー　後楽園四万五千」（27日a）と、盛り上げる。競馬も盛況であった。

新緑とともに都民の行楽が始まり、ゴールデン・ウィークへと向かう。年々増えるドライブ、貸自動車は連休前に予約が埋まる。また、観光地の旅館だけでなく、「国民温泉　連休に宿舎は満員」（30日A）という状況でゴールデン・ウィークがスタートした。

◉5月　参議院選挙戦や雨など、都民のレジャーはなんのその

1日a　雨の統一メーデー　中央会場に三十万
3日A　くり出す登山客　新宿駅大変な人波

3日 y 五月晴れ人出もピーク どこも超満員
4日 a デ杯東洋ゾーン 田園コートほぼ満員（テニス）
11日 A 大相撲夏場所初日
A 南海対東映・駒沢で初ナイター 二万二千
18日 A 長嶋の九号で逆転 後楽園四万五千 対阪神
25日 Y 浅草三社祭 六万人でむせかえる
30日 A 傘をさしての日本ダービー コマツヒカリ優勝 観衆四万
31日 A 巨人、中日に逆転勝ち 四万三千
A 早、慶にまず勝つ 神宮球場六万五千
y 浅草植木市 約二百軒

ゴールデン・ウィークはどこも超満員。3日の人出は、熱海一二万、江ノ島・鎌倉八万、箱根六万など郊外はもちろん、都内の豊島園五万、上野・多摩動物園ともに三万。

スポーツ観戦も盛況で、大相撲夏場所は「八日目 初めての満員御礼」（11日A）。「千秋楽 若、再度栃を圧倒」（18日A）。

三社祭礼などのイベントも盛況。東京国際貿易センター（晴海）で国際見本市が開催され、「一週間の入場者三十六万」（12日A）という。入場者は日を追って増加し、「あたった東京国際見本市 百九十万人の見物 十八日間」（23日A）に及んだ。

東京国際見本市のメインゲート
（「ジャパンアーカイブズ」より）

●6月　天覧試合、野球人気をさらに盛り上げる

1日　A　巨人、中日に三連勝　四万五千
　　　a　アユ関東でも解禁　相模川　約一万
5日　A　四谷須賀神社夏祭　三年ぶりにミコシ行列
8日　A　ねり歩く五十台のミコシ　鳥越神社夏祭り（台東区）
　　　A　巨人、国鉄を完封　四万五千
15日　A　日立明対抗　水上競技大会　大会新が六つ　スタンド一杯
　　　A　巨人、大洋を完封　四万二千
20日　A　早慶サッカー引分け　ナイターに三万大観衆
22日　A　人気ふっとう松方コレクション　終日行列つづき（上野・国立西洋美術館開館）
23日　A　全日本大学野球　早大が初の優勝
25日　ro　芸術座、今上演中の『今日を限りの』がロングランとなり
26日　A　巨人・阪神戦「天覧試合」
29日　A　川に町にどっと人出　ツユ明けまがい好天の日曜
　　　A　中山競馬　六日間総売上十一億五千四百万円
　　　A　中日、巨人に九連敗　四万

梅雨ではあるが、祭りやスポーツ観戦など、都民のレジャー気運は高い。なかでも野球は盛んで、25日の巨人・阪神戦は、昭和天皇が初めて後楽園球場で観戦する「天覧試合」。この試合、王が本塁打を打ち、長嶋も阪神の村山投手からサヨナラ本塁打を打つという劇的な試合となった。

◉7月　冷夏で夏のレジャーはやや減少気味

1日　a　さびしい「山開き」　残雪と悪天で
2日　Y　巨人・大洋戦　ナイター初　カラー放送
　　A　皮切りの花火大会　多摩川に五十万
3日　ro　TV映画は当り（『月光仮面』から『遊星王子』と当った）
6日　A　千駄ヶ谷で　働く青少年の盆踊り大会
　　Y　入谷鬼子母神朝顔市　ざっと二万鉢
9日　Y　江戸趣味納涼大会はじまる　上野
　　a　浅草ホオズキ市はじまる
12日　a　海初のにぎわい　夏山はしばらくお預け　片瀬・江ノ島十万、鎌倉五万
13日　A　川原を埋めた十五万人　二子多摩川の川開き
17日　A　かわってきた「やぶ入り」　浅草去年より少なめ
19日　A　夜空に光の芸術　両国、小雨で人出減る　十五万

夏の風物詩　浅草寺境内のホオズキ市（『首都東京大観』より）

a　海・山初のにぎわい　湘南へどっと繰り出す　例年の半分　富士へ六千

21日　Y　日米対抗水上　二つの世界新　超満員

Y　六十か所に黒山の人　日本テレビカラー放送

26日　Y　ミス・ユニバースに児島明子　アジアから初めての栄冠

A　都市対抗野球開幕

a　七十万人の混雑　湘南の海　富士・五湖へ三万

29日　ro　芸術座『可愛い不良少女』初日……入りは、パラリ

日本初のミス・ユニバース誕生
（「ジャパンアーカイブズ」より）

都民の行楽気運は高いものの、冷夏で山や海への人出は例年より少ない。また、花火大会や都内のイベントの人出も減少気味である。なお、浅草の人出が減っていることについて、天候だけではなく、「やぶ入り」（お盆）の習慣が薄れる、社会が変わり始めたことを示唆している。

◉8月　短い夏、人出は集中

2日　A　暑さ逃れに……夜の三駅（上野・東京・新宿）また新記録

a　海山最高の人出　アゴを出した受入れ側

Y　築地本願寺の盆踊り
4日　A　満員の納涼船　東京湾
Y　都市対抗野球　丸善石油初優勝　四万二千
6日　A　会場ぎっしりの聴衆　アサヒ・コンサート　錦糸公園
A　石神井公園の納涼カーニバル
7日　Y　小石川運動場へ　五万人〝求心デモ〟（安保改定阻止など）国民集会
y　佃島〝海〟を渡るオミコシ　ざっと一万（住吉神社）
9日　a　台風六号　海・山はガックリ
11日　A　ペレスの防衛戦成る　東京体育館七千（米倉を判定で退け、世界フライ級王座八度目の防衛）
12日　A　上野駅は大混雑　旧盆の帰省客で
16日　Y　『ローエングリン』（ワーグナーのオペラ）に六万人　国立競技場
y　かき入れ逃した海と山（台風の影響）
16日　y　上野駅は〝旧盆ラッシュ〟
ro　日曜日のことゝて、ジャリ多く悩まされる。有楽町（芸術座）
22日　A　浅草のカッパ祭り始まる　月光仮面の飾りも登場
23日　A　プールは夜まで大にぎわい　神宮プール五千人
a　タキ火しながらの海水浴　鎌倉五万

浅草・曹源寺のカッパ祭り（『首都東京大観』より）

海山の人出は初旬に集中し、受入れ側はアゴを出したと。それでも、2日の人出は、昼ごろまでに逗子が三〇万、葉山が二〇万、鎌倉が一五万程度、富士五湖が一万七〇〇〇など、前年以下。次の日曜9日は、台風六号で出かけず、夏のレジャーはこれで収束。古川ロッパは、10日の日記に「涼しくて寝心地よし」と記している。

海や山への行楽はとぎれるが、都内はコンサート、祭りなどイベントが盛りだくさんで人出が多い。スポーツ観戦は、都市対抗野球にボクシング。後楽園の巨人戦は、16、17、19日が四万五〇〇〇、20、21日が四万、また月末も、四万三〇〇〇、四万五〇〇〇と、観客を集めている。

◉9月　秋の行楽始まるが人出は伸びず

6日　y　にぎわうハゼ釣り〝秋冷〟の日曜
12日　y　大にぎわい　スケート場店びらき
10日　A　金田、巨人に五連敗　後楽園二万
13日　A　六大学野球リーグ開幕
　　　a　小雨もなんのその　休日に運動会目白押し
14日　A　行楽シーズンに出足早や　殺到する予約
　　　A　大相撲秋場所　初日の土俵荒れる
17日　A　オックスフォード・ケンブリッジ両大学連合対全慶大ラクビー　国立競技場二万五千

20日 ro 日劇。今日より『暗夜行路』なり。日曜のせゐもあるが、一回目から満員……名人会へ。千秋楽の日曜で入りはいゝ

21日 A 巨人十九安打十二点 対阪神 後楽園四万

A 人気さっパリの国体水上 神宮プール

2日は本年最高の三六度、天候のせいもあるが、月初めの都民は残暑で夏バテ気味。それでも秋のレジャーは始まっており、13日の豊島園では運動会が小雨の中、九つも行われた。スポーツ観戦は、恒例の六大学野球、プロ野球、大相撲秋場所に加えて日英親善のラクビー、東京国体などが次々に開催された。相撲は、「八日目満員御礼 栃錦給金直す」（21日A）。「千秋楽 若乃花七度目の優勝」（28日A）。プロ野球は盛況であるが、国体は、例年より盛り上がりに欠けた。

◉10月 天候に恵まれないが人出はまずまず

4日 Y 日独対抗陸上第一日

10日 ro 東宝名人会へ三平をきゝに行く。痴楽なんぞはふッ飛んでしまふ位、三平はいゝ

11日 Y 芝琴平町 金刀比羅宮大祭

a 紅葉狩りや温泉地ににぎわう 熱海二日間で十万人を越え

a 日曜遠出の〝カミナリ族〟など三百六十台を摘発

12日A　巨人阪神　後楽園三万
13日A　池上本門寺のお会式　七十八万人の賑わい
17日Y　にぎやかに浅草観音まつり
19日A　中山競馬　八日間売上十三億九千五百万円
22日A　減っていく紙芝居屋さん　最盛時の四分の一　七百人
25日a　行楽地にぎわう　どこも今秋最高の人出　箱根六万　日光二万

巨人戦の観客数が減少気味。日本シリーズでも、「杉浦四たび巨人封す　後楽園四万二千」（30日A）である。東京国体秋の大会は、依然盛り上らず（21日A）。「五万人集めて閉会式」（25日A）となった。スポーツ観戦は増えないが、行楽の人出はあり、この秋最高となる。それも、日帰りだけでなく、泊まりがけの行楽が人気を博している。

◉11月　秋の行楽たけなわ、賑わいを取り戻す

1日y　初滑りを楽しむ、屋内スキー場が店開き
ro　（新宿コマ）『お蝶の恋の物語』開く。昼の団体満員
a　にぎわう飛び石連休　バス・ドライブ車の行列

a 人気の熱海 七万六千人の乗降客、宿泊四万人 鎌倉六万人
3日 a 雨もあがって行楽地にぎわう 催物にも人の海 明治神宮約八万 東京国立博物館八千人
11日 Y 一のトリ 境内満員（浅草・鷲神社）
15日 a 熱海 泊り客三万八千をふくめざっと八万
18日 A セ・リーグ公式戦入場者 昨年より五十万人減る
22日 y 郊外へ流れた人波 温泉街には豊作景気
23日 y 「二のトリ」の浅草に三十万人
23日 Y 関東大学ラクビー 秩父宮ラグビー場に一万五千
Y 夜までにぎわう、銀座はイブのような人出
28日 A デモ隊国会構内へ乱入
30日 A 東京競馬 七日間売上十一億八千百万円

1日、都民は郊外へどっと繰り出した。どこもこの秋最高の人出。さらに3日は、箱根の七万人（3日a）をはじめとして近郊も賑わった。

都民の行楽は続き、22日はこの秋最高の人出、熱海に約八万、箱根・湯河原に三万四〇〇〇～五〇〇〇、伊東に二万六〇〇〇など大勢の人が出かけた。都内では浅草に八万、まるでクリスマス・イブのような賑わいであったとか。11月は比較的天候に恵まれ、動物園や遊園地など都内の行楽地も前年より多くの人出

ネオンに照らされた銀座・数寄屋橋（「ジャパンアーカイブズ」より）

があった。

◉12月　景気の割りには盛り上がらぬレジャー気運

5日 y　マンモス・ゴルフ練習場　芝に店びらき

6日 a　盛り上がる〝歳末商戦〟デパート、ごった返す

10日 y　スト　朝から大騒ぎ三十五万人押すな押すな

13日 a　緩み加減の財布のひも　ごったがえすボーナス景気

14日 A　五輪サッカー予選　韓国、後半に強襲　後楽園競輪場三万三千

22日 A　狭山の屋内スキー場開く

25日 A　人出二百三十万　イブの町ごった返す

27日 Y　志賀・妙高に二万人、越年のスキー客もくり出す　帰省客でごった返す東京駅

28日 a　かせぎまくる市場　デパートは割に閑散

29日 A　中山競馬　八日間総売上十六億九千九百万円

月初めから好景気と騒ぎ立てているが、都民の懐はそれほど潤っていないようだ。上野動物園はこの何年来という入園者の少なさ、クリスマス・イブの人出も前年以下、都民のレジャー気運は沈み気味であった。

昭和35年（1960）

――安保に揺れる中、都内には新たな動きも

1月の日米新安保条約調印に始まり、東証株価が一〇〇〇円の大台を突破し、岩戸景気（実質経済成長率一三・二％）が浸透したとされている。安保闘争は、前年から続くもので、反対運動は空前の規模と混乱を呈した。政府は、強行採決と岸内閣総辞職で逃げきったと共に、池田勇人新内閣による新たな展開、国民所得倍増計画を提示した。これまでの敗戦からの復興を抜けて、新たな局面への展開、高度経済成長を目指すことを始めた。

出来事として、皇太子妃の男子（浩宮徳仁・令和天皇）誕生。横浜の歌謡ショーで観客一二人圧死。安保反対デモ、国会に突入し女子大生死亡。東京世田谷で雅樹ちゃん誘拐事件。グアム島から元日本兵二人が帰国。ＮＨＫのテレビ受信契約が五〇〇万件を突破。オリンピック・ローマ大会へ一六九名参加。ＮＨＫなど六局がカラーテレビの本放送を開始。社会党委員長・浅沼稲次郎が立会演説中に右翼少年に刺殺される。第二九回総選挙（自民党が議席増、民社党大敗）。

都内は、デモで騒然としたが、レジャーへの影響は少なかったようだ。正月の人出、早春から行楽、ゴールデン・ウィークは前年を上回る人出があった。確かに、6月のデモのさなかにも「銀座や後楽園」には人出があり、それを「声なき声」とするのはすり替えである。世相・流行は、ダッコちゃん

ブーム、インスタント食品の普及、電気冷蔵庫や脱水乾燥洗濯機の普及などと、人々の欲望を満たすように展開する。

東京都のラジオとテレビの普及率が逆転する。意識としては、前年にテレビがラジオを圧倒していたが、数字の上でもラジオを超す転換点。安保闘争やオリンピックは、圧倒的にテレビの方が強烈である。もちろん、映像が正確に伝えているとは限らないが、説得力はある。

映画は、興行収入一位の『天下を取る』でも三・二億円しかなく、前年よりさらに観客数を減らした。演劇についても同様である。やはり、テレビ普及が進むことによって、映画館や劇場まで出掛けて観賞する人が減ったのであろう。主な邦画としては、『天下を取る』『波濤を越える渡り鳥』『闘牛に賭ける男』『喧嘩太郎』『娘・妻・母』『あじさいの歌』などがある。洋画は前年から続く『ベン・ハー』『アラモ』『眠れる森の美女』『チャップリンの独裁者』『許されざる者』『連邦警察』『太陽がいっぱい』などがある。

流行歌として、『哀愁波止場』『アカシアの雨がやむとき』『潮来笠』『誰よりも君を愛す』『ターズ』『アキラのズンドコ節』『月影のナポリ』『霧笛が俺を呼んでいる』などがあった。流行語としては、「家つき、カーつき、ババア抜き」「トップ屋」「ナンセンス」「私は嘘は申しません」「声なき声」「低姿勢」「所得倍増」などがある。

◉1月　前年より人出はあるが、盛り上がらぬ正月気分

1日 Y　傘をさしての初参り　深夜の明治神宮約十五万人　浅草観音十万　成田山四万など

2日 ro　観音さまへお詣りをしようと、仲見世へ歩く。人波とてもひどく、途中でお辞儀して引き返す

3日 N　朝から好天に恵まれ　一般参賀、十四万人こす

4日 A　スキー場空前のにぎわい　志賀高原　三が日延べ二万人

6日 n　威勢よく出初め式　明治神宮外苑絵画館前広場　約五万の観衆

8日 n　狭山屋内スキー場　入場者一日延べ三千人、滑走料一時間百円　リフト一回三十円

10日 n　今冬最高のスキー場　日光スキー、スケート客　約三千人

n　初場所の幕ひらく

11日 N　東西大学対抗ラグビー終る　秩父宮ラグビー場に約八千の観客

浅草仲見世の人波（「ジャパンアーカイブズ」より）

15日N　成人スキーヤーどっと　上野駅　夜だけで二万人をこえる
　n　池袋スケートリンク店開き　十一時ごろには二千人が
16日N　流血騒ぎ〝前夜（岸首相ら新安保条約調印全権団米国出発）〟の空港（羽田）
18日A　屋内スケート場すし詰め　総じて空気は健康的　〝不良しめ出〟に懸命
21日A　地下駐車場ぞくぞく生まれる「丸の内」は来月から　八重洲、日比谷も5月には
24日y　寒さは最低、人出は最高　上信越へ三万余　イモ洗いのスキー、スケート

大相撲は、「若乃花が初日から二連敗して休場したので、つまらない」（12日ro）と。「成人の日満員御礼のたれ幕」（16日A）。「栃錦、十度目の優勝　千秋楽」（25日N）であった。

◉2月　暖かさと共に高まる行楽活動

2日A　都会人の余暇活動　多い〝ブラブラ歩き〟　勤め人‥少ない映画やパチンコ　自営業‥目立つタタミにごろ寝　一日余暇時間六時間　日曜も半数は在宅（東大新聞研究所の調査）
4日a　うららかな節分　東京タワーの展望台でも〝空中豆まき〟
5日A　NHK総合テレビ　視聴率調査（東京地区）①私の秘密、②ジェスチャー、③大相撲中継、④私だけが知っている、⑤事件記者

7日 A　駅にハイク姿ならぶ　スケート場、大にぎわい　軽井沢一万人越す　富士五湖二万四千人、榛名湖一万五千人　伊香保三千人
8日 A　笑いがとまらぬスキー場　宿もゲレンデも超満員　蔵王ざっと十八万人　目標五十万人
11日 N　〝初うまの出庫物市〟王子銀座商店街で始まる　初日は約八千人
12日 n　「初午」都内の稲荷神社　商売繁昌を祈る人々でにぎわった
13日 ro　エノケンが芸術座『がめつい奴』のロングラン
14日 a　〝梅見〟にぎわう鎌倉瑞泉寺、正午迄に三千人　榛名湖約百五十台のバス、一万余人
16日 a　ふえるスーパーマーケット　各地に着々進出　手軽で便利なのが魅力
17日 ro　浅草の新世界キャバレー……びっくり、その大きいことより何より、大満員
20日 a　東証ダウ千円突破（岩戸景気へ）
21日 n　行楽地は満員　梅もほころび　神奈川県大倉山　正午までに約二万人
24日 n　皇居に祝いの人波　正午までに約一万人（皇太子誕生）
26日 ro　ピカデリーの『南太平洋』を見に駆けつける。再上映だのによく入り
28日 y　にぎわう観梅　水戸偕楽園　夕刻までには約七、八万人の観梅客が予想され

◉3月　郊外から近郊へと行楽の人出増える

3日 N　ラジオ関東のショー　横浜公園体育館で死者十二人の事故　約九千人の入場予定

6日Y　選抜都市対抗野球　第一日　後楽園　観衆五千

n　町はすっかり春模様　待ちかねた人々くり出す　東京駅早朝から熱海・伊豆方面満員

上野動物園正午までに二万五、六千人　豊島園などの遊園地や盛り場も、人波でごった返し

13日　n　気まぐれ天気　上野動物園、豊島園などそれぞれ二万、一万五千人の家族連れ、アベックでごったがえした

15日N　都市対抗野球　鋼管、二度目の優勝　後楽園

20日　n　春の強風にめげず　彼岸の中日にぎわう盛り場　上野動物園午前の人出二万

21日N　伊豆は観光ブーム　熱海の2月の宿泊人員八十万人　四月まで予約満員

26日N　警視庁の調べ、都内のパチンコの台数は約十万六千台、マージャン屋が一三八五軒、キャバレー三七五軒。料亭から安バー、赤ちょうちんまで入れて二万七、八千軒

27日　y　早咲きにどっと　家族連れでにぎわう、各地の行楽　熱海三万二千　鎌倉五万　箱根・湯河原ハイカー、船橋では潮干狩り

28日N　東京競馬六日間　十億四千五百万円

スポーツ観戦も徐々に増え、プロ野球オープン戦は、「巨人・西鉄　後楽園観衆二万」（20日N）。「藤田、初めて登板対西鉄　後楽園観衆三万三千」（21日N）。「巨人　杉浦打てず　後楽園観衆三万二千」（28日N）など。

◉4月 盛況だが、いま一つ欠けた行楽の人出

2日N 練り歩く仮装行列 趣向をこらす赤羽商店街の商戦〝馬鹿まつり〟
2日N セ・リーグ始まる 巨人、金田をKO 後楽園三万二千
3日N 冷えこみなんのその 上野の夜桜に七万人
n あいにくの空模様 向ヶ丘遊園地午前中ざっと三万人 近郊の花見客は十七万五千人
y 花の日曜日 にぎわう家族連れ 臨時電車もスズなり 上野公園約五万 新宿御苑八万
9日y 〝大名行列〟も汗ばむ 護国寺の花まつり 沿道は約八万の見物
10日N 潮干狩りにドッと 強風にもめげず 稲毛などに三万人 大人五十五円小人四十五円
11日ro 新宿コマ 昼の入りよし 夜の部、おどろくべき入り、補助が出ている
14日y 私鉄、集改札スト（料金の徴収を放棄するストライキ） 足には響かず
17日y ハイカーめだつ 〝スト中止〟出足遅らす
城ヶ島大橋落成の三浦半島六万など
23日N テレビは五軒に三台 都内
24日n 案外少ない人出 連休待ちの空白状態 ユ

上野桜まつりの野外ダンスパーティー（『上野公園とその周辺 目でみる百年の歩み』より）

ネスコ村およそ一万人　多摩動物園一万を軽くこえた　湘南沿線は4月最高の人出、豊島園正午で約一万人

27日Y　ro　新宿コマ、団体客もあるらしく、もはや満員（開場以来初の大入袋一万五千円）

また血を流した全学連、警官隊となぐる、ける　百余人ケガ、十七人逮捕

29日n　ゴールデン・ウィーク　青空でふたあけ　鎌倉約六万の観光客、箱根約四万五千、長瀞三万、熱海は前夜からの泊まり客は約二万五千、豊島園約三万、上野動物園約二万五千

プロ野球の記事は、開幕以後、セ・リーグが後楽園球場で巨人対国鉄戦、巨人対広島戦。パ・リーグは「東映対近鉄　駒沢球場一万」（10日N）などと続く。16日には、「東京六大学野球幕開く」（16日n）と紙面を賑わしていた。観客数は、巨人戦が二万から四万人程である。

◉5月　デモ報道が優勢し、レジャーが霞む

1日N　全日本柔道選手権大会、東京体育館で開催、約七千人

n　メーデーあふれる行楽気分　車と共存のデモ行進　明治神宮外苑絵画館前広場約六十万

2日N　王が先制の二ラン　対阪神　後楽園四万五千、駒沢球場　東映対阪急七千

3日N　浅草「雷門」落成祝賀　仲見世通りは五万人の人波

a　6月半ばの陽気　人出は相変わらず　小田急新宿駅二十一、二万　山へ海岸へ

6日　n　ゴールデン・ウィーク八日間で一八五四万人、前年より十一％増十一億四千万円　東鉄

9日　Y　大相撲夏場所　初日から大荒れ　大鵬と時津が金星　ほとんど満員の盛況

13日　N　初夏の夜の風物詩　八丁堀の縁日の夜店

15日　A　神田明神の人出　夜店ひやかすユカタ姿　もう夏祭り

a　国民体育デー　千駄ヶ谷国立競技場　二十団体、約二万五千人

18日　N　早大、法大に勝ち点　神宮球場五万の観衆

20日　N　国会を包囲デモ　労組、学生ら三万人

27日　N　国会を包むデモの波　十五万動員

a　宵の銀座大混乱　全学連などなだれ込む

30日　N　ダービー八万六百十四名で新記録、コダマ新記録で勝つ、売上げもレコード

再建された浅草寺・雷門の落慶開通式（「ジャパンアーカイブズ」より）

プロ野球は、巨人阪神の後、巨人対大洋、巨人対国鉄、巨人対広島、東映対西鉄、東映対大毎などが続く。観客数は、巨人戦の最高が四万五千、東映戦の最低が六千人程である。

大相撲は新旧交代の場所、「栃錦きょう引退」（10日Y）。「八日目　初の満員御礼」（10日N）。「千秋楽若三杉の平幕優勝成る」（23日N）、で終わった。

◉6月　連日のスト・デモ記事に萎縮するレジャー気運

1日n　幕開く水のシーズン　神宮、後楽園などのプール開き、アユ解禁　手ぶら組も

2日N　巨人、三位に落ちる　川崎二万一千

a　町のダニ四百五十五人を検挙　上野、浅草で一斉手入れ

4日a　けさ、事故なく統一行動　早朝の交通はマヒ　総評発表五百六十万人参加（6・4スト）

6日N　東京競馬　八日間二十億六千万円

7日n　浅草鳥越神社のお祭り

9日N　テレビからピストルやチャンバラを追放　NHKが来月4日から

10日a　都内に五つあるデラックス・プールの一つ　高輪プリンスホテル開場　五百円

12日N　国会前へ最大のデモ、主婦もまじり十万

a　静かな日曜日　私鉄ストも台風もそれて　行楽の人出郊外へ繰り出した

16日N　全学連デモついに死者を出す　また国会乱入、学生約一万（警視庁調べ七千）

19日　N　デモ、国会周辺を包む　約三十三万（警視庁調べ十三万）
22日　a　日曜の谷川岳へ二千人の登山者
23日　N　スト慣れで平穏　乗客、あきらめ顔
　　　a　子どもづれの主婦も　国会周辺夜までデモつづく
26日　a　片瀬へ四万の人出　〝夏日〟がさした日曜日
27日　N　ボーナス景気にわく百貨店　〝余暇の商品〟（ルーム・クーラー、ゴルフ用具、グッドデザインの応接間用品など）が売れる　有名店は二十万人以上の入り
　　　N　中山競馬六日間十三億二千万円
29日　N　千鳥ヶ淵、五千匹の蛍が放たれた
30日　n　夏山シーズンひらく　つめかける相談客　土・日曜は予約満員（交通公社）

行楽関連の報道が少なくなるなか、スポーツ関連記事が目に付く。プロ野球は、「巨人連敗、川崎二万一千」、「大毎、西鉄に逆転勝ち、後楽園一万」（3日N）。続いて、巨人対国鉄、巨人対広島、巨人対中日などがある。観客数は、後楽園球場で四万から一万人程である。

60年安保　騒乱の新宿三丁目交差点（「ジャパンアーカイブズ」より）

学生スポーツは、野球が、「早大、慶大に連敗　六万五千」（6日N）、「全日本大学野球　法大が初の優勝」（21日N）。「日早慶サッカー引分け　国立競技場二万人」（18日N）などを筆頭に盛んである。

◉7月　都内はまだ騒然としているが、暑さも逃れて海や山へ

1日A　近鉄対大毎　川崎球場五千、中日対国鉄　後楽園球場一万一千
n　二万人が泳げる　マンモスプール お目見え　池袋スケートセンターに
a　荒れ模様の山開き　富士山
2日A　川原をうずめた四十万人　関東トップ、多摩川花火大会
3日a　湘南へどっと人波　山開きの谷川へ一万人　鎌倉・江ノ島へ十万　富士五湖一万五千
4日A　江ノ島からの海水浴　帰りの電車も超満員　乗り切れず二本増発それでもスシづめ
6日n　入谷の朝顔市立つ　五十軒　四万鉢　大バチ百三十円
9日a　浅草のホオズキ市
10日a　夏、いよいよ〝本番〟湘南の海にぎわう　片瀬・江ノ島へは十万人
16日Y　だっこちゃん「ウインキー」信じられないブーム
A　盆踊りもさかん　上野公園不忍池
A　警視庁から「花火コンクール中止」「サジキ認めず」
17日A　両国の川開き　制限されたがにぎわう　二十一万

n　にぎわう富士山　一万八千　海も人の波　片瀬十二万　鎌倉十万　逗子葉山八万
22日N　多摩川大花火大会　光と音のシンフォニー　十二万人
24日a　日照り人出　鎌倉へ三十万　片瀬江ノ島三十五万など　富士へどっと八万五千
31日a　今夏最高の人出　逗子二十六万　片瀬・江ノ島四十万　富士山一万二千など

プロ野球は、人気の巨人戦でも最高四万人。「オールスター第一戦　川崎球場二万　パ軍、第一戦を飾る」(26日A)。「第二戦　後楽園球場二万九千　セ軍」(27日A)。「三戦　後楽園球場二万九千　パ軍」(28日A)と、連日紙面を賑わしている。ただその割には、観客数は多くない。

◉8月　都内の人出は例年並みのようでも、明るく楽しそうな記事が少ない

2日A　七万人の夕涼み　国立競技場で西ドイツの曲芸団　大集団民謡おどり　大仕掛け花火
A　山谷ドヤ街三千人暴徒化す　交番かこみ放火、投石
4日A　大毎対東映　駒沢球場六千
5日a　国民平和大行進　東京に入る　日比谷野外音楽堂へ二万五千人　中央歓迎集会に合流
6日N　阿佐ヶ谷七夕祭り始まる　堂に入った七回目　土日で三十万人を予想

6日 y 海水浴客ら乱闘　江ノ島　フクロウ部隊にもケガ
8日 y 二百万人越すきのうの湘南　空前の人出　新記録（二一三四万人）
10日 a 五万人のラジオ体操　けさ、荒川放水路べりで
12日 N 上野駅構内からあふれ出た旅客の列　帰省・ハイカー
19日 Y 深夜の交通一せい取り締まり、アミに四百八十人
21日 n 東京から涼を求めて　延べ千五百万人　満員の北海道空の旅
23日 N はなやかに竜灯祭　百五十隻の流し船　とうろう一万数千個　浅草隅田川
26日 n 熱戦の火ぶたを切る　ローマ・オリンピック
25日 ro 東劇へ。『眠れる森の美女』を見に入る。冷房でいゝ
30日 A ムーア、フェザー級世界選手権を防衛　高山善戦及ばず　後楽園約二万
31日 a 大崎、初の日の丸　二百平泳ぎ二位

スポーツ観戦は、真夏ゆえに閑散な試合がある。7日に「熊谷組が優勝」（8日A）で終わった「都市対抗野球」、観客数が少ないた

江ノ島海岸の混雑ぶり（「ジャパンアーカイブズ」より）

めか人数が示されていない。プロ野球は、8月に三六試合程あり、観客数は様々で、「巨人対国鉄　後楽園球場四万」（22日A）が最多で、「阪急対大毎　駒沢球場一千」（12日A）が最少である。

◉9月　オリンピックに沸き上がるも、外出の減る都民が増える

1日 ro 新宿コマ初日（『続大久保』）開けてびっくりの不入り　団体がとれてゐないせゐなり

3日 A スケート場、早くも店開き　新宿のスケート・リンク

8日 N 日本、初の金メダル　体操　団体に優勝　個人は小野僅差で二位

12日 A 初日から上位陣大揺れ　三横関ともに黒星　蔵前国技館満員御礼

N なしのもぎとり会は大繁盛　多摩川登戸・宿川原　二万人をこえる家族連れ

13日 A 東京湾の秋　一面のハゼつり舟

A 京浜東北線で四十八人負傷　停車中の特急に急行追突

14日 A 西部競輪場で四千人騒ぐ　八百長だと本部を包囲

16日 A きたない東京の川　廃液やゴミが無制限「河川白書」から

17日 a 秋の六大学野球　法政、まず勝ち名乗り

当時の新宿駅外観（「ジャパンアーカイブズ」より）

20日 n 航空五十周年記念 都心をパレード 総勢四百人
25日 a ハゼ釣りでにぎわう東雲海岸 家族連れで楽しむ（江東区）
27日 A どうにもならぬ 新宿駅の混雑 限界にきた狭さ

人々の関心は、前月から始まったオリンピック。行楽に出ないのか都民の動きがわからない。新聞に載る記事は、スポーツ観戦くらいだが、その観客数も少ないためか記されない。それが、初の金メダルのニュースが入ると、期待が大きかっただけに沸き上がった。

◉10月 魅力的なイベントもなく、都内の人出は停滞気味

1日 n きょうから酒類の㊄（公定価格）撤廃 二十年ぶりに自由競争へ
2日 a 日光、記録破りの人出一万五千 伊香保四千 榛名湖五千 箱根六万
3日 n 全都一斉に暴力団狩り 千八百五十人を検挙
7日 A 国鉄対阪神 後楽園球場二千、セ・リーグ公式戦終わる 大洋首位
9日 a 秋たけなわ 運動会は花ざかり 箱根五万 日光二万 富士五湖一万五千
12日 A 浅沼委員長刺殺される 日比谷の三党首公開演説会で
15日 A 日比谷公園野外音楽堂で浅沼委員長刺殺抗議集会 混乱なく静かにデモ約一万五千（衝撃的な事件で、大きな反響があった）

16日Ａ　五年ぶり　セに選手権　予想くつがえした大洋四連勝　後楽園球場三万二千
Ａ　総評第三波統一行動、夜も続く　約一万四千人（警視庁調べ）
ａ　行楽ラッシュの日曜日　箱根午前中で六万　熱海夕方までに十万　結婚式も目白押し
21日Ａ　上野公園　また夜間立ち入り禁止　犯罪防止で
23日ｎ　ジャイアンツ敗る　対巨人　後楽園球場三万三千（サンフランシスコ・ジャイアンツが20日に来日し、成績は一一勝四敗一分）
ａ　伊香保・榛名五千　富士五湖昼までに二万　観光バス、ハイヤーなど一万台越す
25日Ａ　衆議院解散
26日ｎ　大衆車に黒山の人　全日本自動車ショー開幕　東京晴海国際貿易センター
30日Ａ　トルコ風呂初手入れ　浅草や五反田の「トルコセンター」を摘発
ro　新宿コマ千秋楽（『ロッパの新版ガラマサどん』）入り、悪くない

オリンピックが終わり、都内の人出は回復しないところに、スト（4日Ａ）やデモ（14日Ａ）など争議の記事が度々新聞を賑わした。その一方で新婚旅行のプラン（2日Ａ）、結婚の特集（10日等Ａ）と結婚ブームもあるものの、郊外への人出に比べて、街中のレジャーは停滞気味であった。

◉11月　連日のスト報道に、秋の行楽は盛り上がらず

1日a　池田首相が観閲官　自衛隊十周年　外苑でパレード
3日a　秋晴れ「文化の日」行楽地は人の波　にぎわうミカン・紅葉狩り　箱根午前中八万人
5日N　鷲神社一の酉　善男善女つめかける　小雨で千人
6日N　行く秋を惜しんで　上野、東京、新宿各駅から夜行列車　若い人たち約一万人
7日n　目立つ集団・暴力スリ　百七十三人検挙　半分は国電で
13日A　早大、秋の王座につく　神宮球場六万　再度の引き分け試合後に
N　バカみたいに安い　中野の〝バカ市〟に人気　二回目　中野駅北口
14日a　病院スト　第三波　十八カ所　外来の診療ストップ
16日A　冬をまちきれず　室内スケート場は大にぎわい
17日n　池袋にローラー・スケートリンクが誕生　千人収容
20日n　行楽前の一票　総選挙投票で行楽の出足一時間くらい波がずれる
24日N　幕をあけた年末商戦　商店街　豪華な景品目白押し、百貨店　晴海の大ドーム借用
29日a　四千人が一度にすべれる　晴海にマンモス・スケート場　オープン

初の病院スト（1日A）から始まる11月は、衆議院選挙もあって、都内は慌ただしかった。それでも、行く秋を惜しむ行楽者は、郊外から近郊以遠にまで足を伸ばしている。レジャーの中心は若者が多かったと推測され、それに呼応するかのように、街中にローラースケートやマンモススケート場が誕生している。

◉12月 停滞した都内、歳末になり賑わしさを取り戻す

2日 a 病院ストきょう一斉に 各労組、解決見込みなし
8日 A 第二次池田内閣 けさ認証式
9日 A 〝汚れた東京〟の追放へ 蒲田、大井などは最悪
a 谷川岳に初の国設スキー場 ロープウェイも店開き
11日 A ボーリング 起こるか！ブーム 米の二大メーカー進出
12日 A 有卦《うけ》に入《い》るデパート 新宿のある店が「きょうの入店をざつと三十万」とふめば、日本橋の基店は「例年の二割増し二十二、三万は堅い」と皮算用
13日 a 全国でおだやかに統一行動 職場大会、デモ、ストつづく 日比谷野外音楽堂約二万
a 病院スト第八派 患者に支障なし
14日 a 浅草のガサ市（しめ飾り市） 三十業者
16日 a 泊まりこみで行列 年末の列車指定席に 東京駅八重洲口
17日 A 羽子板市ひらく 浅草観音境内 約四十の店
18日 a 盛り場は人で一杯 ほくほくのデパート きょう一日で三億五千万円を突破
21日 a 日雇さん統一行動 全日自労 日比谷公園音楽堂に全国代表約一万人
22日 A 車で満員の高速道路 新道交法とデモが原因か

25日Ａ　クリスマス・イブ　銀座、人出九十万　雨にもめげず夜ふかし
29日ａ　山とスキー場大にぎわい　ぐんとふえた越年組　信越スキー場は一万余人
31日Ａ　裏日本の大雪つづく　混乱の上野駅　列車を待って外まであふれた帰省客

街中の賑わいは、「浅草〝安保〟で増えた赤字」（23日Ａ）にあるように減少している。都民のレジャーは、転換の兆しを呈しているようだ。まず、ボーリング（11日Ａ）。準備ＯＫスキー場、空前のブームか（５日Ａ）。スキー列車運転（11日Ａ）、人工雪を積もらせて（14日Ａ）などとある。もちろん、恒例の歳末の大売出し、クリスマスの賑わいなどは盛り上がった。尻上がりの盛況は、前年以上と来年を期待させるようである。

レジャーブームで押し寄せたスキーヤーと年末の帰省客とが重なり、激しい混雑の上野駅（『上野公園とその周辺　目でみる百年の歩み』より）

住宅街のなかのゴルフ練習場＝
渋谷区　昭和35年頃(昭和館蔵)

［解説］戦後社会と大衆レジャー

一、戦後混乱期を支えた娯楽——昭和23・24年（1948/49）頃まで

昭和20年8月15日、東京を含む日本は、敗戦によって大きく変わるが、人の心は急には変わらない。人々の心境は、戦争が終わった解放感というより、安堵感の方が強かった。突然の終戦宣告に、どうしたらよいかわからない人が多かったのだろう。

国民は、自分たちの手で新しい社会を作ろうとはせず、それまでと同様、上からの指示を待っていた。もっとも、日本人が終戦時にレジスタンスに走る行動をしなかったことは、後から考えれば、大混乱を起こさず、その後にとって良かったかもしれない。

大半を占める庶民の心を支えたのは、大衆レジャーである。戦中に制約されていた、四季折々の行事や祭りに行楽、ラジオから流れる歌や映画・演劇、野球や相撲などのレジャーが開放された。日本には様々な遊びが蓄積されており、その担い手は庶民で、大衆文化として綿々と続いている。敗戦による精神の混乱も、その遺産によって乗り越えたものと言える。

大衆の多くは、GHQ（連合国軍最高司令官総司令部）の意図する民主化など理解できるはずがない、それより目の前の食料確保に追われた。それでも、困窮する生活が限界まで進む中で救いとなったのは、制限されていた娯楽が開放され、徐々にではあるが戦時中より、日々の楽しみが増えたからである。

一方政府は、国家の立て直しに、GHQをうまくあしらって、既存の体制をいかに維持するかに腐心した。国民に対しては、「一億総懺悔」の精神を浸透させ、我慢、辛抱の生活を続けるよう仕向けた。さらに、GHQからの五大改革や憲法改正などの民主化要請をいかになし崩しにするか、様々な抵抗を試みた。これに対し、革命的な民主化を恐れた占領軍は、戦前から続く国体の維持を認め、既存政府の人材や組織に頼らなければならなかった。

政府は、国体の保持、政府の既存組織を存続させるために画策した。それによって、通貨や治安を大きく混乱させなかったとの見方がある。また、内地の日本軍四〇〇万人の復員、外地からの引揚げなど戦争の処理を進めた。だがその一方で、軍需物資の横流しを黙認し、庶民生活の混乱に拍車をかけた。

そして、戦時中と変わらぬ、ひたすら耐え忍ぶようにとの要請を国民に押しつけ、誘導した。さらに、マスコミは、政府が戦中の国家体制を保持しようとしている事実を報道しなかった。また、都民の不満の捌け口を「買い出しがす

東京都の消費者物価指数（昭和30年を100とする）

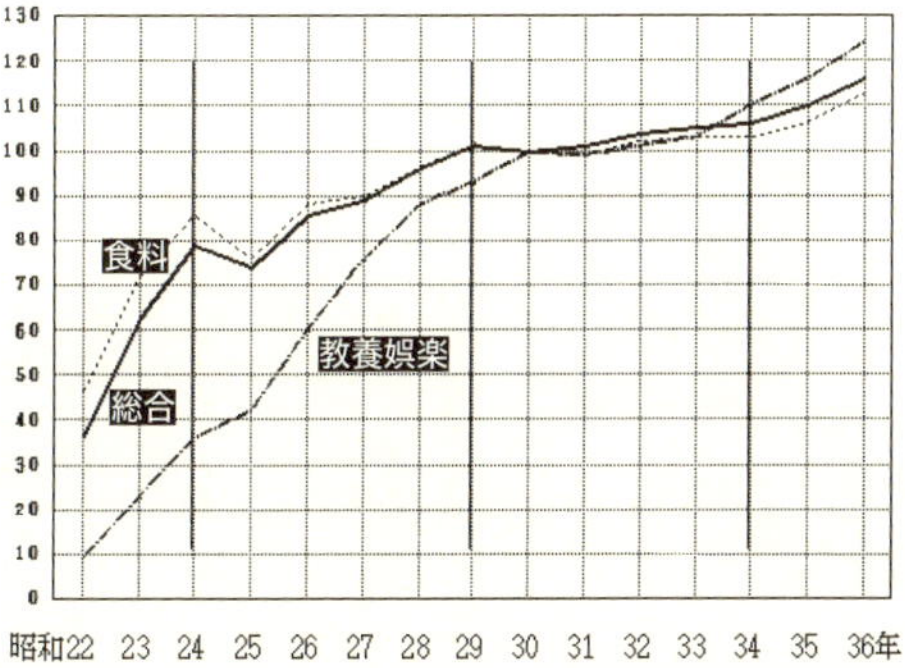

注）昭和20、21年のデータはないが、物価の上昇は以後よりも激しかったと推測する。

べての癌」というようなその場凌ぎの報道を繰りかえした。昭和21年は、前年の米の不作、戦中ですら適正に機能していなかった配給制度による混乱、インフレに対する新円切り換え（金融緊急措置令）などによって、戦時中の生活よりさらに困窮する事態になった。『東京都統計年鑑』によれば、以後も消費者物価指数は急激に高騰し、特に食料の価格は、都民としての実感は指数に示された以上のものだっただろう。

戦後の社会変化で、物価とともに都民が心配したのは治安の悪化である。都内の治安を刑法犯罪の発生率(対人口比)から見ると、昭和21年には戦時中の二倍になった（『東京都統計年鑑』）。さらに詳細に見ると、なんと強盗は戦時中に比べて一〇倍、殺人も四倍である。新聞には毎日のように凶悪犯罪事件が掲載され、都民は身辺に不安を感じていた。

犯罪の発生割合は昭和24年頃から減少し始める、社会の混乱が収束の方に向い始めたためであろう。事実、食料事情は改善し、全国料飲店閉鎖が解除されビヤホールも営業を再開するようになる。また、この頃には隅田川の花火も復活し、都民のレジャーは戦前を凌ぐようになり、生活の潤いも増していたことも影響して

東京都の刑法犯罪の発生率（人口100人に対し）

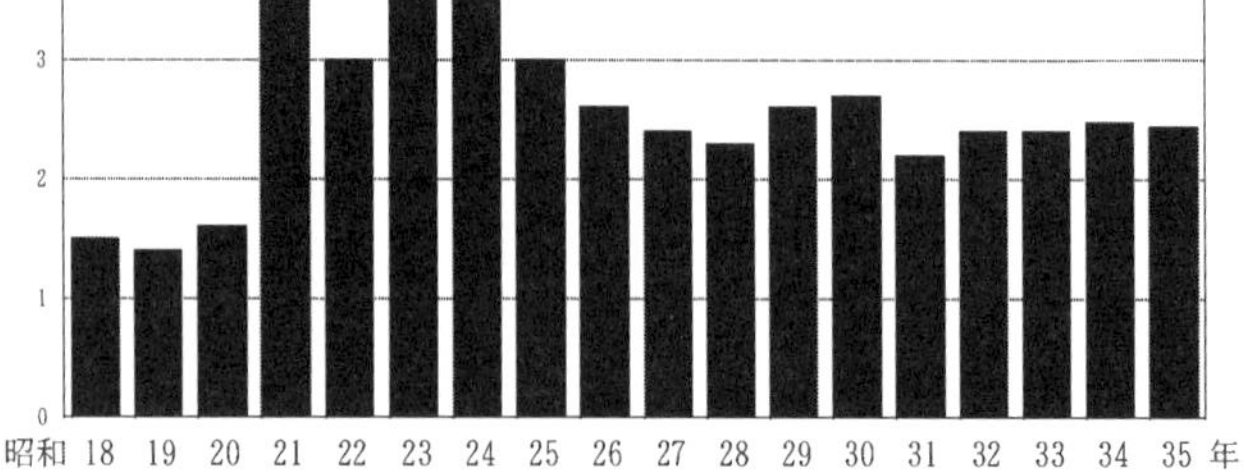

（『東京都統計書・東京都統計年鑑』より）

いるだろう。

都民のレジャーが盛んになったことは、邦画の封切り件数の増加（21年六七本であったのが25年には二一五本と三倍以上になる）や上野動物園の入園数の増加からもわかる。なかでも、行楽活動を代表する上野動物園の入園数は、急増する都内の人口の伸びを上回る勢いで増えている。

戦後すぐの行楽活動の特徴は、子供を中心に行われたことで、戦前と明らかに違った。上野動物園有料入園者の割合（『上野動物園百年史』入園料徴収状況）から見ると、昭和23年度は子供料金で入場した人が三分の一近くを占めている。これに無料の学齢以前の乳幼児や大人と同じ料金を徴収された中学生を加えると、動物園内は大人より子供の方が多かったものと推測できる。これはベビーブームを反映するもので、行楽の主役が子供に移行していたことは間違いない。東京都の人口構成を見ると、昭和25年国勢調査では、小学生以下の人口は二六・五％、中学生以下はなんと三一・六％も占めていた。

東京都の人口と上野動物園入園数

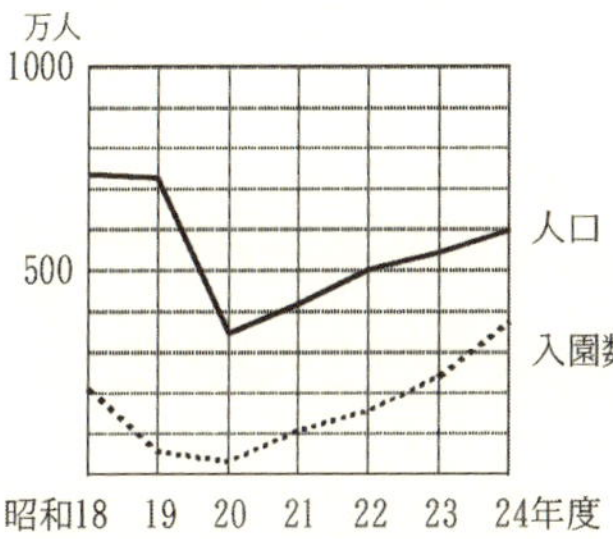

上野動物園有料入園者の子供割合

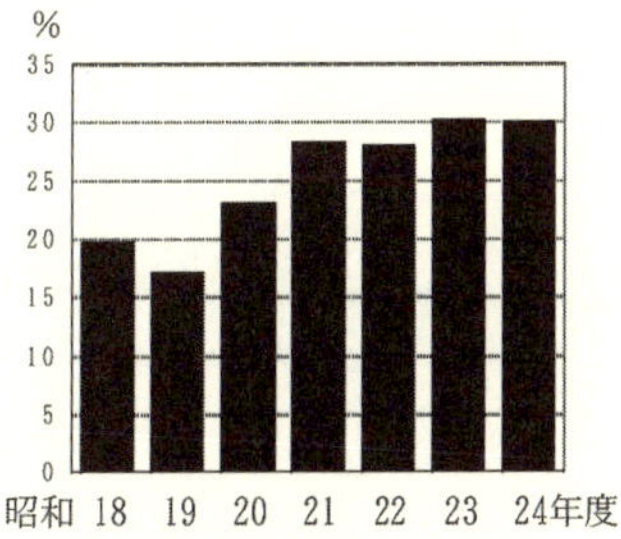

（『上野動物園百年史』より）

二、復興前期はレジャーも女性が中心――昭和30年（1955）頃まで

敗戦後の日本が独立国として復興していくには、戦争を終結させなければならなかった。だが日本は、自らの手で世界の国々と講和条約を結ぶ力はなかった。朝鮮戦争が停戦になった頃、世界の国々は、日本が再び軍事的な脅威となることを防ぐため、早急な復興には乗り気ではなかった。しかし、米国にとってはソ連との覇権争いのために、日本の再軍備と復興が是非とも必要であった。

したがって、日本のためというよりはむしろ米国のために、サンフランシスコ講和条約や米国との安全保障条約を締結した。占領下の日本は、戦勝国である米国の意向に逆らうことなどできる立場になかった。にもかかわらず、終戦から五年も経つと、マスコミはあたかも対等な関係であるような錯覚を国民に与え始めた。当時の日本が、すべての国々と講和するなど、とうてい実現し得ないことは明らかだった。それより本来、議論すべきは、サンフランシスコ講和後の次の一手であったはず、国会もマスコミも、締結の賛否について日本国内に無益な争いを起して混乱させた。

米国は確かに、占領している日本に「自由や平等」の民主主義を浸透させようとした。しかしそれは、所詮米国の意に添わなければならないものである。それなのに理想論を楯に、「平和と民主主義と独立を守るため」などというスローガンを掲げて、軍事基地化反対闘争を激化させた勢力の浅はか

さが悔やまれる。

国民の多くは、米国の言う民主主義すら本当には理解できていなかった。まだ戦中の呪縛が心に残っていて、過激なデモには感覚的についていけなかった。戦後の飢えからやっと開放された大衆には、闘争ではなく、民主主義をどのように進めるかを試行錯誤する必要があった。だが、どの政党も自分たちが覇権を握ることに終始した。なかでも吉田内閣は、戦前からの官僚主導の政治へ、大衆を押さえ導くという傲慢な政治スタイルを取った。

米国の意に従った吉田内閣は、朝鮮戦争による好景気に支えられ長期政権を維持できた。大衆は政治への関心より、目先の生活を少しでも楽にすることに囚われた。政府は経済振興から消費を促し、大衆の欲望を満たす消費活動を励行した。なかでもレジャーは、大衆の欲望を満足させる最も効果的な活動である。遊ぶことで仕事の辛さを忘れ、人間関係の軋轢から逃れられるなど、確かに有効であった。また、レジャーは、もともと現実逃避的な側面を多く持っていて、悩みや苦しみを一時的に忘れさせ、人生に再挑戦するためにも有効という二面性を持っている。戦後、都民のレジャーが一貫して増加している理由はそこにある。

都内勤労者の総収入と実支出

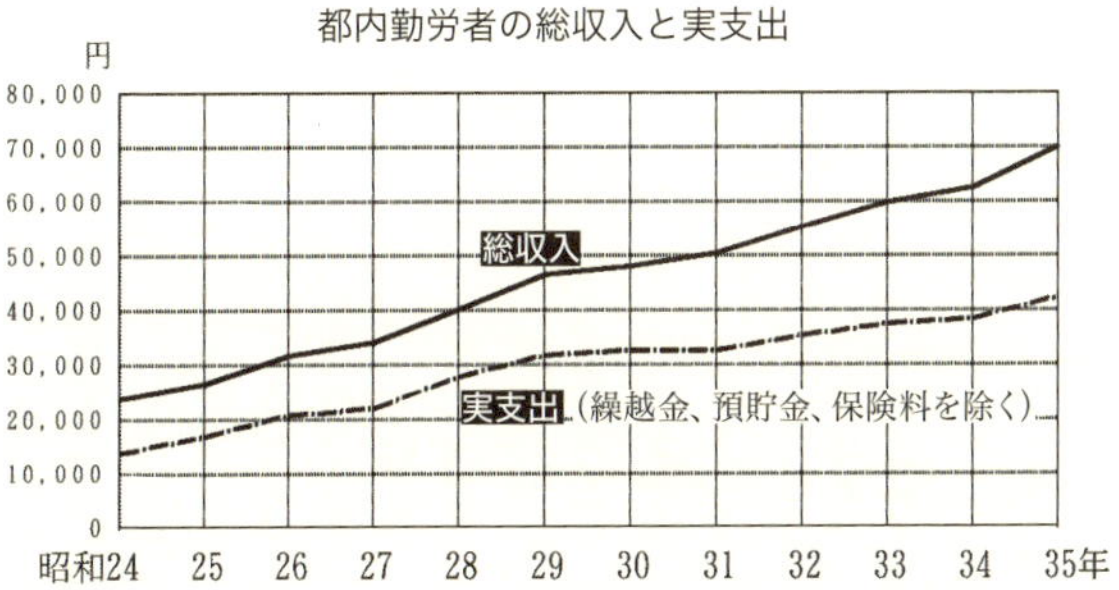

（『東京都統計年鑑』より作成）

飢えの心配が和らぐと、犯罪発生率を少し低下させたが、潜在する不安は自殺という形で表れた。自殺の原因は「厭世」が最も多く、それも男性が女性の二倍程度ある。レジャー面から見ると、競輪・競馬、パチンコなどのギャンブルは盛況を増し、ボクシングやレスリングの観戦に興奮してストレスを発散している。

なお、女性の自殺原因である「家庭・親族の不和」は男性の二倍程度になった。昭和25年頃までは男女とも大きな差がなかった。戦後も五年以上経過すると、「恐妻」という言葉が流行語となり、デモではプラカード代わりにシャモジを登場させ、主婦連が結成された。男女同権が浸透するにつれて、それまで我慢していた「家庭・親族の不和」に耐えられなくなり、世間とのギャップから自殺を選ぶ女性が増えたようである。

レジャーにおいても、女性の意向が以前より強く反映され、特に主婦の支持によってレジャーの流行が左右された。日常レジャーであるラジオは、『君の名は』をはじめとして主婦が中心的な聴取者となり、ラジオ全盛時代を形成した。また、当時大流行した盆踊り、これも主婦が主役であり、四季の行楽も、主婦が家族連れの行楽を取り仕切ることも普通になった。

東京都の自殺者の発生率（人口比）

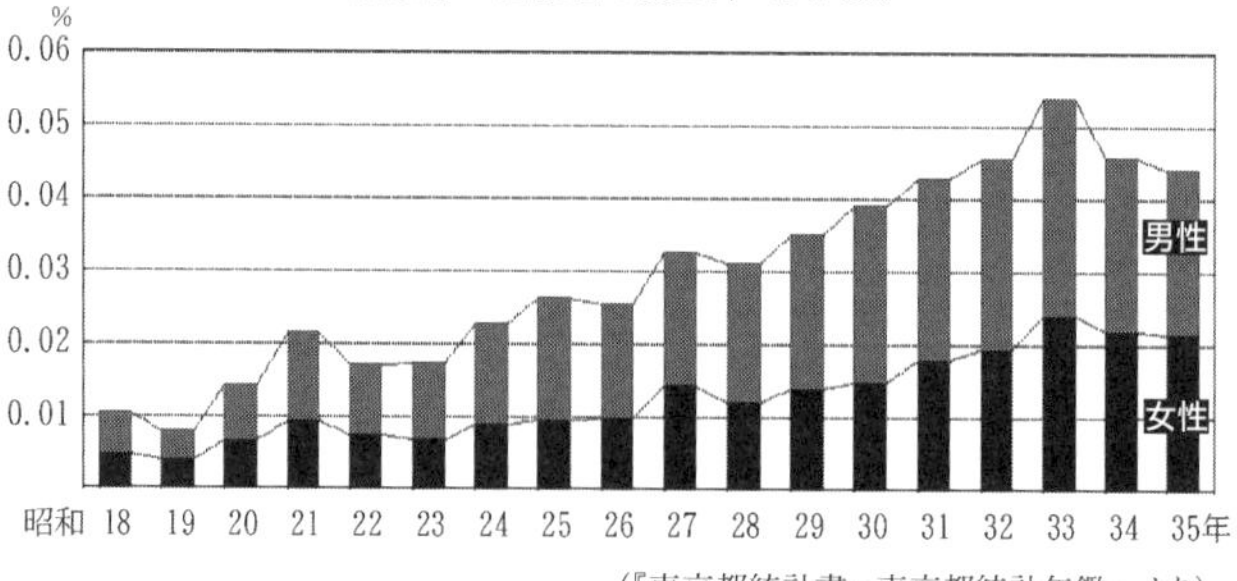

（『東京都統計書・東京都統計年鑑』より）

三、復興後期にはテレビの影響が拡がる──昭和35年（1960）頃まで

吉田内閣は終わったが、自由民主党による保守政党の優位が続く、いわゆる55年体制がはじまる。野党である社会党などは、与党の政策に反対をすることで自らの存在を誇示するような言動に終始する。野党は、国民の要望を勘違いした。大衆は、平和や民主主義の必要性よりも、自分たちの生活が豊かになり、少しでも楽しく暮すことの方を望んだ。にもかかわらず、野党は与党との対立色を鮮明にし、野党間でもイデオロギー的な差異を示すことに拘泥した。

戦争直後のように食べ物にも窮する不安が消えると、大衆は、健康で働いて、衣住に困らぬ生活ができれば、与野党の政治体制などは問わない。そうであるなら、人々は、過激な闘争も辞さない政党に政権を任せるより、現状維持的な政党に安心感を持つものである。

神武景気は、別名「天照らす景気」ともいわれたように、日本経済の上部を潤したが、大衆への波及はムードだけだった。都民のレジャーは、質素ではあったが神武景気と騒がれる前から活発になっていた。その後の好景気感は、レジャーの戦後最高の人出を更新させるだけでなく、サイクリングやドライブなど新しい活動のブームを起し、「太陽族」などの話題も提供した。そしてこの頃から、家族が主流であったレジャーに加えて、職場や地域の団体旅行が加わり、レジャーの多様化がはじまる。

その後、なべ底景気になっても、フラ・フープが大流行したり、都民のレジャー気運はあまり落ち込まず、全体としての発生量は増加した。レジャー活動の盛衰を見ると、日常レジャーのラジオは昭和31年の普及率七〇％をピークに下降し、テレビの普及率はラジオの減少分以上に増加する。まだ多くの人はラジオを聞いているが、当時の印象としてはテレビ番組の方が強かった。当初テレビは見世物、電気紙芝居などと揶揄されたが、テレビのインパクトは、普及率以上に強烈で、レジャーだけでなく、日本人の生活様式をも大きく変えることになる。

レジャーでは、まず映画。映画館入場人員は33年をピークに減少しはじめ、以後増加へ転じることはなかった。日常レジャーのテレビは、テレビを囲んでの一家団らん、「お茶の間」でテレビを見るというスタイルが広く日本の社会に浸透した。また、テレビを通して見るアメリカのホームドラマは、電化製品の普及、「消費革命」を推進させ、夫婦関係や家族のあり方にまで社会的に大きな影響を及ぼした。

昭和34年になると、日米安全保障条約改定で保守と革新が国会内外で争い、まさに国を二分するようなムードになった。日米安

都内の車両台数の推移

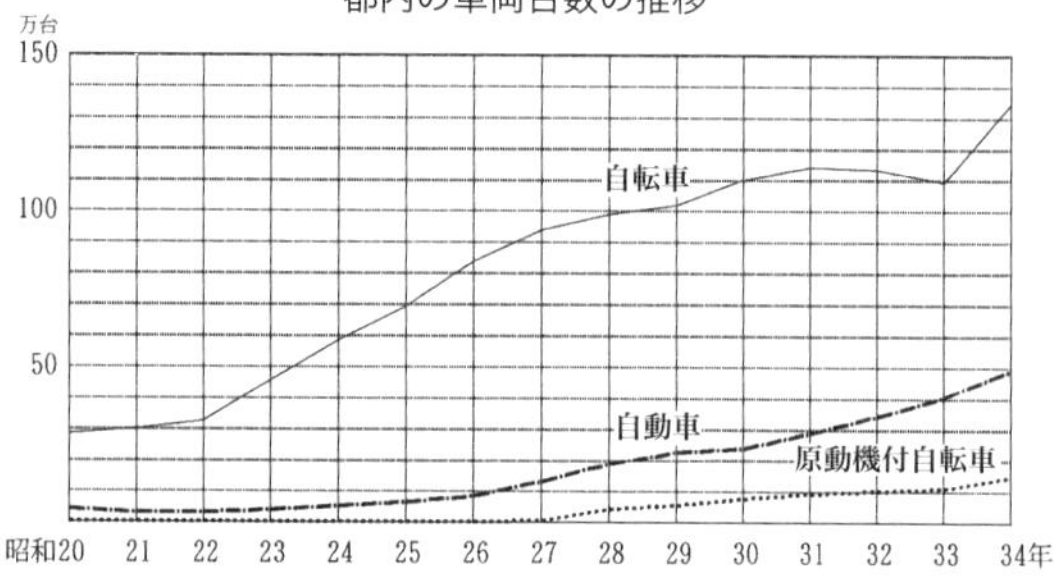

（『東京都統計年鑑』より作成）

保に反対することは、言論の自由から大いに訴えるべきである。しかし、世論を盛り上げたまでは良かったが、そのエネルギーを反対運動だけに使ってしまったことに問題がある。当時の日本は、米国のおかげで国連の非常任理事国になったが、敗戦国である立場は終戦直後とまったく変わっていない。経済的には自立できるようになったかもしれないが、日本は依然として自国を守ることもできない、米軍の傘下にいるのである。

大衆の政治への意識は、原水爆禁止には共感するものの、その先に一歩進んで支持政党を変えようということにはならなかった。財界から多額の金を受け取る与党は、強固な支持組織を形成して選挙に勝ち続ける。当時はまだ経済成長による歪みより、日々の生活が物質的に豊かになる方が強調され、大衆もそれが好ましいと思った。そのような世相をつくり上げるのに貢献したのが、言うまでもなくテレビである。

テレビは、戦後の日本社会に最も大きな影響を与えた。テレビ番組は日々充実し、ラジオにない、軽薄と表裏一体の面白さを増していった。ラジオの聴取契約数はまだテレビの二倍（33～34年）あったが、メディアとしての実質的な影響力はテレビへと切り替

東京都のラジオとテレビの普及率

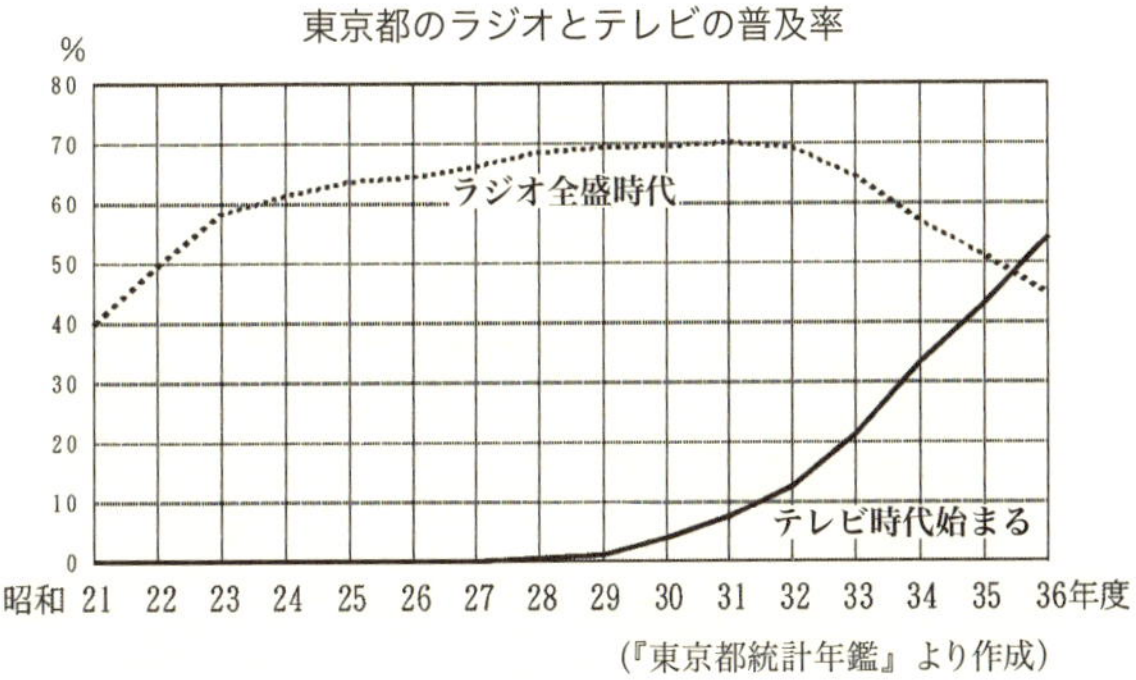

（『東京都統計年鑑』より作成）

わった。動きのある画像が大衆に訴える力は絶大である。ラジオの選局操作は難しいが、テレビは子供や高齢者でも容易にチャンネルを選べた。そのため、子供や高齢者がテレビの前で過ごす時間が増え、日常レジャーに大きな影響を与えた。特に子供は、空き地がなくなり、道路が危険で遊び場が減少したこともあって、外遊びが減少した。かつては、毎日、都内の子供四〇万人もが見ていた街頭の紙芝居、そのほとんどが消えてしまった。

大衆はテレビから同時に同じ情報を受け、同じような対応を即座に取るという現象がはじまった。また、実際は一部であるにもかかわらず、あたかも社会全体がやっているかのような錯覚も与えた。大衆の均質化、言いかえれば見かけの平等が格差感を曖昧にし、誰もが中流意識を持ってしまう土壌が少しずつ形成された。

全国の催物入場人員

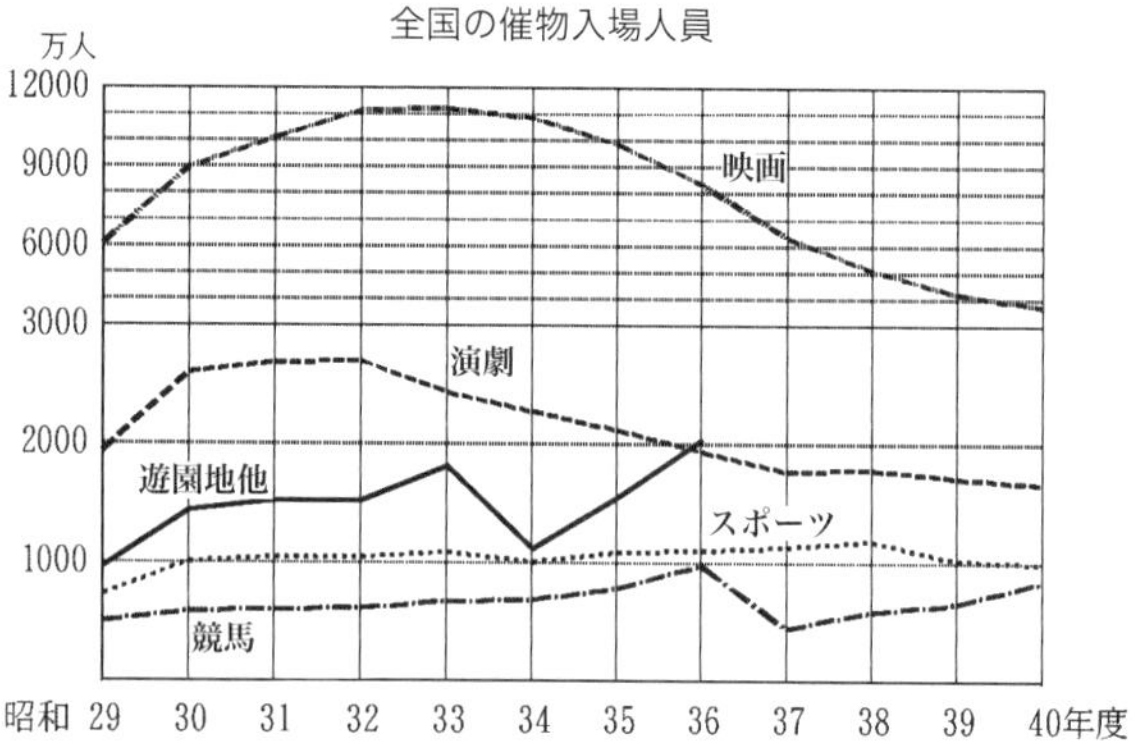

注）遊園地他は37年から無税のため不明

（『国税庁統計年報書』第百回記念号より）

四、復興の実情

昭和35年頃までに復興したのは、レジャーである。それは、戦前の規制や制約が、敗戦でなくなったからである。そして、女性がレジャーの主導権を握り始め、子供を中心にした行楽が増加したことで、より強く感じさせている。なお余暇時間は、昭和23年に国民の祝祭日が変わったものの、当時は、月二回しか休みのない人がまだかなりいた。それが週休一日、そして祝祭日も休むことができる人が増えたのは、ゴールデン・ウィークが浸透した30年頃からである。

レジャーは、時代を先取りするように復興から発展へと進んだ。レジャーを楽しむ人は明らかに増加し、日帰りの活動では戦前の実績がベースとなり、泊まり掛けで出かける人は圧倒的に多くなった。家族旅行に加え、団体旅行も増加し、レジャー活動も多様化し、戦前にないドライブなども始まった。

戦後復興は進み、庶民の生活も、衣食では確かに戦前を凌ぎ、復興から発展へと向かいつつあることは確かである。ただ、生活様式や習慣などは、基本的には戦前と同じで、それを充実させる方向に進んでいた。冷蔵庫や洗濯機などの新製品にしても、困窮生活からの解放の域を出ていない。利便性や省力化などを求めたもので、その役割はまだ戦後を引きずっていた。

また人口も急激に増え、一〇〇〇万人（九六八八万人）に迫る戦前以上の規模となった。しかし、大都市としてのインフラは、戦前より多少は整備が進んでいるとはいえ、その後の発展に比べればまだ戦前と変わらない。住宅と交通、特に交通機関は戦前を引き継いだままで、それを如実に示しているのが都電の健在である。都内の交通は、30年頃には限界に達していたが、自動車の増加で都電が姿を消すまでには時間がかかった。自動車の増加は、30年頃（二五万台）から顕著になり、34年で五〇万台と倍増した。その後の増加は、54年（二〇年後）に四五〇万台となり、その数量に比べれば、まだ復興の段階と言えよう。

戦後復興は一律には進んでおらず、レジャーが先導していたと言えよう。レジャーが新たな段階へ移るのは、社会や経済動向を受け、特に所得の増加、労働時間や休日などが大きく影響している。参考に、東京庶民のレジャー活動の推移を、明治、大正、昭和戦前、戦後間もない24年、32年頃に分けて示す。

東京都の人口推移と都電の乗車人数の変化

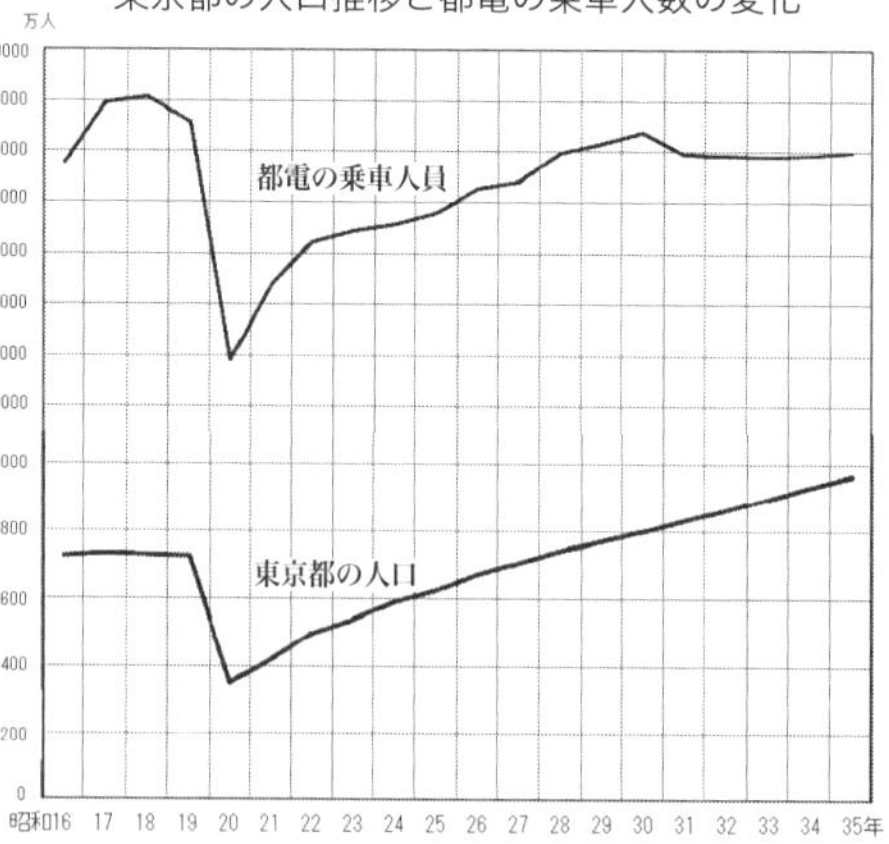

（『東京都統計書・東京都統計年鑑』より）

昭和戦後までの東京庶民のレジャー活動

	明治32年頃 東京市140万人	大正５年頃 東京市288万人	昭和15年頃 東京市677万人	昭和24年頃 東京都595万人	昭和32年頃 東京都866万人
①非常に多い	①東京の半数以上の人が行っている余暇活動				
	参詣・縁日 公的イベント 花見 寄席(430万人) 観劇(340万人)	映画観賞(1266万人) 博覧会[746万人 3年] 参詣(参拝)・縁日 官製のイベント等	映画観賞(9182万人) 参詣・参拝[400万人] 春の行楽[200万人] ラジオ聴取 園芸(家庭菜園を含む)	映画観賞(8069万人) 春の行楽[600万人] ラジオ聴取 (契約率61%)	映画観賞 参詣・参拝 ラジオ聴取 (契約率69%) テレビ視聴 (契約率13%)
②多い	②自分か家族の誰かが行っている余暇活動				
	見世物(120万人) 動物園(85万人) 活動写真(90万人) 花火見物	花見の行楽 祭礼 散歩 観劇(452万人) 見世物(341万人)	官制イベント等 観劇(835万人) 祭礼 寄席(432万人) 動植物園(329万人)	参詣・参拝 観劇(603万人) 動植物園(372万人) 園芸(家庭菜園を含む) 祭礼 盆踊り	春の行楽 祭礼 花火見物 動植物園(371万人) 盆踊り 海水浴 観劇
③普通	③自分が行わなくても隣近所の誰かが行っている余暇活動				
	遊技場 祭礼 運動会 菊人形 園芸 釣り 相撲	寄席(267万人) 花火見物 菊人形 園芸 動植物園(65万人) 釣り	紅葉狩等の行楽 見世物 登山・遠足 釣り 博覧会 野球（観戦含） 盆踊り	海水浴 水泳・プール ハイキング等 花火見物 釣り 催物・博覧会 野球観戦 遊園地 キャッチボール 演芸鑑賞(140万人) 果物狩等の行楽	遊園地 園芸 果物狩等の行楽 帰省旅行 ハイキング等 温泉旅行 野球観戦 釣り 水泳・プール キャッチボール 催物・博覧会
④少ない	④東京の一部の人々、町内の誰かが行っている余暇活動				
	紅葉狩り 潮干狩り 盆踊り 海水浴 博物館(17万人) 野球 競馬	潮干狩り 紅葉狩り 登山・遠足 盆踊り 博物館 相撲（見物含） 野球（観戦含） 温泉旅行 海水浴・水泳	温泉旅行 海水浴・水泳等 相撲（見物含） 潮干狩り 囲碁・将棋・麻雀 野球以外のスポーツ観戦 スキー・スケート	温泉旅行 野球以外のスポーツ観戦 潮干狩り 美術鑑賞 登山 キャンプ 競馬観戦 サイクリング スキー 帰省旅行	演芸鑑賞 アイススケート サイクリング 潮干狩り キャンプ スキー 野球以外のスポーツ観戦 ドライブ 競馬観戦 美術鑑賞 音楽会
⑤非常に少ない	⑤東京のごく一部の人、特定な階層の余暇活動				
	自転車 能狂言 舞踏会	音楽会 競馬観戦 スキー・スケート ゴルフ	競馬観戦 音楽会 ゴルフ	音楽会 アイススケート ゴルフ 乗馬	テニス ゴルフ 乗馬 ボーリング 海外旅行

活動の割合は５段階に区分する。①非常に多い、②多い、③普通、④少ない、⑤非常に少ないである。

①「非常に多い」は、「初詣」のように誰もが出かける、東京の半数以上の人々が行う活動である。

②「多い」は、観劇のような活動、自分が行わなくても、家族の誰かが行っているものを示す。四人に一人以上の参加率がある。

③「普通」は、海水浴のように自分が出かけなくても、両隣の家で誰かが行っている活動を示す。参加率は１０％以上。

④「少ない」は、野球や相撲のように町内の誰かが見ている程度の参加率（１％以上）の活動である。地域や所得階層などによって偏りがあり、東京の一部の人々が行う活動。

⑤「非常に少ない」は、スキーのように東京のごく一部の人、特定な階層の余暇活動である。新聞のニュースとしては価値があるものの、実数としては人口の１％に満たないものと考えられる。

五、充実していた復興の日々

復興期は、戦中の困窮生活に比べ、庶民の衣食は改善された。その満足感は下層の人々ほど高く感じた。戦後の混乱は、上中流の人々にほどダメージを強く感じさせたようだ。もともと資産の少ない庶民は、失うものも少なかったからであろう。

戦中に庶民が抱いていた生活不満は、敗戦により特権や役得などが減少し、加えて生活が徐々に改善され、かなり解消されたようだ。庶民は不満を抱くより、少しでも生活が向上するように働き、豊かな生活を求め、前向きに暮らす方向を選んだ。この戦後復興期は、必ずしも楽ではなかったが、庶民にとって生きがいのある幸せな時代であったと言えよう。

しかし、庶民の生活が戦前より豊かになったら（昭和30年代以後）、その欲望は、さらに膨らんだ。そうなると、以前にも増して働き、収入を増やそうと励んだ。新しい製品、流行の衣類、便利なもの、美味しいもの、美しいもの……と、欲求に際限がなくなる。欲望は、テレビや映画、新聞などのマスコミが刺激し、増幅させるから、押し止めることが難しい。

新しいものが増えていくことは、豊かさを感じさせ、満足感を満たす。しかし、新たに獲得したものが増えると、狭い部屋に無制限に置くことはできない。敗戦直後の何もない様な状況とは異なり、少し場所を空ければ収まるものではなくなった。物理的な問題に加えて、人間関係にも影響が及ぶ。家族や隣人など身近な範囲に止まらず、拡大し複雑になっていった。核家族化、個人主義など、価値観や生き方にも関連する問題が表面化し始める。働く目的は、子供や家族のために働くという旧来の家族観が崩れ始める。庶民の価値観の多様化が始まり、働く目的が物欲的になり、お金を得ることが手段でなく目的化し始める。

ただ、そのような庶民の動きは、一概に非難することはできない。庶民の社会活動を制約する旧体制は依然として存在し、それを庶民が自ら変えることができないからである。配給制度、公定価格など、生活の根幹となる問題に全く関与できない体制が存在していた。勿論、庶民からの働きかけ（昭和24年2月18日A）もあったが実を結ぶことはなかった。

復興期の労働は、月二回しか休まなくても働き続けるゆとりある就労環境があった。それに対し現代は、週二日休んでも疲れがとれにくく、精神疾患に陥りやすい。何が違うかといえばストレス、緊張のコントロール、仕事の満足感などである。生産性を上げるため、効率化、合理化、分業化などを進めれば、個々の負担は少なくなると思われるが、そうはならない。それは、自らが考えて行なうのであれば、苦しくても受容できる。しかし、仕事が組織として遂行することになると、労働者の裁量は少なくなり、耐えがたくなる。一部の人を除き、適応しにくく、率先して自由に働くことができなくなっている。

復興期以後、レジャーが新たな段階へ移るのは、社会や経済動向を受け、特に所得の増加、労働時間や休日などが大きく影響している。昭和35年12月に出された「所得倍増計画」（第二次池田勇人内閣閣議決定)は、日本経済を飛躍的に発展させる高度経済成長を導いた。昭和39年の東京オリンピックは、戦後を払拭するもので、レジャーの量だけでなく質的にも大きく変化させた。

経済成長によって庶民は、賃金が上り、休暇も増え、様々なレジャーを行えるようになった。しかし、生活の充実感は、復興期に味わったような満足感や達成感を減少させ、当たり前になった。そうなると、物欲に麻痺したかのように、コマーシャルに躍らされて、次々に新しいものを求めた。人々は新しいものを得ることだけに熱中し、得ることによって失うものに気づかなかった。それは、身の回りの自然が侵されていること、精神面や時間のゆとりがなくなったことなどで、徐々に進行した。本当は大事なものを失っているのだが、無用なものと省みず、公害のような生命の危機があって初めて事の重大さを認識する。

問題は、気づいたときには遅いということ。抜本的な対応は困難であり、対症療法（その場凌ぎの）で改善するより方法がない。高速道路、新幹線、パソコン、スマートフォンなどの技術革新により、日本の国力は増強され、国民は豊かになったと思い込まされたと言えそうだ。しかし実際のところは、豊かさの反動として国民には閉塞感が漂い、個々の人が生きる目標を定めにくくなった。

21世紀に入ると、ＩＴ（情報技術）革命を受け入れ、如何に克服するかに邁進している。その先に何があるか、何を目標とするかについて、国民の同意はもちろん、全く分からないまま進んでいる。昭和初期と同じように、列国と競い合い、それも政府、陸軍や海軍などがバラバラであったように、統制なく国民を誘導している。そして、昭和初期、戦争を始め、国民がまっしぐらに進んだ軌跡をたどるような体制にだけはならないようにと、願うばかりである。

主な引用・参考文献

「朝日新聞」縮刷版　朝日新聞社
「毎日新聞」縮刷版　毎日新聞社
「読売新聞」縮刷版　読売新聞社
「東京新聞」縮刷版　東京新聞社
「日本経済新聞」縮刷版　日本経済新聞社
青木宏一郎『軍国昭和東京人の楽しみ』中央公論新社　二〇〇八年
朝尾直弘他編『岩波講座日本歴史21～23』岩波書店　一九七七年
朝日新聞社編集『昭和庶民たちの終戦』朝日新聞　二〇〇五年
雨宮昭一『占領と改革』岩波新書　二〇〇八年
安彦一恵他『戦争責任と「われわれ」』ナカニシヤ出版　一九九九年
安藤良雄編著『昭和史への証言』全五巻　原書房　一九九三年
家永三郎『戦争責任』岩波書店　一九八五年
伊藤隆監修『佐藤栄作日記』全六巻　朝日新聞社　一九九七～九八年
色川大吉『昭和史世相編』小学館　一九九〇年
内田百閒『百鬼園戦後日記』全三巻　中央公論新社　二〇一九年
永六輔『昭和』朝日新聞社　一九九九年
大橋隆憲『日本の階級構成』岩波新書　一九七一年

大笹吉雄『日本現代演劇史　大正・昭和初期篇』白水社　一九八六年
大佛次郎『大佛次郎敗戦日記』草思社　一九九五年
大濱徹也ほか編著『江戸東京年表』小学館　二〇〇二年
岡本綺堂『岡本綺堂日記』正・続　青蛙房　一九八七・八九年
奥須磨子他編『都市と娯楽』日本経済評論社　二〇〇四年
桶谷秀昭『昭和精神史』文春文庫　一九九六年
加藤秀俊他著『昭和日常生活史2』角川書店　一九八六年
講談社編『昭和二万日の全記録』第七〜十一巻　講談社　一九八九〜九〇年
小室直樹『封印の昭和史』徳間書店　一九九五年
古茂田信男他『新版　日本流行歌史（中）』社会思想社　一九九五年
坂本多加雄他『昭和史の論点』文春新書　二〇〇〇年
佐藤忠男『増補版　日本映画史』2（一九四一〜一九五九）岩波書店　二〇〇六年
司馬遼太郎『「昭和」という国家』日本放送出版協会　一九九九年
小学館『昭和の歴史』7〜10　小学館ライブラリー　小学館　一九九四年
鈴木猛夫『アメリカ小麦戦略と日本人の食生活』藤原書店　二〇〇三年
世界文化社『激動の昭和を見る』2戦中戦後編（一九四〇〜一九五五）世界文化社　二〇〇五年
世界文化社『激動の昭和を見る』3高度経済成長編（一九五五〜一九七〇）世界文化社　二〇〇五年
高橋彦博『民衆の側の戦争責任』青木書店　一九八九年
高見順『高見順日記』勁草書房　一九五九〜七六年
田中眞澄編『全日記・小津安二郎』フィルムアート社　一九九三年

玉木研二『ドキュメント占領の秋一九四五』藤原書店　二〇〇五年
筒井清忠『西条八十と昭和の時代』ウエッジ　二〇〇五年
東京市編『東京市統計書』
東京都恩賜上野動物園編『上野動物園百年史』東京都生活文化局広報部都民資料室　一九八二年
東京百年史編集委員会編『東京百年史』第四・第五・別巻　東京都　一九七二〜七九年
遠山茂樹他『昭和史〔新版〕』岩波新書　一九九四年
徳富蘇峰『徳富蘇峰　終戦後日記「頑蘇夢物語」』講談社　二〇〇六年
永井荷風『荷風全集』岩波書店　一九七四年
中村政則『現代史を学ぶ』吉川弘文館　一九九七年
中村政則『戦後史』岩波新書　二〇〇五年
中村隆英『昭和史 2』東洋経済新報社　一九九三年
中村隆英ほか編『資料　戦後日本の経済政策構想　第三巻』東京大学出版会　一九九〇年
中村稔『私の昭和史・戦後篇上』青土社　二〇〇八年
日本映画史研究会編『日本映画作品辞典　戦後篇』第1〜5巻　科学書院　一九九八年
秦郁彦『歪められる日本現代史』PHP研究所　二〇〇六年
半沢一利『昭和史　戦後篇』平凡社　二〇〇九年
藤原彰ほか編『昭和二〇年／一九四五年』小学館　一九九五年
古川ロッパ『古川ロッパ昭和日記・戦後篇』晶文社　一九八八年
前島康彦著、東京都公園協会編『東京公園史話』東京都公園協会　一九八九年
三島由紀夫『芝居日記』中央公論社　一九九一年

南博他『昭和文化』勁草書房　一九八七年
日記刊行会編『矢部貞治日記』読売新聞社　一九七四〜七五年
山口昌男『「挫折」の昭和史』岩波書店　一九九五年
山崎元『昭和史のはざまで』新日本出版社　一九九一年
山田風太郎『戦中派不戦日記』講談社　二〇〇二年
山田風太郎『戦中派焼け跡日記』小学館　二〇〇二年
山田風太郎『戦中派闇市日記』小学館　二〇〇三年
山田風太郎『戦中派動乱日記』小学館　二〇〇四年
山田和夫『日本映画一〇一年　未来への挑戦』新日本出版社　一九九七年
吉見俊哉『ポスト戦後社会』岩波新書　二〇〇九年
早稲田大学演劇博物館編著『日本演劇史年表』八木書店　一九九八年
早稲田大学坪内博士記念演劇博物館編著『日本演劇史年表』八木書店　一九九八年

おわりに

この書は、『江戸庶民の楽しみ』『明治東京庶民の楽しみ』『大正ロマン　東京人の楽しみ』『軍国昭和東京庶民の楽しみ』（いずれも中央公論新社刊行）に続くものです。本書『戦後復興　日々の楽しみ』についても、中央公論新社・元書籍編集局編集委員の佐々木久夫氏の示唆によるもので、中断後の助言に深く御礼申し上げます。この後の時代についても、取りかかろうとしましたが、私には時間が足りません。どなたか、庶民の楽しみについて、記していただける方が現れることを期待したいです。

本書の刊行に当たりましては、八坂書房社長・八坂立人氏のご理解に深く御礼申し上げます。編集に当たりましては、読みやすい構成、写真などにお力添え頂きました、八坂書房編集部の三宅郁子氏に感謝いたします。

令和六年十一月

青木宏一郎

クション　https://dl.ndl.go.jp/pid/3019577
日本近代史研究会編『画報現代史:戦後の世界と日本』第 11 集（1951 年 7-12 月）、国際文化情報社、1955　国立国会図書館デジタルコレクション　https://dl.ndl.go.jp/pid/3019578
日本近代史研究会編『画報現代史:戦後の世界と日本』第 12 集（1952 年 1-7 月）、国際文化情報社、1955　国立国会図書館デジタルコレクション　https://dl.ndl.go.jp/pid/3019579
日本近代史研究会編『画報現代史:戦後の世界と日本』第 13 集（1952 年 7 月 -1953 年 1 月）、国際文化情報社、1955　国立国会図書館デジタルコレクション　https://dl.ndl.go.jp/pid/3019580
日本近代史研究会編『画報現代史：戦後の世界と日本』第 15 集（補巻）（1953 年 8 月 -1956 年 12 月）、国際文化情報社、1957　国立国会図書館デジタルコレクション　https://dl.ndl.go.jp/pid/3015631
至誠書院編集部編『大東京写真帖』至誠書院、1952　国立国会図書館デジタルコレクション　https://dl.ndl.go.jp/pid/3025446
制作社編『東京 24 時間』河出書房、1955　国立国会図書館デジタルコレクション　https://dl.ndl.go.jp/pid/2988741
『夜の東京』角川書店、1957　国立国会図書館デジタルコレクション　https://dl.ndl.go.jp/pid/2984063
『首都東京大観』東京都観光協会、1959　国立国会図書館デジタルコレクション　https://dl.ndl.go.jp/pid/3030880
田中幸太郎責任編集『上野公園とその周辺目でみる百年の歩み』上野観光連盟、1973　国立国会図書館デジタルコレクション　https://dl.ndl.go.jp/pid/12422783
浅草の会編『写真にみる昭和浅草伝』浅草の会、1981.11　国立国会図書館デジタルコレクション　https://dl.ndl.go.jp/pid/9642476
Stanley Kaizawa Collection, UHM Library Asia Collection Department
Emery D. Middleton Collection, UHM Library Asia Collection Department
ジャパンアーカイブズ　https://jaa2100.org/index.html

写真協力

昭和館／国立国会図書館

図版出典一覧

日本近代史研究会編『画報現代史：戦後の世界と日本』第 1 集（1945 年 8 月 -1946 年 1 月）、国際文化情報社、1954　国立国会図書館デジタルコレクション　https://dl.ndl.go.jp/pid/3042471

日本近代史研究会編『画報現代史：戦後の世界と日本』第 2 集（1946 年 1 月 -1946 年 8 月）、国際文化情報社、1954　国立国会図書館デジタルコレクション　https://dl.ndl.go.jp/pid/3042472

日本近代史研究会編『画報現代史：戦後の世界と日本』第 3 集（1946.8-1947.7）、国際文化情報社、1954　国立国会図書館デジタルコレクション　https://dl.ndl.go.jp/pid/3042473

日本近代史研究会編『画報現代史：戦後の世界と日本』第 4 集（1947 年 7 月 -1948 年 4 月）、国際文化情報社、1954　国立国会図書館デジタルコレクション　https://dl.ndl.go.jp/pid/3042474

日本近代史研究会編『画報現代史：戦後の世界と日本』第 5 集（1948 年 4 月 -1948 年 11 月）、国際文化情報社、1954　国立国会図書館デジタルコレクション　https://dl.ndl.go.jp/pid/3042475

日本近代史研究会編『画報現代史：戦後の世界と日本』第 6 集（1948 年 12 月 -1949 年 6 月）、国際文化情報社、1954　国立国会図書館デジタルコレクション　https://dl.ndl.go.jp/pid/3042476

日本近代史研究会編『画報現代史：戦後の世界と日本』第 7 集（1949 年 7 月 -1949 年 12 月）、国際文化情報社、1954　国立国会図書館デジタルコレクション　https://dl.ndl.go.jp/pid/3042477

日本近代史研究会編『画報現代史：戦後の世界と日本』第 8 集（1950 年 1-6 月）、国際文化情報社、1955　国立国会図書館デジタルコレクション　https://dl.ndl.go.jp/pid/3019575

日本近代史研究会編『画報現代史：戦後の世界と日本』第 9 集（1950 年 6 月 -1950 年 12 月）、国際文化情報社、1955　国立国会図書館デジタルコレクション　https://dl.ndl.go.jp/pid/3019576

日本近代史研究会編『画報現代史：戦後の世界と日本』第 10 集（1951 年 1-6 月）、国際文化情報社、1955　国立国会図書館デジタルコレ

著者紹介

青木宏一郎（あおき こういちろう）

1945年、新潟県生まれ。千葉大学園芸学部造園学科卒業。株式会社森林都市研究室を設立し、ランドスケープガーデナーとして、青森県弘前市弘前公園計画設計、島根県津和野町森鷗外記念館修景設計などの業務を行う。その間、東京大学農学部林学科、三重大学工学部建築科、千葉大学園芸学部緑地・環境学科の非常勤講師を務める。

［著書］
『軍国昭和 東京庶民の楽しみ』『幕末・維新 江戸庶民の楽しみ』中央公論新社
『公園の利用』地球社
『地域活性化レクリエーション施設』綜合ユニコム
『まちがいだらけの公園づくり』都市文化社
『森に蘇る日本文化』三一書房
『鷗外の花』八坂書房
他多数。

戦後復興 日々の楽しみ　東京近郊庶民のレジャー

2024年 12月15日　初版第1刷発行

著　　者　青木宏一郎
発行者　八坂立人
印刷・製本　シナノ書籍印刷(株)

発行所　(株)八坂書房
〒101-0064 東京都千代田区神田猿楽町 1-4-11
TEL.03-3293-7975 FAX.03-3293-7977
URL: http://www.yasakashobo.co.jp

ISBN 978-4-89694-372-6